新法科·法律实务和案例教学系列教材

本书受上海市高水平地方高校（学科）建设项目资助

Course of Criminal Law Case（General Theories）

刑法案例教程

总论

李 翔 主编

法律出版社
LAW PRESS·CHINA
北京

图书在版编目(CIP)数据

刑法案例教程：总论/李翔主编. -- 北京：法律出版社，2022(2023.11 重印)
ISBN 978-7-5197-6912-3

Ⅰ. ①刑… Ⅱ. ①李… Ⅲ. ①刑法-案例-中国-教材 Ⅳ. ①D924.05

中国版本图书馆 CIP 数据核字(2022)第 126381 号

刑法案例教程(总论)
XINGFA ANLI JIAOCHENG(ZONGLUN)

李 翔 主编

责任编辑 陆帅文
装帧设计 臧晓飞

出版发行 法律出版社
编辑统筹 法律教育出版分社
责任校对 裴 黎
责任印制 刘晓伟
经　　销 新华书店

开本 710 毫米×1000 毫米 1/16
印张 16 **字数** 252 千
版本 2022 年 9 月第 1 版
印次 2023 年 11 月第 2 次印刷
印刷 三河市兴达印务有限公司

地址：北京市丰台区莲花池西里 7 号(100073)
网址：www.lawpress.com.cn
投稿邮箱：info@lawpress.com.cn
举报盗版邮箱：jbwq@lawpress.com.cn
销售电话：010-83938349
客服电话：010-83938350
咨询电话：010-63939796

书号：ISBN 978-7-5197-6912-3
定价：49.00 元

明德崇法　华章正铸

——华东政法大学"十四五"规划教材系列总序

教材不同于一般的书籍,它是传播知识的主要载体,体现着一个国家、一个民族的价值体系,是教师教学、学生专业学习的重要工具,更是教师立德树人的重要途径。一本优秀的教材,不仅是教师教学实践经验和学科研究成果的完美结合,更是教师展开思想教育和价值引领的重要平台。一本优秀的教材,也不只是给学生打下专业知识的厚实基础,更是通过自身的思想和语言的表达,引导学生全方位地成长。

习近平总书记深刻指出:"当代中国的伟大社会变革,不是简单延续我国历史文化的母版,不是简单套用马克思主义经典作家设想的模板,不是其他国家社会主义实践的再版,也不是国外现代化发展的翻版,不可能找到现成的教科书。"新时代教材建设应当把体现党和国家的意志放在首位,要立足中华民族的价值观念,时刻把培养能够承担民族发展使命的时代新人作为高校教师编写教材的根本使命。为此,编写出一批能够体现中国立场、中国理论、中国实践、中国话语的有中国特色的高质量原创性教材,为培养德智体美劳全面发展的社会主义接班人和建设者提供保障,是高校教师的责任。

华东政法大学建校 70 年以来,一直十分注重教材的建设。特别是 1979 年第二次复校以来,与北京大学出版社、法律出版社、上海人民出版社等合作,先后推出了"高等学校法学系列教材(北大版)""法学通用系列教材(上海人民版)""法学案例与图表系列教材(法律版)""英语报刊选读系列教材(北大版)""研究生教学系列用书(北大版)""海商法系列教材(北大版)""新世纪法学教材(北大版、上海人民版)"等,其中曹建明教授主编的《国际经济法学概论》、苏惠渔教授主编的《刑法学》等教材荣获了司法部普通高校法学优秀教材一等奖;史焕章研究员主编的《犯罪学概论》、丁伟教授主编的《冲突法论》、何勤华教授与魏琼教授编著的《西方商法史》及我本人主编的《诉讼证据法学》等教材荣获了司法部全国法学教材与科研成果二等奖;苏惠渔教授主编的《刑法学》、何勤华教授主编的《外国法制史》获得了上海市高校优秀教材一等奖;孙潮教授主编的《立法学》获得"九五"普通高等教育国家级重点教材立项;杜志淳教授主编的《司法鉴定实验教程》、何勤华教授主编的《西方法律思想史(第二版)》和《外国法制史(第五版)》、高富平教授与黄武双教授主编的《房地产法学(第二版)》、高富平教授主编的《物权法讲义》、余素青教授主编的《大学英语教程:读写译1、2、3、4(政法类院校版)学生用书》、苗伟明副教授主编的《警察技能实训教程》等分别入选第一批、第二批"十二五"普通高等教育本科国家级规划教材;王立民教授副主编的《中国法制史(第二版)》荣获首届全国优秀教材二等奖。1996年以来,我校教师主编的教材先后获得上海市级优秀教材一等奖、二等奖、三等奖共计72项。2021年,由何勤华教授主编的《外国法制史(第六版)》、王迁教授主编的《知识产权法教程(第六版)》、顾功耘教授主编的《经济法教程(第三版)》、王莲峰教授主编的《商标法学(第三版)》以及我本人主编的《刑事诉讼法学(第四版)》等5部教材获评首批上海高等教育精品教材,受到了广大师生的好评,取得了较好的社会效果和育人效果。

进入新时代,我校以习近平新时代中国特色社会主义思想铸魂育人为主线,在党中央"新工科、新医科、新农科、新文科"建设精神指引下,配合新时代背景下新法科、新文科建设的需求,根据学校"十四五"人才培养规划,制定了学校"十四五"教材建设规划。这次的教材规划一方面力求巩固学校优势学科专业,做好经典课程和核心课程教材建设的传承工作,另一方面适应新时代的人才培养需求和教育教学新形态的发展,推动教材建设的特色探索和创新发展,促进教学理念和内容的推陈出新,探索教学方式和方法的改革。

基于以上理念,围绕新文科建设,配合新法科人才培养体系改革和一流学科专业建设,在原有教材建设的基础上,我校展开系统化设计和规划,针对法学专业打造"新法科"教材共3个套系,针对非法学专业打造"新文科"教材共2个套系。

"新法科"教材的3个套系分别是:"新法科? 核心课程系列教材""新法科? 法律实务和案例教学系列教材""新法科? 涉外法治人才培养系列教材"。"新文科"教材的2个套系分别是:"新文科? 经典传承系列教材"和"新文科? 特色创新课程系列教材"。

"新法科"建设的目标,就是要解决传统法学教育存在的"顽疾",培养与时代相适应的"人工智能+法律"的复合型人才。这些也正是"新法科"3套系列教材的设计初心和规划依据。

“新法科·核心课程教材系列”，以推进传统的基础课程和核心课程的更新换代为目标，促进法学传统的基础和核心课程体系的改革。“新法科”理念下的核心课程教材系列，体现了新时代对法学传统的基础和核心课程建设的新要求，通过对我国司法实践中发生的大量新类型的法律案件的梳理、总结，开阔学生的法律思维，提升学生适用法律的能力。

“新法科·法律实务和案例教学系列教材”，响应国家对于应用型、实践型人才的培养需要，以法律实务和案例教学的课程建设为基础，推进法学实践教学体系创新。此系列教材注重理论与实践的融合，培养真正能够解决社会需求的应用型人才；以“新现象”“新类型”“新问题”为挑选案例的标准和基本原则，以培养学生学习兴趣、提升学生实践能力为导向。通过概念与案例的结合、法条与案例的结合，从具体案情到抽象理论，让更多的学生明白如何在实践中解决疑难复杂问题，体会情、理与法的统一。

“新法科·涉外法治人才培养系列教材”，针对培养具有国际视野和家国情怀、通晓国际规则、能够参与国际法律事务、善于维护国家利益、勇于推动全球治理体系变革的高素质涉外法治人才的培养目标，以涉外法治人才培养相关课程为基础，打造具有华政特色的涉外法治人才培养系列教材。

“新文科·经典传承系列教材”，以政治学与行政学、公共事业管理、经济学、金融学、新闻学、汉语言文学、文化产业管理等专业的基础和主干课程为基础，在教材建设上，一方面体现学科专业特色，另一方面力求传统学科专业知识体系的现代创新和转型，注重把学科理论与新的社会文化问题、新的时代变局相联结，引导学生学习经典知识体系，以用于分析和思考新问题、解决新问题。

“新文科·特色创新课程系列教材”，以各类创新、实践、融合等课程为基础，体现了“新文科”建设提出的融合创新、打破学科壁垒，实现跨学科、多学科交叉融合发展的理念，在教材建设上突破“小文科”思维，构建“大文科”格局，打造具有华政特色的各类特色课程系列教材。

华东政法大学2022年推出的这5个教材系列，在我看来，都有如下鲜明的特点：

第一，理论创新。系列教材改变了陈旧的理论范式，建构具有创新价值的知识体系，反映了学科专业理论研究最新成果，体现了经济社会和科技发展对人才培养提出的新要求。

第二，实践应用。系列教材的编写紧密围绕社会和文化建设中亟需解决的新问题,紧扣法治国家、法治政府、法治社会建设新需求,探索理论与实践的结合点,让教学实践服务于国家和社会的建设。

第三,中国特色。系列教材编写的案例和素材均来自于中国的法治建设和改革开放实践,传承并诠释了中国优秀传统文化,较好地体现了中国立场、中国理论、中国实践、中国话语。

第四,精品意识。为保证本系列教材的高质量出版,我校遴选了各学科专业领域教学经验丰富、理论造诣深厚的学科带头人担任教材主编,选派优秀的中青年科研骨干参与教材的编写,组成教材编写团队,形成合力,为打造出高质量的精品教材提供保障。

当然,由于我校"新文科""新法科"的建设实践积累还不够丰厚,加之编写时间和编写水平有限,系列教材难免存在诸多不足之处。希望各位方家不吝赐教,我们将虚心听取,日后逐步完善。我希望,本系列教材的出版,可以为我国"新文科""新法科"建设贡献华政人的智慧。

是为序。

华东政法大学校长、教授　叶青

2022 年 8 月 22 日于华政园

目　录

王某非法收购、出售鹦鹉案

非法收购、出售珍贵、濒危野生动物罪的刑事违法性判断

案情介绍

被告人王某以每只500元价格向他人出售自己驯养繁殖的2只小太阳鹦鹉和4只玄凤鹦鹉，其家中另外存有35只小太阳鹦鹉、9只和尚鹦鹉和1只非洲灰鹦鹉[除玄凤鹦鹉外均属于《CITES公约》(附录Ⅱ)所列物种]。一审法院认定王某贩卖2只小太阳鹦鹉既遂、有45只保护鹦鹉待售属未遂，判决被告人非法出售珍贵、濒危野生动物罪，判处有期徒刑五年，并处罚金三千元。二审深圳市中级人民法院采纳请求从宽的上诉理由，改在法定刑以下判处有期徒刑两年，并处罚金三千元，该判决由最高人民法院核准。[1]

理论争议

关于被告人的行为应如何定罪，存在以下三种观点。

第一种观点认为，被告人的行为应当认定为非法收购、出售珍贵、濒危野生动物罪。主要理由是，我国是《濒危野生动植物种国际贸易公约》(以下简称《CITES公约》)缔约国，《CITES公约》附录Ⅱ将鹦鹉列为二级保护野生动物；最高人民法院2000年颁布的《关于审理破坏野生动物资源刑事案件具体运用法律若干问题的解释》(以下简称《解释》)，对于野生动物和人工驯养的珍贵濒危物种并未加以区别对待。因此，被告人非法收购、出售人工驯养繁殖的鹦鹉，符合我国《刑法》第341条第1款的规定，应按照非法收购、出售珍贵、濒危野生动物罪，依法予以定罪处刑。

第二种观点认为，本案法院应作无罪处理。主要理由是，被告人王某驯养繁殖野生鹦鹉，使野生鹦鹉通过人工繁育增加了数量，从而使该物种得到保

[1] 案例来源：刑事裁判文书，一审(2017)粤0306刑初323号；二审(2017)粤03刑终1098号；复核(2018)最高法刑核50241561号。

护,非但不具有社会危害性,反而有利于野生动物保护。涉案鹦鹉不应被认定为“珍贵、濒危野生动物”,我国《野生动物保护法》和《CITES 公约》对纯野生动物和人工驯养繁殖物种均予以区别对待,而《解释》将两者予以同等对待,是超出刑法文义范围的扩大解释,违反罪刑法定原则。

第三种观点认为,被告人王某的行为应认定为非法收购、出售珍贵、濒危野生动物罪,但在量刑时应从宽处罚,包括在法定刑以下量刑。主要理由是,出售人工驯养繁殖的珍贵、濒危野生动物,对生物安全和生态安全所造成的侵害程度显然是有差别的,一般来说前者危害性更轻,后者危害更严重,在运用刑罚手段进行惩治的时候,须加以区别对待;对于情节显著轻微危害不大的,不应认定为犯罪。

■ 法理分析

上述争议焦点在于,《解释》将人工驯养繁殖的动物归入“野生动物”之列是否违反了我国《刑法》和《CITES 公约》的规定,野生动物和人工驯养的珍贵濒危物种是否应当区别保护。换言之,认定被告人王某是否构成非法收购、出售珍贵、濒危野生动物罪的关键在于,如何正确理解和把握《刑法》第 341 条所规定犯罪构成要件中的“非法性”。近年来,社会舆论广泛关注的大学生闫某某“掏鸟”获刑十年零五个月的案件等,〔2〕在被告人是否成立犯罪、主客观方面的认定及处刑轻重方面,都存在不少争议。从根本上说,《刑法》及司法解释存在的空白漏洞和模糊化规定,是困扰司法机关定罪量刑的根本原因。

目前我国有关野生动物保护的法律法规主要有《刑法》《野生动物保护法》《渔业法》《动物防疫法》《进出境动植物检疫法》《水生动物保护条例》《陆生动物保护条例》等法律法规,以及部门规章、地方性规章。我国于 1981 年加

〔2〕 该案的基本案情:2014 年 7 月,河南某高校大学生闫某某和同乡朋友王某某,在新乡辉县市高庄乡土楼村先后掏了两窝小鸟共 16 只,分别卖给郑州、洛阳、辉县市的买鸟人。经鉴定,16 只小鸟均为国家二级保护动物燕隼。2015 年 5 月 29 日,辉县市人民法院作出一审判决,闫某某犯非法猎捕珍贵、濒危野生动物罪,判处有期徒刑十年,犯非法收购珍贵、濒危野生动物罪,判处有期徒刑一年,两罪并罚决定执行有期徒刑十年零六个月,并处罚金。被告人不服提出上诉,新乡市中级人民法院作出终审裁定,维持原判。参见柯锐:《大学生掏鸟案:法治建设的一个样本》,载《中国青年报》2019 年 7 月 11 日,第 2 版。

入《CITES 公约》,需要履行该公约义务。[3] 从保护对象范围来看,《野生动物保护法》第 2 条规定,“野生动物”是指珍贵、濒危的陆生、水生野生动物和有重要生态、科学、社会价值(以下简称“三有”)的陆生野生动物。比较而言,国外立法对“野生动物”的界定更为宽泛。[4]

从刑事立法及司法解释来看,根据《解释》第 1 条规定,[5]野生动物既包括野外生存的野生动物,也包括人工驯养繁殖的野生动物,刑法对两者进行同等保护。相较于《野生动物保护法》而言,其保护对象范围更广。由于野生动物保护对象范围不断拓宽,侵害野生动物的行为方式的刑事制裁面也逐渐扩大。[6] 全国人民代表大会常务委员会于 2020 年 2 月 24 日通过了《关于全面禁止非法野生动物交易、革除滥食野生动物陋习、切实保障人民群众生命健康安全的决定》(以下简称《决定》)明确禁止猎捕、交易、运输、食用陆生野生动物。[7] 在此基础上,《刑法修正案(十一)》第 25 条将以食用为目的“非法猎捕、收购、运输、出售”除珍贵、濒危野生动物以外的陆生野生动物,情节严重的行为,增加规定为犯罪。该条款规定仅适用于在珍贵、濒危野生动物以外的“陆生野生动物”,且不包括水生野生动物,这一点与《野生动物保护法》规定的保护对象范围也存在差异,后者也包括珍贵、濒危的水生野生动物。

在学界,对于“野生动物”的界定也存在不同认识。有的学者强调野生动物未驯化的自然状态,认为凡生存于野外自由生存状态或虽经人工饲养但还

[3] 《CITES 公约》管制国际贸易的物种可归类成三项附录:附录一的物种为若再进行国际贸易会导致灭绝的动植物,明确规定禁止其国际性的交易;附录二的物种则为无灭绝危机,管制其国际贸易的物种,若仍面临贸易压力,族群量继续降低,则将其升级入附录一;附录三是各国视其国内需要,区域性管制国际贸易的物种。同时,该公约的精神在于管制而非完全禁止野生物种的国际贸易,其用物种分级与许可证的方式,以达成野生物种市场的永续利用性。

[4] 例如,法国《自然和风景保育法》将“野生动物”定义为“被捕捉的无主的野生品种的动物,或者在笼子等囚禁设备中饲养的无主的野生品种的动物”;奥地利《联邦动物保护法》将“野生动物”界定为“家养动物和宠物动物以外的动物”。美国《濒危物种法》对“野生动物”的界定更为广泛,包含了全部野生动物。参见于文轩、兰婕:《公共卫生安全视角下野生动物保护法制之完善》,载《环境保护》2020 年第 6 期。

[5] 《解释》第 1 条规定,《刑法》第 341 条第 1 款规定的“珍贵、濒危野生动物”,包括列入国家重点保护野生动物名录的国家一、二级保护野生动物,列入《濒危野生动植物种国际贸易公约》附录一、附录二的野生动物以及驯养繁殖的上述物种。

[6] 参见蒋兰香:《我国野生动物资源保护的刑法向度》,载《佛山科学技术学院学报(社会科学版)》2019 年第 1 期。

[7] 《决定》第 2 条规定,一是全面禁止食用国家保护的有重要生态科学社会价值的陆生野生动物以及其他野生动物,包括人工繁育、人工饲养的野生动物;二是全面禁止以食用为目的的猎捕、交易、运输在野外环境自然生长繁殖的野生动物。

未驯化的动物均可界定为野生动物。此种观点将野生动物与驯养动物区别开来,与法律规定的以物种为标准是不同的。我们认为,驯化动物与野生动物是两个对立概念,不能混淆,经过长期驯养、已经驯化了的动物就不能称为野生动物。《解释》中规定的“驯养繁殖的上述物种”,只能被限制解释为“人工繁育、短期驯养但未驯化的野生动物”,否则就会导致将购买、出售驯养的“野生动物”,社会危害性很小但数量很大的行为,认定为犯罪且处刑很重的问题。

应当说,国家立法机关通过《决定》全面禁止食用陆生野生动物,革除滥食野生动物陋习,旨在从源头上防范和控制公共卫生安全风险,促进人与自然和谐共生。《刑法修正案(十一)》第 25 条对此予以积极回应,将以食用为目的非法猎捕、收购、运输、出售一般陆生野生动物的行为入罪,是值得肯定的。但与此同时,一味地扩大犯罪圈,对一般行政违法行为过多地予以刑法干涉,不利于实现保障权利自由的价值功能。在很多情况下,野生动物通过人工繁育反而增加了数量,从而使物种得到保护,不具有严重的社会危害性。另外,《野生动物保护法》第 25 条、第 28 条规定了国家重点保护野生动物人工繁育许可制度。如果行为人获得了许可并人工繁育国家重点保护野生动物名录中的野生动物,以供他人食用为目的将自己养殖的野生动物出售,就不应当认定为犯罪。因此,对《刑法修正案(十一)》第 25 条的修改规定有必要进行限制性实质解释,将社会危害性不大的一般违法行为排除在定罪范围之外。

上述王某非法收购、出售鹦鹉案的争议焦点即在于,《解释》将人工驯养繁殖的鹦鹉归入“野生动物”之列是否违反了我国《刑法》和《CITES 公约》的规定,野生动物和人工驯养的珍贵濒危物种是否应当区别保护。对野生动物保护来说,对于违反《野生动物保护法》及附件、附表所列等级保护的标准规定的行政违法行为,是否一律纳入刑法评价,是需要考虑的。从法秩序统一性原理出发,《刑法修正案(十一)》与《野生动物保护法》应当是衔接的,须保持规制对象和规范内容上的协调性。然而,刑行关系的衔接协调并不意味着完全等同,不是所有违反行政法规及标准的行为都有必要予以刑法评价,不是所有野生动物(广义上的)都有必要作为刑法的保护对象。由于《野生动物保护法》规制的对象范围较窄,《解释》试图加以扩大解释至驯养动物,但又矫枉过正、弄巧成拙了,导致行政违法行为过度犯罪化问题。

有学者认为,目前我国的法律对野生动物是按物种管理而不是来源管理,这就给野生动物管理带来了困难,建议把“人工繁育野生动物”改称为“特种养殖经济动物”或者“人工繁育动物”,而不再将其纳入“野生动物”范围。同时,关于“禁食野生动物”的含义也需进一步明确,哪些行为是食用野生动物,哪些行为不是食用野生动物必须在修法中予以明确。[8] 从我国立法修改的精神来看,野生动物的概念整体上没有发生变化。对于人工繁育的野生动物,与同类野外种群进行区分保护,在《野生动物保护法》当中也有体现。[9] 因此,刑法应采取与《野生动物保护法》相同的态度,重点对野外种群予以保护,对人工种群则不作为重点保护的野生动物加以刑法保护,即不将其作为非法收购、出售濒危、珍贵野生动物罪的保护对象。即使国家重点保护野生动物名录没有移除,刑法上也可以作出这样的实质判断和认定。最高人民法院研究室的有关批复(法研〔2016〕23 号)也表达了同样的态度。[10] 我们建议:首先,应进一步通过司法解释途径,删除《解释》第 1 条中"驯养的上述物种"的规定。对人工繁育或短期驯养但未退化的野生动物,仍认定为野生动物,避免概念混淆;其次,明确该罪名的基本犯的定罪量刑标准,虽然《刑法》将"情节严重"作为加重犯,但基本犯也应当考虑数量情节要素,尽量避免将其作为行为犯,与行政处罚产生竞合冲突;最后,对列入重点保护名录的野生动物,确实属于濒危珍贵之类的或虽经人工驯养但未完全退化,整个物种仍处于濒危状态或具有珍贵属性的,纳入刑法保护范围。

(张勇、周辉)

---

〔8〕 参见周洪宇:《把"人工繁育野生动物"改称为"特种养殖经济动物"》,载正义网,http://news.jcrb.com/jsxw/2020/202005/t20200524_2160703.html,最后访问日期:2020 年 5 月 24 日。

〔9〕《野生动物保护法》(修订草案)(二次审议稿)第 2 条规定:"本法规定保护的野生动物,是指珍贵、濒危的陆生、水生野生动物和有重要生态、科学、社会价值的陆生野生动物。"同时,《野生动物法》修改草案说明指出,对梅花鹿等人工繁育技术成熟稳定的人工种群,应与同类野外种群的保护和管理加以区分,采取不同的保护和管理措施,这样既符合有关国际公约,也与多数国家通行做法一致。

〔10〕 最高人民法院研究室 2016 年 3 月 2 日出具的批复(法研〔2016〕23 号)认为,由于驯养繁殖技术的成熟,对有的珍贵、濒危野生动物的驯养繁殖、商业利用在某些地区已成规模,有关野生动物的数量极大增加,收购、运输、出售这些人工驯养繁殖的野生动物实际已无社会危害性。该批复认为,应尽快启动国家重点保护野生动物名录的修订工作,将一些实际已不再处于濒危状态的动物从名录中及时调整出去,同时将有的已处于濒危状态的动物增列进来;或者是在修订后司法解释中明确,对某些经人工驯养繁殖、数量已大大增多的野生动物,《解释》附表所列的定罪量刑数量标准,仅适用于真正意义上的野生动物,而不包括驯养繁殖的。

李某向不合格个人投资者出借交易通道案

向不合格个人投资者出借交易通道的行为是否属于非法经营行为，非法经营罪中“违反国家规定”的理解

■ 案情介绍

2017年12月26日，被告人李某3、王某2经营如德股权投资基金管理(上海)有限公司(以下简称如德公司)，王某2任法人。2018年1月，李某3购买上海千领科技金融有限公司的“百胜期权”投资平台，雇用河北汇榕企业管理咨询服务有限公司和上海市毓昶商务有限公司以能赚取高额利润为诱饵，通过微信聊天的方式吸引客户在“百胜期权”平台上投资。自2019年3月至5月，被害人周某等人先后投资共计46万元。客户投资款汇入如德公司王某2等人的账户，如德公司扣取高额的手续费后，将客户的投资款转至超源聚品(北京)实业有限公司，通过该公司在银河德睿资本管理有限公司为客户购买股票期权。法院认为，被告人李某3、王某2未经国家有关部门批准，非法经营证券业务，扰乱市场秩序，情节严重，其行为触犯了《刑法》第225条第1款第3项之规定，犯罪事实清楚，证据确实、充分，应当以非法经营罪追究其刑事责任。[1]

■ 理论争议

关于如德公司的行为如何定罪，存在以下两种观点。

第一种观点认为，股票期权交易不应违反投资者适当性制度，个人不得参与场外个股期权交易。如德公司通过微信聊天的方式吸引客户在“百胜期权”平台上投资的行为属于针对个人投资者交易的场外个股期权通道业务，如德公司向不合格投资者出借交易通道的行为属于非法经营行为，符合《刑法》第96条有关“违反国家规定”的要求。因此，如德公司的行为构成非法经

---

〔1〕 案例来源：刑事裁判文书，(2019)豫1303刑初1287号。

营罪。

第二种观点认为，如德公司向不合格投资者出借交易通道的行为不属于非法经营行为，而且目前规范场外衍生品业务的规定属于部门规章层面，并不符合《刑法》第96条有关“违反国家规定”的要求。因此，如德公司向不合格投资者出借交易通道的行为不构成非法经营罪。

■ 法理分析

上述争议焦点在于，如德公司通过微信聊天的方式吸引个人客户在“百胜期权”平台上投资，向不合格投资者出借交易通道，该行为是否属于非法经营行为，如果属于非法经营行为，该行为是否符合我国《刑法》第96条有关“违反国家规定”的要求，该行为是否涉嫌非法经营罪。

I 如德公司向不合格投资者出借交易通道的行为是否属于非法经营行为的分析

我国场外期权市场起步较晚，但是发展速度较快。截至2014年7月底，我国共有19家券商开展了场外衍生品交易，名义本金余额共计2030.84亿元，挂钩标的包括股票、指数、基金、期货等。2015年1月9日证监会依据《股票期权交易试点管理办法》《证券期货经营机构参与股票期权交易试点指引》正式批复在上海证券交易所开展股票期权交易试点。

一、有关场外金融衍生品业务的相关规定

根据中国证券监督管理委员会发布的《股票期权交易试点管理办法》的规定，股票期权交易不应违反投资者适当性制度。而对于何为适当性的投资者，《关于进一步加强证券公司场外期权业务监管的通知》规定，证券公司应当审慎选择场外期权业务交易对手方，交易对手方应当是符合《证券期货投资者适当性管理办法》的专业机构投资者。由此可见，只有专业机构投资者才是适格的股票期权交易对手方，个人不得参与场外个股期权交易，而且证券公司、期货公司应当依照相关规定管理投资者的资金。

由于场外期权交易只针对专业机构投资者，个人投资者无法参与场外个股期权交易，针对个人投资者交易的场外个股期权通道业务随之而来。如有些证券公司便向个人投资者出借证券账户，接受个人投资者委托，处理交易指令、办理清算交收，从而让个人投资者也参与到场外期权交易中。为防止不合格的个人投资者借道绕过政府有关部门的监管，证监办发布了《关于进一步加强证券公司场外期权业务监管的通知》，对个人投资者绕道监管设置了更加细致的要求,规定证券公司不得向投资者出借证券账户,不得变相成为个人投资者的交易通道。可见,个人投资者无法参与场外个股期权交易,证券公司也不应变相成为个人投资者的交易通道。

综上,我国场外期权市场刚刚起步,市场规模相对较小,我国有关场外期权市场的相关规定散见于国务院部委发布的部门规章和自律组织颁布的规则条例中,我国有关场外期权市场的相关制度的法律层级较低,场外期权市场存在较大的法律风险。但根据相关规定,个人不得参与场外个股期权交易,证券公司也不应变相成为个人投资者的交易通道。

二、本案具体分析

如果如德公司将交易通道出借给投资者,接受投资者委托,处理交易指令、办理清算交收,如德公司的行为属于《证券经纪业务管理办法》中的证券经纪业务。根据《证券法》第120条的规定,证券经纪业务属于需经国务院证券监督管理机构核准,取得经营证券业务许可证后,证券公司才可以经营的证券业务。

根据如德公司出具的材料,尚未发现如德公司获得经营证券经纪业务的许可。

即便如德公司获得经营证券经纪业务的许可,但因个人投资者无法参与场外个股期权交易,若如德公司向不合格的投资者出借交易通道,如德公司的出借行为也属于非法经营行为,其是否具有经营证券经纪业务的合法资格并不影响非法经营行为的认定。

综上,如德公司向不合格投资者出借交易通道的行为涉嫌违反证监会、中国证券业协会关于场外衍生品业务的相关规章、行业自律规则,以及中信证券关于场外衍生品交易、场外期权交易的业务规则。如德公司的出借行为也属于非法经营行为。

Ⅱ　如德公司向不合格投资者出借交易通道的行为是否涉嫌非法经营罪的分析

根据《刑法》第225条的规定,构成非法经营罪至少要满足四个条件:第一,违反国家规定;第二,未经国家有关部门批准从事某种经营活动;第三,扰乱市场秩序;第四,情节严重。其中"违反国家规定"是指,非法经营行为违反的专营制度,只能由"国家规定"确立。而"国家规定"是一个法律概念,具有特定的范围。违反国家规定中所称国家规定只限于国家立法机关制定的法律和国家行政机关制定的行政法规。根据最高人民法院《关于准确理解和适用刑法中"国家规定"的有关问题的通知》的规定,以国务院办公厅名义制发的文件，符合以下条件的，亦应视为刑法中的“国家规定”：(1)有明确的法律依据或者同相关行政法规不相抵触；(2)经国务院常务会议讨论通过或者经国务院批准；(3)在国务院公报上公开发布。

但司法实务在把握非法经营罪的范围以及“违反国家规定”的范围时却呈现出宽松化趋势。非法经营罪的成立，必须是以违反国家规定的方式，未获得准入的资格而进入市场进行经营，并因此扰乱了市场秩序，且情节严重。然而，在司法实践中，非法经营罪被简单拆解为“违法 + 经营”这一简单的结构。在司法实务中，非法经营罪已经不是仅针对违反国家在市场准入方面的犯罪，而是逐渐扩大为破坏社会主义市场经济秩序的犯罪。[2]

司法实务在把握非法经营罪时呈现出宽松化趋势的另一个表现是对“国家规定”的突破。《刑法》第 225 条规定，非法经营罪的成立以“违反国家规定”为前提，国家规定只限于法律、行政法规。但在司法实践中，“违反国家规定”这一绝对的形式要件并没有被严格地解释，而是往往以部门规章或者最高司法机关的解释替代“国家规定”。为了避免司法实践突破“国家适用”的限制，最高人民法院于 2011 年 4 月 8 日发布了《关于准确理解和适用刑法中“国家规定”的有关问题的通知》，要求司法解释未作明确规定的情形，下级法院应将其作为法律适用问题，逐级向最高人民法院请示。这是一种具有一定意义的程序限制，有助于防止法院对“国家规定”作过于宽泛的理解。但司法解释、最高人民法院也应当受“国家规定”的制约，在没有符合要求的规范之时，最高人民法院也不能以自己的司法解释或者意见替代“国家规定”。

作为一种“绝对权利”的体现，“国家规定”赋予的行政许可是一种“垄断”权利。“互联网 +”出现在经营领域时，我们应该允许某些法益受到一些可控的影响。只有当这种影响的负面作用大于正面作用，穷尽相关调整市场秩序的行政手段仍然无法有效惩处或控制破坏市场秩序的行为时，才可以运用另一种绝对权利“刑罚”对其进行调整。因此，司法实践中，应该将国家的方针政策与刑法目的、刑法原则相结合，深刻理解“违反国家规定”这一规定的用意。[3]

如德公司向不合格投资者出借交易通道的行为涉嫌违反证监会、中国证券业协会关于场外衍生品业务的相关规定，即如德公司向不合格投资者出借

---

〔2〕 郑勇：《非法经营罪的扩张：原因及其对策》，载《中国刑事法杂志》2018 年第 1 期。

〔3〕 滕嘉远：《“互联网 +”背景下保留“兜底条款”的必要性分析——以非法经营罪为视角》，载《学术交流》2020 年第 6 期。

交易通道的行为已经符合非法经营罪的第二个条件——未经国家有关部门批准从事某种经营活动,若如德公司非法经营数额在三十万元以上,或者违法所得数额在五万元以上的(根据最高人民检察院、公安部《关于经济犯罪案件追诉标准的规定》第70条的规定,所谓"情节严重"指的是"未经国家有关主管部门批准,非法经营证券、期货或者保险业务,非法经营数额在三十万元以上,或者违法所得数额在五万元以上的"情形),则如德公司的行为属于扰乱市场秩序,情节严重。也即如德公司的行为比较容易符合非法经营罪的第三和第四个条件。但如德公司的行为并不符合非法经营罪的第一个条件——违反国家规定。

目前规范场外衍生品业务的规定包括:《股票期权交易试点管理办法》《证券期货投资者适当性管理办法》《关于加强风险管理公司场外衍生品业务适当性管理的通知》《证券期货经营机构参与股票期权交易试点指引》《关于进一步加强证券公司场外期权业务监管的通知》《关于进一步规范证券基金经营机构参与场外衍生品交易的通知》等。但这些规范性法律文件等的发布主体为证监会或者证监会办公室,即目前规范场外衍生品业务的规定属于部门规章层面,并不符合《刑法》第96条有关"违反国家规定"的要求。

因此,如德公司向不合格投资者出借交易通道的行为尚不构成非法经营罪。

(杨海强)

牛某某流氓罪案

对已生效判决的溯及力判断

案情介绍

1983年4月24日晚,牛某某伙同郑某某、赵某某、姚某某等人殴打他人;1983年5月的一天,牛某某伙同赵某某、姚某某在朝阳区慈云寺大街拦截3名男青年,赵某某把其中一男青年的军帽抢走;1983年5月的一天,牛某某与赵某某将被赵某某怀疑挑拨与其女友关系的刘某某家的玻璃砸碎;1983年6月13日,牛某某与赵某某、靳某、姚某某对跟其发生争执的许某进行威胁和毒打;1983年6月的一天,牛某某被高某某纠集,与赵某某、靳某到朝阳区永安里械斗,但因没找到人,未得逞。牛某某在当年4月至6月多次犯案,恰遭遇中国第一次"严打"。1984年,某某人民法院以流氓罪,判处牛某某死刑,缓期二年执行。1986年,牛某某因表现良好,改判为无期徒刑。1990年,牛某某被裁定减刑,为有期徒刑十八年,并于当年因身患疾病被保外就医。1997年,牛某某和经人介绍相识的妻子结婚,随后生子。好景不长,2004年夏天,因刑期并未执行完毕,牛某某被列为逃犯,最终被办案机关带回监狱继续服刑。由于保外就医的十四年不计入刑期,所以牛某某的刑期顺延至2020年4月28日。[1]

理论争议

关于针对牛某某既已作出的判决是否因罪名取消而需要变更,存在以下两种观点。

第一种观点认为,根据《刑法》第12条第2款生效判决的既判力规定,1997年《刑法》中流氓罪的罪名取消与牛某某的原有判决并不冲突,所以也与

---

〔1〕 参见袁婷:《因流氓罪将在监狱里服刑至2020年,最后的"流氓罪犯"引出法律争议》,载《民主与法制时报》2010年12月6日,第B04版;参见陈彩艳:《牛某某和最后的"流氓罪"——新法实施,"旧罪"难免?》,载《人民之友》2011年第Z1期。

他继续服刑没有关系。理由是:按照罪刑初定原则,他当初的判决是成立的,他的服刑的依据也就成立。在证据没有发生变化,定性不存在争议的情况下,不能因为这个罪名后来被废止了,就认为他的判决不合法。

第二种观点认为,牛某某案件原审判决应该撤销、重审。理由是:像牛某某这样的情形,如果根据新颁布的《刑法》不构成犯罪,或者只需要负较轻的刑事责任,而过去已经被判处刑罚或判处较重刑罚的,有必要对其重新评价,以符合刑法的实质正义。概而言之,依据现行法律不构成犯罪的,应立即释放;如果根据现行法律仍然认为是犯罪的,则应该依据新颁布的《刑法》来进行定罪量刑。虽然这种做法在法律依据上可能存在争议,但在有利于被告人的前提下,刑法溯及力应及于生效判决,却显然是符合法律精神的。

■ 法理分析

上述争议的焦点在于,新颁布的《刑法》对已生效判决的溯及力问题。我国1979年的《刑法》在第160条规定了流氓罪〔2〕,随后在最高人民法院、最高人民检察院《关于当前办理流氓案件中具体应用法律的若干问题的解答》,最高人民法院、最高人民检察院、公安部《关于当前办理强奸案件中具体应用法律的若干问题的解答》,最高人民法院《关于播放淫秽录像、影片、电视片、幻灯片等犯罪案件如何定罪问题的批复》等司法解释及司法解释性文件中陆续予以细化。应当承认,流氓罪作为典型的口袋罪,在社会相对较为封闭的时期,具有极强的适应性,为一定时期内稳定社会秩序起到了相当大的作用。但随着社会的发展,改革开放的深入,保障个体自由的观念逐渐深入人心,也正因为流氓罪的"口袋罪"特性,被广为诟病。因为长期约束着人们的行为,动辄得咎,大众对此罪名比较反感,从而影响司法的公信力。例如,1984年"两高一部"《关于当前办理强奸案件中具体应用法律的若干问题的解答》中规定:"有的未婚男子以'恋爱'为名,玩弄女性,奸淫多名未婚妇女,情节严重影响恶劣的,可以流氓罪论处。"这种刑法过度干预,没有前置法适用空间的做法,遭到了不少非议。鉴于此,1997年《刑法》实施后,流氓罪被废止。但关于流氓罪的新闻报道,却一直活跃在大众的视野中。2010年,牛某某因被称为中国最后一个"流氓罪"犯人将服刑至2020年而广为人知。随后,各地又陆

〔2〕《刑法》(1979年)第160条规定:"聚众斗殴,寻衅滋事,侮辱妇女或者进行其他流氓活动,破坏公共秩序,情节恶劣的,处七年以下有期徒刑、拘役或者管制。流氓集团的首要分子,处七年以上有期徒刑。"

续出现“最后一个流氓犯”的案例。[3] 虽然在1997年《刑法》颁布之后的几十年里，流氓罪一而再、再而三地闪现，没有伴随旧刑法进入历史的长河，但是其罪名的废止，显然可以说是中国刑法发展的标志之一。

值得一提的是，尽管流氓罪已经废止，但并不代表流氓罪规制的行为也全部出罪化。流氓罪的废止主要原因是：一方面，解决流氓罪作为“口袋罪”的弊端；另一方面，解决法定刑方面的失衡。[4] 具体而言，之所以说流氓罪是口袋罪，是因为根据旧刑法与相关司法解释及司法解释性文件，流氓罪包含聚众斗殴、寻衅滋事、侮辱妇女以及其他流氓活动等多种行为方式[5]。而因为规定了多种行为类型，流氓罪几乎涵盖了所有的主刑刑罚幅度。1997年《刑法》虽然取消了流氓罪，但并非一概取消对原流氓罪行为的规制。1997年《刑法》中增设聚众斗殴罪、寻衅滋事罪、猥亵罪、聚众淫乱罪等相关罪名，新增设的罪名所规制的行为与流氓罪的行为存在部分重合。当然，原流氓罪中“以恋爱为名，玩弄女性，女性在受骗而与行为人自愿性交的”等不需要由刑法评价的行为，1997年《刑法》排除在规制范围之外，不再以犯罪论处。

如上所述，某些“流氓”行为，在新旧刑法中均有罪名予以规制。因此，涉嫌“流氓”的行为发生在新刑法施行前，而在新刑法施行后裁判的案件，仍然涉及“跨法犯”的适用问题。具体来说，虽然有些行为不再以犯罪论处，但是因为新刑法也规定了相同的行为类型。如果是聚众斗殴、寻衅滋事、聚众淫乱等新旧刑法均规制的行为，即使行为发生于1997年《刑法》生效前，但由于原刑法与新刑法均作为犯罪予以规制，仍有适用空间。亦即，尽管罪名不同，但由于行为是完全相同的，所以可以按“从旧兼从轻”原则加以认定，而不是直接判决无罪。司法实践中，发生这种情形的案例也均是按照此种方法来处理。例如，在王某某涉嫌流氓罪案中，1996年9月14日晚，王某某伙同他人寻衅滋事，逃离现场。1996年9月24日因涉嫌流氓罪、故意伤害罪被银川市人民检察院批准逮捕（在逃），2015年1月19日被深圳市公安局平湖派出所抓获，后银川市金凤区人民法院于2015年7月16日以寻衅滋事罪，判处王某某有

---

〔3〕 2012年5月南京市建邺区判决了一起“流氓罪”的案件；2012年9月6日邢台市桥东区人民法院判决了“最后一个流氓犯”；2013年4月8日，湖南省资兴市人民法院也判决了一起，被称为中国最后一个流氓罪定罪判刑的案例。参见姜金良：《论罪名适用从新原则——对流氓罪复活现象的剖析与评判》，载《上海政法学院学报（法治论丛）》2013年第6期。

〔4〕 参见张律：《新刑法为何取消流氓罪》，载《上海人大月刊》1997年第11期。

〔5〕 参见王希仁：《试论流氓罪》，载《政治与法律》1984年第2期。

期徒刑五年。[6]

本案牛某某犯流氓罪的判决于1984年已经判决生效,主要涉及的是已生效判决的溯及力问题。按照传统观点,似乎已生效判决并不涉及溯及力问题。根据1997年开始施行的《刑法》,其中,第12条第2款明确规定:“本法施行以前,依照当时的法律已经作出的生效判决,继续有效。”对该条款适用,理论上存在一定的争议。除了主流观点认为该条款系刑法的既判力原则之外,也有观点将该条款概括为“罪刑初定”,认为“罪刑初定”完全是从形式法治的角度出发而得出的结论。为了保证实质正义与形式正义同时实现,需要对其进行合宪性审查。根据这种观点,我国《刑法》第12条第2款的合宪性瑕疵是非常明显的,新刑法对于同一行为以是否作出已生效判决为标准分别采取不同的处理方式,违反了宪法的平等原则。当作为刑罚依据的罪名被废止后,对当事人的刑罚从法律上讲已经缺乏依据。如果坚持执行原判决的刑罚,将会出现在一个已经废除流氓罪的国家,过了几十年,还有人因背负流氓罪承受不该当的法律责任的荒诞现象。[7]

我们认为,在我国刑事立法没有修改《刑法》第12条第2款的情况下,对牛某某通过再审程序改判,没有充足的法律依据。具体理由如下:其一,虽然有些国家的刑法规定,承认对旧法规定有罪而新法认为无罪的行为,即使判决已经确定,新法仍有溯及力。[8] 但是,这些国家是以立法承认对已生效判决有溯及力为前提,而我国立法明显没有规定例外情形,单纯通过解释论无法启动再审程序。其二,刑事既判力的价值基础,是有利于实现诉讼效益和有利于保障人权的价值目标。[9] 但实际上,除此之外,尊重已生效的判决,同时也关乎法的安定性。已经发生法律效力的判决,因为法律发生变化而启动再审程序改判无罪,按此逻辑,是不是还涉及国家赔偿问题?即使不考虑国家赔偿,对已经执行完毕的罪犯,又是否符合公平?其三,如果刑法修改将导致已生效判决被推翻重审,不利于诉讼效益。那么,刑事立法的修改很可能也会因此踟蹰不前,反而不利于实质正义的实现。在司法实践中,面对已经产生既判力,但刑罚执行仍然持续到刑法修改以后的案件,也均应遵守既判力的原则。不

---

〔6〕 参见银川市金凤区人民法院刑事判决书,(2015)金刑初字第155号。

〔7〕 参见王世涛、汤喆峰:《流氓罪废止后原司法裁决效力的宪法解读》,载《政法论丛》2011年第2期。

〔8〕 参见刘仁文:《关于刑法溯及力的两个问题》,载《现代法学》2007年第4期。

〔9〕 参见张晓薇、牛振宇:《刑事既判力与刑法溯及力的价值冲突与协调》,载《江西社会科学》2007年第8期。

过,考虑到刑罚的报应和预防的目的,在包括牛某某犯流氓罪在内的类似案件中,如果继续执行原判刑罚,在情理上似乎并不妥当。虽然不能通过启动再审程序改判,但是完全可以通过变通的手段解决。例如,我国法律中还规定了减刑、假释和赦免等制度,对于明显缺乏实质正义的案件,通过刑罚执行的变更等手段进行处理,免除罪犯剩余刑期的执行,既有利于刑法的权威性实现,也有利于回应社会大众对实质正义的期待。当然,我国《刑法》第12条第2款是否应当顺时而变,对新法不再认为是犯罪或者处刑较轻的终止原判刑罚或减轻原判刑罚,〔10〕则是立法论的问题。

1997年《刑法》对流氓罪的废止,同时彰显了立法与司法的相互协调。刑事立法的规定限制着刑事司法的适用,而刑事司法的适用状况又反过来影响着立法的变迁。如果说刑事立法废止流氓罪,有部分因素是受到刑事司法层面的严厉化、口袋化影响的话;那么,刑事司法也存在主动纠偏的现象。〔11〕在部分案件中,人民法院通过证据不足或者适用法律错误,再审改判了一些事实存疑、定性存在争议的流氓罪有罪案例,很好地起到维护法律权威的作用。例如,2004年,上海市杨浦区人民法院以情节轻微、不属于犯罪为由,改判在1984年被判决流氓罪的孙某某无罪。〔12〕再如,2014年,内蒙古自治区高级人民法院以呼格吉勒图犯故意杀人罪、流氓罪的事实不清,证据不足改判呼格吉勒图无罪。〔13〕

（刘杰）

---

〔10〕 参见王耀忠:《刑事既判力在我国刑法中的重构》,载《法律科学》2002年第6期。

〔11〕 类似情形比较明显的还有在危险驾驶罪的处理问题上,检察机关从一开始的严厉打击到逐步提高相对不起诉的范围,逐步限制危险驾驶罪的适用范围。

〔12〕 参见上海市杨浦区人民法院刑事判决书,(2004)杨刑再初字第3号。

〔13〕 参见内蒙古自治区高级人民法院刑事判决书,(2014)内刑再终字第00005号。

刘某自建虚拟币平台出租/出售矿机挖币返利案

传销违法与传销犯罪的区别

案情介绍

从2014年8月开始，刘某找他人制作了“暗黑币”交易网站，在我国香港特别行政区尖沙咀设立达康智能科技有限公司（以下简称达康公司），制定了网站交易“暗黑币”的相关规则，以向会员提供三种不同级别“暗黑币”矿机租赁服务，使会员获得所谓挖矿静态收益和动态收益的“暗黑币”，并以此为幌子，要求参加者缴纳注册费用取得会员资格，并公布网站系统内所谓“暗黑币”的实时价格，用于确定参加者加入会员时购买“暗黑币”支付的费用、会员收益“暗黑币”向公司兑换变现的价格。网站内提供V0.5、V1、V2三个级别会员账号，后又于2014年10月升级为V1、V3、V9三个级别会员账号，分别需购买1000个、3000个、9000个“暗黑币”，费用按照该网站公布“暗黑币”的实时价格确定（对应的购买账号金额约为1.5万元、4.5万元、13.5万元人民币）。参加者购买相应级别会员账号所需数量的“暗黑币”后，通过网站将“暗黑币”划转公司，注册成为相应级别会员，会员账户内“暗黑币”为零，随后则可以获得以“暗黑币”为载体的返利回报，亦即享受网站实时派发的所谓挖矿收益，包括静态收益和动态收益。该网站每一会员下线分为三条线（三个区），每条线下可以发展无限层级，参加者由发展其上级会员安置成为该上级会员下一层级会员或该上级会员已发展下线会员的线下层级会员。截至2015年3月19日，全国各地参加者在该“暗黑币”网站注册会员账号34,000余个，建立了若干个分支，层级达60余级，形成了按照一定顺序组成层级，以发展人员数量作为计酬、返利依据的组织体系。

法院认为：被告人组织、领导以推销商品、提供服务等经营活动为名，要求参加者以缴纳费用的方式获得加入资格，并按照一定顺序组成层级，直接或间接以发展人员的数量作为返利依据，引诱参加者继续发展他人参加，骗取财物,扰乱经济社会秩序的传销活动,其行为均已构成组织、领导传销活动罪。[1]

■ 理论争议

关于被告人是否构成组织、领导传销活动罪,存在以下两种观点。

一种观点认为,被告人刘某要求参加者以缴纳费用获得加入资格,按照一定顺序组成层级,以发展人员数量作为计酬和返利依据,以高额返利为诱饵引诱参加者继续发展他人参加而骗取财物,具有传销活动的无实体经营、"拉人头"、"交纳入门费"、层级性等特点,被告人构成组织、领导传销活动罪。

另一种观点认为,第一,被告人的投资方式没有入门费、投资方式有实在的商品产生(暗黑币)、收入来源并非拉人头产生的入门费、他们的发展壮大取决于销售业绩,故被告人的行为不具备组织、领导传销活动罪的客观要件;第二,被告人并不认为其所推广的投资方式是国家法规所禁止实施的传销行为,其之所以推广也是基于相信这种投资方式是合理合法、真实有效的,另外被告人对于其他投资人财产受损这一结果不仅不希望发生更不可能积极追求,故被告人的行为不具备组织、领导传销活动罪的主观要件。因此,被告人并不构成组织、领导传销活动罪。

■ 法理分析

真实的比特币矿机租赁服务本身不会存在传销的问题,但在部分租赁模式中,提供租赁服务的一方为了在最短时间内获得最大的推广和影响力,有的可能会采用层级化返利、金字塔结构销售的模式进行推广,以便最大限度地吸引承租方参与进来,这种推广模式就可能会涉嫌传销。其中,该模式中的层级性返利,指的是鼓励矿机的消费者和租赁者,介绍新的消费者加入,通过拉人头的方式,最终形成金字塔式的层级性结构。上层的消费者和租赁者就可以从下层或者下面几层消费者的业绩中获得相关提成。实际上,这种金字塔结构,以及传递性的返利系统,无限制地介绍新成员加入,就可以基本判定为一个传销系统。《禁止传销条例》第2条规定,"本条例所称传销,是指组织者或者经营者发展人员,通过对被发展人员以其直接或者间接发展的人员数量或者销售业绩为依据计算和给付报酬,或者要求被发展人员以交纳一定费用为

[1] 案例来源:刑事裁判文书,(2016)苏03刑终154号。

条件取得加入资格等方式牟取非法利益,扰乱经济秩序,影响社会稳定的行为”。但是这种模式是传销违法还是传销犯罪呢?根据《关于办理组织领导传销活动刑事案件适用法律若干问题的意见》规定,以销售商品为目的、以销售业绩为计酬依据的单纯的“团队计酬”式传销活动,不作为犯罪处理。

本案争议的焦点在于被告人的行为构成传销违法还是涉嫌传销犯罪。区分二者的关键点在于被告人到底是以拉人头数量为计酬依据还是以销售业绩为返利依据。除此之外还应分析,“黑暗币”到底是不是虚拟商品,有无财产属性,被告人到底是以销售商品为目的,还是以无限制地拉人头为目的。

Ⅰ 虚拟货币是不是虚拟商品,有无财产属性,还是仅为犯罪道具?

2017 年 9 月 4 日颁布的《关于防范代币发行融资风险的公告》规定,“代币发行融资中使用的代币或‘虚拟货币’不由货币当局发行,不具有法偿性与强制性等货币属性,不具有与货币等同的法律地位,不能也不应作为货币在市场上流通使用”。2021 年 9 月 15 日颁布的《关于进一步防范和处置虚拟货币炒作风险的通知》规定,“虚拟货币不具有与法定货币等同的法律地位。比特币、以太币、泰达币等虚拟货币具有非货币当局发行、使用加密技术及分布式账户或类似技术、以数字化形式存在等主要特点,不具有法偿性,不应且不能作为货币在市场上流通使用”。由此可见,我国对虚拟货币采取严格监管的态度,虚拟货币不具有法偿性,不应且不能作为货币在市场上流通使用。而且两份文件也规定虚拟货币的相关业务活动属于非法金融活动。虽然虚拟货币不具有与货币等同的法律地位,但 2013 年中国人民银行等五部委发布的《关于防范比特币风险的通知》规定,“从性质上看,比特币是一种特定的虚拟商品,不具有与货币等同的法律地位,不能且不应作为货币在市场上流通使用。但是,比特币交易作为一种互联网上的商品买卖行为,普通民众在自担风险的前提下拥有参与的自由”。因此,虽然虚拟币不是法定货币,但虚拟币是一种特定的虚拟商品,具有价值与交换价值,只不过不具有有形的外观。比特币、莱特币等属于主流虚拟币,主流虚拟币在一定程度上得到了世界的广泛认可,虚拟币可以在虚拟币交易平台进行交易,而且价格相对公允。因此,虚拟货币交易是一种特殊商品的交易行为。如果矿机每日产出真实的比特币,然后将比特币拿到火币网等交易平台上进行正常交易,那么比特币就是特殊商品。此时投资比特币挖矿的收益就包括静态收益和动态收益两部分。静态收益是矿机每天产出比特币,将比特币拿到火币网上进行正常交易获利;而动态收益是通过介绍更多的参与人租赁、购买不同等级的矿机,根据参与人投资额或者租赁/购买矿机的数量,返一定比例的比特币。因此,比特币是一种特殊的虚拟商品,有相关财产属性,是一种特殊的商品。

Ⅱ 本案被告人是否具有骗取财物的目的?

我们认为,本案被告具有骗取财物的目的,最主要的原因在于,被告人自建"暗黑币"交易网站,自己制定在交易网站交易"暗黑币"的相关规则,自己在网站系统内公布所谓"暗黑币"的实时价格。也即,在本案中,被告人自建虚拟币平台出租/出售矿机挖币返利的模式,在该模式中,整个矿机挖币是一个封闭的,人为控制的挖币模式。所挖出的币是非主流币,只能在内部流通,而不能在第三方平台任意流转。根据上文所述,比特币等虚拟货币在我国虽不具有法定货币的地位,但却是一种特殊的虚拟商品,有相关财产属性,具有价值和交换价值,在世界范围内获得了相当程度的价值认可,可以到虚拟币交易平台进行交易。但在本案中,被告人自建虚拟币平台出租/出售矿机挖币返利的模式,通过该种模式挖出的是"暗黑币"。而"暗黑币"的价值在国际国内并未获得相当程度的认可,其并不是主流虚拟货币,被告人自建"暗黑币"交易网站,"暗黑币"只能在该"暗黑币"交易网站进行内部流通,而不能在第三方平台任意流转,也即"暗黑币"并不具有真正的交换价值。"暗黑币"只能通过参与人员之间相互出售或者由平台设置回购变现机制,才能将所获得的"暗黑币"兑换为人民币获利。一旦内部参与人不接受产出的虚拟币,或者平台不予回购变现,整个矿机挖币模式将会崩塌,停止运转。因此,被告人在网站系统内公布的所谓"暗黑币"的实时价格其实也是一种内部价格,而不是真正的虚拟货币交易平台公布的价格。在很多与本案类似的自建虚拟币平台出租/出售矿机挖币返利的模式中,很多的自建平台中并没有真实的矿机设备作为支撑,甚至根本就没有"矿场"运营,而他们所宣称的矿机多为虚拟矿机,产生的算力为虚拟算力。在该模式中产出的虚拟币的价格并不是根据获取虚拟币而投入的矿机、电力、人工等挖矿成本而定,而是依靠平台人为拉高、修改后台数据,营造出虚拟币价格每天呈上涨趋势的假象,也即被告人可以在网站系统内自行掌握"暗黑币"的实时价格。

因此,本案中通过矿机租赁/销售挖币返利的模式挖出的"暗黑币"并不是主流虚拟币,本身并不具有任何价值和使用价值,不具有商品属性,仅是注册会员获取收益、会员之间及会员与公司间转让变现的一种标记,是计算返利数额的工具,没有任何销售商品的特征及属性。该模式实际上就是一个"割韭菜"的骗局,所挖出的虚拟币根本就不具有真实性和公允价值,只是用来传销的道具。该模式通过收取不同矿机租赁/销售费用,不断吸取资金与有价值的主流虚拟币,一开始就具有了骗取财物的目的。几乎在所有的传销案件中骗取财物的方式都是通过收取会员的入门费和进一步的资格升级投入等实现,传销的组织人员通过此种方式不断地收取相关的资金,然后将资金进行分配,如用于各类成本、返利支付给各层级人员等。

Ⅲ 被告人以拉人头数量为计酬依据还是以销售业绩为返利依据?

《关于办理组织领导传销活动刑事案件适用法律若干问题的意见》规定,以销售商品为目的、以销售业绩为计酬依据的单纯的"团队计酬"式传销活动,不作为犯罪处理。同时,该司法解释第5条还规定:"形式上采取'团队计酬'方式,但实质上属于'以发展人员的数量作为计酬或者返利依据'的传销活动,应当依照《刑法》第224条之一的规定,以组织、领导传销活动罪定罪处罚。"因此,区分传销违法和传销犯罪的关键点在于被告人到底是以拉人头数量为计酬依据还是以销售业绩为返利依据。传销犯罪中的拉人头,实际上是招募更多的传销参与者,他们加入平台的投资是为了发展下线获得收益,而不是作为普通的投资者参与项目本身的投资。而传销违法中的拉人头,目的则是获得更多的销售业绩,获得更多的消费者,以销售业绩为返利依据。团队计酬不作为犯罪处理的前提是存在真实的商品,真实的商品不仅仅是真实存在,而且必须能够为人所用,要有价值。

在本案中,如前文所述,通过矿机租赁/销售挖币返利的模式挖出的"暗黑币"并不是主流虚拟币,本身并不具有任何价值和使用价值,不具有商品属性,不能在虚拟币交易平台公开交易、自由流通,仅是注册会员获取收益、会员之间及会员与公司间转让变现的一种标记,是计算返利数额的工具。也即,本案中通过矿机租赁/销售挖币返利的模式挖出的"暗黑币"仅仅是传销犯罪的道具,而不是真正的商品,因此,本案中虽然被害人可以通过矿机不断挖出"暗黑币",被告人在网站系统内可以公布所谓"暗黑币"的实时价格,被告人宣称被害人可以获得所谓挖矿的静态收益和动态收益。但事实上,"暗黑币"不能公开交易,被害人也不会真正获得所谓挖矿的静态收益和动态收益。本案中真正的返利依据是根据矿机本身产生的"暗黑币"收益计算,但因"暗黑币"并不能公开流通,因此其返利依据最终还是被害人缴纳的入门费或者人头费。

综上所述,本案中被告人的行为构成组织、领导传销活动罪。一方面,因为矿机所产出的"暗黑币"是非主流币,只能在内部流通,而不能在第三方平台任意流转。整个运行模式是以人为调控虚拟币价格的封闭矿机租赁/销售挖币返利的模式，本质上具有“骗取财物”的目的。另一方面，本案中被害人通过缴纳入门费用获得加入资格，按照一定顺序组成层级，以发展人员数量作为计酬和返利依据，本案具有传销活动的无实体经营、“拉人头”“缴纳入门费”、层级性等特点。

（杨海强）

王某非法出售珍贵、濒危野生动物案

罪刑法定原则与罪责刑相适应原则

案情介绍

2016 年 5 月，深圳男子王某因涉嫌“非法出售珍贵、濒危野生动物及其制品罪”被刑事拘留。警方调查显示，王某此前售出的 6 只鹦鹉中，有 2 只为小金太阳鹦鹉，学名绿颊锥尾鹦鹉，属于受保护物种。

2017 年 3 月 30 日，深圳市宝安区人民法院一审以犯非法出售珍贵、濒危野生动物罪判处王某有期徒刑五年，并处罚金三千元。王某不服上诉。

2018 年 3 月 30 日，在深圳中院刑事审判区第九审判庭终审宣判，判处王某有期徒刑两年。法院认为，原判对王某量刑过重，王某所提请求从宽处罚的上诉理由成立，予以采纳。其辩护人提出的王某无罪等辩护意见不能成立，不予采纳。

最高人民法院复核认为，被告人王某承认知道涉案鹦鹉为法律禁止买卖的国家重点保护的珍贵、濒危野生动物，但仍非法收购、出售，已构成非法收购、出售珍贵、濒危野生动物罪。王某为了牟利而非法收购、出售 47 只国家重点保护的珍贵、濒危的鹦鹉，情节特别严重，应依法惩处。综合考量王某能自愿认罪，出售的是自己驯养繁殖而非野外捕捉的鹦鹉，社会危害性相对较小，且有 45 只鹦鹉尚未售出等情节，可在法定刑以下判处刑罚。一审、二审认定的事实清楚，证据确实、充分，审判程序合法；二审定罪准确，量刑适当。

理论争议

该案件曾引起极大的社会关注。主要集中在案例中的行为（出售家养的但属于国家保护动物的宠物）是否构成犯罪以及如果构成犯罪，如何实现罪刑均衡的问题。虽然该案例后因改判（由五年有期徒刑改为两年有期徒刑）而平复了民意，但其中所蕴含的法理与理论争议直到现在依然被人们所讨论。

该案所涉及的理论争议主要有：

第一，如果行为的社会危害性并不显著，但刑法却将该种行为作为了犯罪处理，在刑事司法中是否要坚持罪刑法定原则？

第二，如果行为的社会危害性不易评估，若入罪，如何较好地实现罪刑均衡？

■ 法理分析

针对上述两个主要理论争议点。我们提供如下分析：

1 关于罪刑法定原则在实践中应如何适用的问题。

就本案而言，一审法院所作出的判决的法律依据是充足的。通过一审法院查明的事实可知，当事人对出售属于国家二级保护动物的小金太阳鹦鹉的事实是承认的。按照相关司法解释的规定，出售作为国家二级保护动物的小金太阳鹦鹉 1 只即构成犯罪，6 只即构成第二档刑期（五年以上十年以下有期徒刑）。在本案中，行为人出售了 2 只小金太阳鹦鹉，另有 45 只处于待出售状态（因行为人承认此 45 只也是为了出售而人工孵化，法院将这 45 只评价为了犯罪未遂的标的物），因此如不考虑其他因素，一审法院根据犯罪事实，坚持形式化的罪刑法定原则是可以判处上述刑罚的。

但该案与其他涉嫌非法猎捕、伤害珍贵濒危野生动物罪或非法出售珍贵、濒危野生动物及其制品罪存在差异的是，所涉案的小金太阳鹦鹉并非野生物种，而为人工繁育种（行为人买来的鹦鹉即为人工繁育种，且其出售的鹦鹉也是其自身在家通过鸟蛋而人工繁育的），在此种情形下，还可以按照《刑法》第 341 条及其司法解释进行定罪与量刑吗？

由于相关司法解释载明，《刑法》第 341 条中规定的“珍贵、濒危野生动物”也包括“驯养繁殖”的物种，故一审法院在审理该案时，直接将上述人工繁育的小金太阳鹦鹉视为了刑法保护的珍贵、濒危野生动物，而直接套用了相关的数量标准（1 只入罪，6 只第二档刑期，10 只第三档刑期）进行了定罪与量刑。

应该说，上述按照《刑法》第 341 条及其司法解释进行定罪量刑的做法，是从形式上坚持了罪刑法定原则。但对罪刑法定原则的理解与适用也要结合犯罪的概念。由于《刑法》第 341 条在最初立法时，其行为指向（或主要管控、规制的行为）的是非法猎捕、杀害、出售处于“生境”（自然生态系统）中的野生动物，而该案中的涉案标的（人工繁育的作为国家二级保护动物的宠物鸟）并非“生境”中的物种,因此在对该种行为进行刑法评价的前提是否符合犯罪概念,而后才进行是否要坚持罪刑法定原则的进一步判断。

由于非法出售人工繁育的物种也可能存在一定的社会危害(如该物种逃逸或人为放入自然“生境”),故也可理解相关司法解释将“驯养繁殖”的动物也视为野生动物的立场,因此我们认为,在情节较为严重的情形下(如本案中涉案的小金太阳鹦鹉达47只)也可以进行入罪评价,也即在犯罪概念的指引下,对罪刑法定原则作实质与形式相结合的理解。

Ⅱ 关于该案中的罪刑均衡问题。

该案一审判决行为人有期徒刑五年后,社会反响剧烈。社会公众普遍认为,具有较为生活化情景的宠物买卖行为与被通常认为具有严重社会危害性的非法猎捕、杀害野生动物的行为还是存在较大差异的,刑法不应该将两者混为一谈而不做区分地进行评价,否则就是滥用刑罚。

我们认为,二审对该案的改判(将刑期调整为二年)较好地实现了罪刑均衡。由于该案在形式的法定刑期以下进行了判决,最高人民法院对该案进行了复核。最高人民法院的复核中承认了因考虑到该案中的涉案标的物为人工繁育物种,对社会的危害性较小,所以构成在法定刑期以下进行处罚的条件。这也表明,对刑法中相关条文(如本文中的《刑法》第341条)不应机械理解,而应结合犯罪概念与犯罪本质,在具体场景中统筹考虑社会危害性,这样才是对罪刑法定原则的准确理解,才能更好地实现罪刑均衡。

(焦艳鹏)

药某故意杀人案

平等适用刑法原则

案情介绍

药某，生前系西安音乐学院学生。2010 年 10 月 20 日晚 10 时左右，药某驾车从西安郊区返回城区。因驾车过程中用手调适车上音乐设备，而过失将骑电动车的行人张某撞倒。药某停车下车查看，认为张某在呻吟的同时在观看和记忆自己的车牌号码，出于担心被撞人将来以交通事故而讹诈自己的心理，药某回车上从包中取出刀刃一把（发案前刚刚购买，用于防身），向躺卧在地上的张某进行捅刺，造成张某当场死亡（法医后鉴定，捅刺共计八刀，其中有致命伤）。后药某驾车离开犯罪现场。10 月 23 日上午，药某在家人陪同下到公安机关自首，如实供述了自己的罪行。

一审法院判决药某犯故意杀人罪，判处死刑，剥夺政治权利终身。药某不服，认为量刑过重，提出上诉。二审法院认为，药某的行为“动机极其卑劣、主观恶性极深、手段特别残忍、情节特别恶劣、后果特别严重”，属罪行极其严重，应依法惩处。其虽构成自首，但不足以减轻处罚，故判决维持一审的死刑判决。

经最高人民法院核准，2011 年 6 月 7 日，药某被执行死刑。

理论争议

该案例从案发到庭审，再到宣判、执行等各个环节都受到社会的广泛关注、评论甚至影响。当事人被执行死刑至今已逾十年，但仍被人们讨论、议论甚至反思。

在该案被终审判决之前，在大众媒体的参与下，人们对案犯一片喊杀之声。案犯被执行死刑之后，人们又有一段时间静默无声。围绕该案犯罪行是否足够严重到被判处死刑，人们展开了长时间的争论。由于本案中行为人是在校大学生，且系初犯，而被害者是一位农妇，在案件的一审、二审期间被害人及其代理人与媒体在一定程度上向公众传达了两者身份的差异。司法机关在审理该案过程中是否受到了公众对当事人身份差异的观点的影响,至今不得而知。但刑法适用过程中,应如何把握当事人的身份以及如何做到真正的刑法适用平等,特别是在个案中如何更好地体现正义,却留给了人们无尽的思考。

■ 法理分析

平等适用刑法原则,是指在刑法适用过程中,不区分人的民族、性别、财产状况、社会身份等人出生后所具有的特质。平等适用刑法原则既是《宪法》中人人平等原则的刑法表现,也是一项具有人权法意义的基本原则或公理性认知。

长期以来,人们普遍担心实践中可能破坏平等适用刑法原则的主要是被告人的身份地位或财产状况等,如被告人是高级官员或是具有强大支付能力的企业家等,如果这部分人与不具有政治身份或大量财富的人在刑法适用上被进行差别对待,在犯同样的罪时,对前者少施刑罚或不施刑罚,而对后者进行刑罚处罚,则会损害社会公正,破坏人们的正义观念与社会价值。

在上述案例中,如果只是就被告人的身份为大学生的角度而言,毫无疑问,与其他故意杀人罪的案犯相比,被告人作为大学生的身份是不应该考量在刑法适用中的。司法机关应忽略或不应将被告人的大学生身份考量在定罪与量刑之中,既不应重判也不应轻判,如此这般就是平等适用刑法原则在司法活动中的体现。

但被告人与被害人的身份之间存在的差异,是否应考量在刑法适用过程中呢?如一个富人杀了穷人,是否应比一个穷人杀了富人判罚更重或更轻一些呢?答案是显然的,即不应考虑在刑法适用之中,否则反而容易引起刑法的不公正适用。

在本案中,原告及其代理人或部分参与报道和讨论的媒体,有意或无意向公众传达了较多的被告人与被害人之间的身份差异,以“农民的身份就是贱吗?”“学音乐的大学生的手是应该弹钢琴,而非杀人的”等设问形式对本案进行评论。这些有意或无意的言论可能在一定程度上影响了司法机关对该案的性质、情节、社会危害性等的判断。虽然我们不能完全认为该案的死刑判决没有做到罪刑均衡,但如果被告人与被害人的身份差异真实地影响了司法机关的判决,则这个因素可能构成对平等适用刑法原则的破坏,其教训是值得后人警醒的。

(焦艳鹏)

李某非法运输爆炸物案

烟花爆竹是否为刑法意义上的爆炸物

案情介绍

2014年5月10日20时许,上海市长宁区公安分局民警在新渔路剑河路口由东向西车道盘查一辆面包车时,发现车内有4箱4只装49发烟花、4箱2只装100发烟花及5捆鞭炮。车主李某在未办理爆炸物运输手续的情况下,于当日15时20分从宝钱路沪太路处将上述烟花爆竹运输至新渔路348号,后再次准备运至重固镇时被查获。经鉴定,上述烟花爆竹中含有铝粉、硫黄、氯、钾、氧元素及高氯酸根离子等物质,总量达7782.752克。2014年5月18日,公安机关以犯罪嫌疑人李某涉嫌非法运输爆炸物罪提请批准逮捕。公安机关认为,犯罪嫌疑人李某违反国务院《烟花爆竹安全管理条例》,未经许可,驾驶机动车经由道路运输烟花爆竹,所运输的烟花爆竹中含有烟火药7795克,达到非法运输爆炸物罪的追诉标准(非法运输烟火药3000克以上)。但是,检察机关认为烟花爆竹不属于刑法意义上的爆炸物,李某运输烟花爆竹的行为不构成犯罪,依法对其不批准逮捕。[1]

理论争议

本案的事实是清楚的,证据也是确凿的,公安机关与检察机关之所以对这一案件定性存有分歧,是因为对于爆炸物概念的理解不同。烟火药和黑火药是否为爆炸物?烟火药和黑火药的制成品烟花爆竹究竟是否为刑法意义上的爆炸物?这是该案准确定性的前提和基础。

第一种观点认为,犯罪嫌疑人李某违反《烟花爆竹安全管理条例》,未经许可,驾驶机动车经由道路运输烟花爆竹,所运输的烟花爆竹中含有烟火药7782克,达到了最高人民法院《关于审理非法制造、买卖、运输枪支、弹药、爆

---

〔1〕 案例来源:第七届上海市检察机关优秀侦查监督员评比活动。

炸物等刑事案件具体应用法律若干问题的解释》第1条第1款第6项关于非法运输爆炸物(烟火药)的追诉标准,构成了非法运输爆炸物罪。

第二种观点认为,烟花爆竹不属于刑法意义上的爆炸物,李某未经许可运输烟花爆竹的行为只是行政违法行为,不构成刑法上的犯罪。

■ 法理分析

在分析烟花爆竹是否为刑法意义上的爆炸物前,应先明确烟花爆竹的组成物烟火药和黑火药是否为爆炸物?根据国家安全生产监督管理总局(现为中华人民共和国应急管理部)于2012年9月修订实施的《烟花爆竹作业安全技术规程》的规定,烟火药是指主要由氧化剂与还原剂等组成的,燃烧反应产生可见光、红外辐射、高热、高压气体、气溶胶烟幕和声响等效应的物质。黑火药是用硝酸钾、炭粉和硫黄或用硝酸钾和炭粉为原材料制成的。研究烟火药和黑火药究竟是否为刑法意义上的爆炸物,首先应明确爆炸物包括哪些物质?2006年9月1日起施行的国务院《民用爆炸物品安全管理条例》(以下简称《条例》)第2条规定,"本条例所称民用爆炸物品,是指用于非军事目的、列入民用爆炸物品品名表的各类火药、炸药及其制品和雷管、导火索等点火、起爆器材。民用爆炸物品品名表,由国务院国防科技工业主管部门会同国务院公安部门制订、公布"。国防科工委、公安部于2006年11月9日公布的《品名表》中列明了59种爆炸物品,分为工业炸药、工业雷管、工业索类火工品、其他民用爆炸物品和原材料五类。其中,在原材料项下的黑火药属于民用爆炸物品,但是又明确声明,用于生产烟花爆竹的黑火药不属于民用爆炸物品的范畴,烟火药更不在此列。然而,根据《解释》的规定,爆炸物包括"爆炸装置、炸药、发射药、黑火药、烟火药、雷管、导火索、导爆索"。该司法解释于2009年被修正,但是关于爆炸物的范围并没有改变。

由此可见,行政法规、刑法司法解释对于何为爆炸物的规定并不完全一致。烟火药以及用于生产烟花爆竹的黑火药在《品名表》中不属于爆炸物,但是在刑法司法解释中,黑火药和烟火药都是爆炸物。这种不统一的规定,势必会导致司法实践中存在模糊认识。

就理论上而言,刑法是其他部门法的保障法,犯罪具有二次违法性,刑事违法的前提往往具有行政违法、经济违法或者民事违法属性,当不具有民事违法、经济违法或者行政违法性时,也不应当具有刑事违法性。正因如此,对于法律概念的理解在法律的整体框架内应该具有统一性和体系性。但是,刑事法律关系又不同于其他部门法调整的法律关系，刑法的任务、目的也不同于其他部门法的任务和目的。刑法是用最严厉的制裁手段打击犯罪，维护社会秩序。刑法关注的是行为的社会危害性是否达到难以容忍的地步，而其他部门法更为关注如何以恰当妥善的方式协调或者维护各种法律关系。正因如此，刑法中的某些概念并不与其他部门法完全契合。

在涉及爆炸物的问题上，行政法中的爆炸物范围与刑法司法解释中的爆炸物范围不一样。这是因为行政法与刑法调整的社会关系不一样，关注的重心自然也有区别。行政法规侧重于技术以及规范管理的目的，既然黑火药和烟火药的性能与其他民用爆炸物相比，危险性和强度都要低，《条例》便将用于制造烟花爆竹的黑火药和烟火药排除在外。但是，刑法作为惩罚犯罪和保护人民的工具，其关注的是行为的社会危害性。立法者对于犯罪圈的设定既是对以往社会关系的总结，也是对未来社会关系的预测。实践中，烟火药、黑火药引发的爆炸事件屡屡发生，而且在未来相当长的时间内，这种现象还将继续存在，相关部门有必要对此作出积极回应。因此，《解释》将烟火药、黑火药规定为爆炸物，是顺应了打击犯罪的现实需要。同时，就法律适用的角度而言，定罪量刑的依据应该是《刑法》，虽然司法解释不是刑事立法，但司法解释是最高司法机关就刑法具体运用问题而作的解释，司法解释与法律应当是合二为一的。因此，在关乎定罪量刑的问题上，应当适用刑法司法解释。何况，《民用爆炸物品品名表》（以下简称《品名表》）是 2006 年颁布的，而《关于审理非法制造、买卖、运输枪支、弹药、爆炸物等刑事案件具体应用法律若干问题的解释》（以下简称《解释》）是 2009 年修正的，按照后法优于前法的原则，将黑火药、烟火药认定为爆炸物也是符合法理的。事实上，爆炸物显然不应当局限于民用爆炸物，军用爆炸物当然也是爆炸物。因此，《品名表》对于爆炸物范围的设定，难以在定罪量刑时起到规范的作用。鉴于此，我们认为，应当根据刑法司法解释的具体内容，将黑火药和烟火药认定为刑法意义上的爆炸物。

根据上文分析可知，黑火药、烟火药应当被认定为爆炸物，那么烟花爆竹中含有黑火药、烟火药成分，其是否为刑法意义上的爆炸物？《解释》第 10 条规定："实施非法制造、买卖、运输、邮寄、储存、盗窃、抢夺、持有、私藏其他弹药、爆炸物品等行为，参照本解释有关条文规定的定罪量刑标准处罚。"这里提到了"其他弹药、爆炸物品"，也就是说，刑法中的爆炸物并不仅限于《解释》第 1 条明确列举出的几种，那么其他爆炸物又该如何界定？烟花爆竹是否为刑法意义上的爆炸物？司法实践中，对于烟花爆竹是否为爆炸物，也有过前后不一的态度。

2001 年公安部曾经给河南省公安厅的请示报告中(公复字〔2001〕14 号)回复,烟花爆竹是爆炸物。2012 年 9 月 6 日最高人民法院、最高人民检察院、公安部、国家安全监管总局发布的《关于依法加强对涉嫌犯罪的非法生产经营烟花爆竹行为刑事责任追究的通知》(以下简称《通知》)第 1 条明确指出:"非法生产、经营烟花爆竹及相关行为涉及非法制造、买卖、运输、邮寄、储存黑火药、烟火药,构成非法制造、买卖、运输、邮寄、储存爆炸物罪的,应当依照刑法第一百二十五条的规定定罪处罚;非法生产、经营烟花爆竹及相关行为涉及生产、销售伪劣产品或不符合安全标准产品,构成生产、销售伪劣产品罪或生产、销售不符合安全标准产品罪的,应当依照刑法第一百四十条、第一百四十六条的规定定罪处罚;非法生产、经营烟花爆竹及相关行为构成非法经营罪的,应当依照刑法第二百二十五条的规定定罪处罚。"《通知》进一步明确了黑火药、烟火药属于《刑法》第 125 条规定的爆炸物,非法制造、买卖、运输、邮寄、储存黑火药、烟火药的,属于法制造、买卖、运输、邮寄、储存爆炸物罪。但是,《通知》中的"生产、经营烟花爆竹及相关行为"具有模糊性,怎样理解"相关行为涉及非法制造、买卖、运输、邮寄、储存黑火药、烟火药"?烟花爆竹是否等同于黑火药、烟火药?运输烟花爆竹是否等同于运输爆炸物仍然不得而知。值得注意的是,在《通知》下发后,2013 年河南省对一起非法运输烟花爆竹的案件并没有定性为非法运输爆炸物罪,而是将涉案当事人的行为定性为非法经营罪或者生产、销售伪劣产品罪。[2]

在刑法理论界,对烟花爆竹是否为爆炸物也有截然相反的观点。第一种观点认为,把烟花爆竹认定为爆炸物符合刑事司法政策,刑法意义上的爆炸物应当包含烟花爆竹。[3] 烟花爆竹之所以是爆炸物,是因为其中含有火药,火药制成的炸药是爆炸物,制成的烟花爆竹也自然是爆炸物了。第二种观点则认为,烟花爆竹不宜认定为非法制造、买卖、运输、邮寄、储存爆炸物罪中的爆炸物。[4] 这就像医学中经常用吗啡等作为某些药品的原料,但并不会将这些药品定义为毒品。第三种观点认为,对于非法生产烟花爆竹的(以具有抽象的公共危险为前提),宜认定为非法制造爆炸物罪。但是,对于非法买卖、运

---

〔2〕 参见新华社电:《安监总局通报一起涉及烟花爆竹重大刑事案件》,http://news.xinhuanet.com/legal/2013－09/12/c_117348495.htm。

〔3〕 参见蒋毅、周黎:《刑法意义的"爆炸物"应包括"烟花爆竹"》,载《西南农业大学学报(社会科学版)》2013 年第 12 期。

〔4〕 参见王作富主编:《刑法分则实务研究》,中国方正出版社 2010 年版,第 136 页。

输、邮寄、储存烟花爆竹的,不应认定为非法买卖、运输、邮寄、储存爆炸物罪。[5]

要解决烟花爆竹是否为刑法意义上的爆炸物的问题,关键是对于烟花爆竹和爆炸物两个概念进行准确理解。应当明确,当界定法律概念之时,人们通常考虑的是那些能够说明某个特定概念的最为典型的情形,而不会严肃考虑那些难以确定的两可性情形。[6] 一个概念的中心含义也许是清楚的和明确的,但当我们离开该中心时,它就变得模糊不清了,而这正是一个概念的性质所在。我们认为,对法律概念的理解,关系到法律解释的规则和方法。按照法理学专家的观点,法律解释规则与方法的使用有多种进路,概括起来主要有四种:一是语言学的文义进路,强调从语言文字和规范结构中寻找意义;二是从立法者的目的角度来矫正单独依赖文义可能出现的解释偏差,使用的是分析比较的方法;三是从社会语境的角度探寻法律的意义,使用的是社会学方法和解释规则;四是从法律的外在价值进行有意义的探寻,使用的是价值衡量(或利益衡量)的方法。[7] 如果说文义解释是形式法治的立场,那么,目的解释、社会学解释、价值衡量就属于实质法治的立场。在一目了然不存在争议的案件中,文义解释、体系解释等起主导作用,而在复杂的有争议的案件中,目的解释、价值衡量和社会学解释就会各显其能。法律的运用问题归根结底是法律解释的问题。

对于爆炸物的概念问题,从文义解释的角度看,爆炸物是指在外界作用下(如受热、受摩擦、撞击等)能发生剧烈的化学反应,瞬时产生大量的气体和热量,使周围压力急剧上升,发生爆炸,对周围环境造成破坏的物品。[8] 那么,烟花爆竹又是什么?烟花爆竹的主要成分是黑火药,即硫黄、木炭粉、硝酸钾,有的还含有氯酸钾。当烟花爆竹点燃后,木炭粉、硫黄粉、金属粉末等在氧化剂的作用下迅速燃烧,产生二氧化碳、一氧化碳、二氧化硫、一氧化氮、二氧化氮等气体及金属氧化物的粉尘,同时产生大量光和热,从而引起鞭炮爆炸。如果仅仅从原材料的物理学和化学的角度进行分析,烟花爆竹似乎可以被认定为爆炸物。然而,法学概念在具体应用时,不应当局限于文义。一般而言,爆炸物应当具有爆炸性、燃烧性和破坏性。但是,具有以上特质的物品并不都是

---

〔5〕 参见张明楷:《刑法学》,法律出版社2011年版,第621页。

〔6〕 参见[美]E. 博登海默:《法理学:法律哲学与法律方法》,邓正来译,中国政法大学出版社1999年版,第187页。

〔7〕 参见陈金钊:《法律解释规则及其运用研究》(下),载《政法论丛》2013年第5期。

〔8〕 参见王作富主编:《刑法分则实务研究》,中国方正出版社2010年版,第136页。

法律意义上的爆炸物。我们认为,对于烟花爆竹和爆炸物之间的关系,应当从法律规范的角度、具体的社会生活事实以及价值衡量的角度予以综合考量。

首先,从法律规范意义上讲,烟花爆竹不应当是刑法意义上的爆炸物。《烟花爆竹安全管理条例》规定,未经许可,任何单位和个人不得运输烟花爆竹,经由道路运输烟花爆竹的,应当经公安部门许可,对未经许可由道路运输烟花爆竹的,由公安部门责令停止非法运输活动,处1万元以上5万元以下罚款,并没收非法运输的物品及违法所得。因此,如果无证运输烟花爆竹发生重大事故造成严重后果的,才可能涉嫌危险物品肇事罪,如果没有产生任何后果的,则不构成犯罪,应当给予相应的行政处罚。如果将烟花爆竹认定为爆炸物,那么无证运输烟花爆竹的行为直接构成运输爆炸物罪。《通知》明确了黑火药、烟火药是爆炸物,但没有明确规定黑火药、烟火药的制成品也是爆炸物。《刑法》将爆炸物与枪支、弹药规定在同一条文中,显然是说爆炸物与枪支、弹药有同等程度的危险。但是,烟花爆竹随处可见,随手可得,与枪支、弹药相比,其危险程度要小得多。鉴于此,不宜将烟花爆竹认定为"爆炸物"。

其次,从社会学的角度分析,烟花爆竹也不宜被认定为爆炸物。制定法的真实含义不只是隐藏在法条文字中,同样隐藏在具体的生活事实中。〔9〕根据《烟花爆竹劳动安全技术规程国家标准》的规定,"烟花爆竹是以烟火药为原料,经过特殊工艺制作而形成的娱乐产品"。质言之,烟花爆竹属于娱乐产品。如果将娱乐产品定性为犯罪对象,无疑超越了普通公民对相关行为法律后果的可预测性。国家既然允许生产、经营烟花爆竹,也即顺应了我国的文化传统,允许烟花爆竹在红白喜事、开业庆典、重大节日中烘托气氛。如果将其认定为爆炸物,那么为了正常用途购买、储存、运输烟花爆竹的人都可能涉嫌买卖、运输、储存爆炸物罪,这样的刑事司法实践明显不符合常情、常理和常识。

最后,从价值衡量的角度分析,烟花爆竹也不应当是刑法意义上的爆炸物。对烟花爆竹是否为爆炸物这一问题的理解,其实还关乎我国对于犯罪所采取的态度。日本刑法学家平野龙一认为,"刑法的制裁作用,并非一种实现正义的绝对目标,而只是一种以正义的方式达成维护社会秩序目的时,不得不采用的必要手段而已"〔10〕。在对待犯罪问题上,究竟应当采用哪一种刑事立法理念和司法规制模式?是侧重于打击犯罪行为,强调刑罚严厉性的犯罪控

---

〔9〕参见张明楷:《刑法分则的解释原理》(上),中国人民大学出版社2011年版,第6页。

〔10〕李海东主编:《日本刑事法学者》(上),法律出版社1995年版,第274页。

制模式，还是采取尽量不干涉模式，主张刑事法治的干预应当受到限制，国家公权力必须尽量少地介入国民的生活，尽可能以非罪化、非刑罚化、非监禁化来减少犯罪标签的负面影响。显而易见，国家公权力越是张扬强势，公民的权利和自由范围越是紧缩。如果把烟花爆竹这种娱乐产品定性为犯罪对象，有悖于谦抑的刑事立法理念和温和的司法控制模式。现代社会中，对于很多疑难问题的争议，往往不是"是"与"非"的角逐，而是两个方面都是"是"。公民的个人自由与社会的公共秩序，两者之间究竟如何权衡和取舍，以真正达到实现司法正义的目标，这不仅仅是法律规范制定者需要反复斟酌以寻求最佳平衡的光荣任务，也是司法实务工作者责无旁贷的艰巨使命。

（何萍）

沈某破坏计算机信息系统案

游戏金币是否为刑法意义上的财物

案情介绍

被告人沈某于2013年3月至2014年2月利用网络外挂程序，植入病毒非法入侵网络游戏“剑侠情缘3”运营后台，该网络游戏是由广东省珠海市金山网络游戏科技有限公司进行运营、维护及后台管理。沈某利用外挂程序非法获取大量游戏金币，并将窃取的游戏金币转卖谋利，非法获利400余万元。2014年10月，一审法院以破坏计算机信息系统罪判处沈某有期徒刑五年。沈某上诉后，二审法院于2015年3月驳回上诉，维护原判。[1]

理论争议

虽然盗窃网络虚拟财产的行为层出不穷，但针对该行为应如何定罪处罚，学界一直是见仁见智，纷争不已，大体上存在“相关计算机犯罪说”以及“盗窃罪说”诸学说的分野。

第一种观点认为，行为人利用网络外挂程序，植入病毒非法入侵网络游戏运营后台，窃取大量游戏金币并转卖牟利，致使网络游戏内的数据信息被大量删除、修改，构成对计算机相关数据信息的篡改，此行为一方面侵害网络游戏玩家的合法权益，另一方面也严重破坏了网络游戏正常有序运行，应依法构成破坏计算机信息系统罪。

第二种观点认为，自《刑法修正案（七）》生效以后，凡是违反国家规定，侵入计算机信息系统，非法获取存储、处理或者传输的数据，情节严重的，无论该计算机信息系统数据是否具有财产属性，是否属于值得刑法保护的虚拟财产，应当一律以非法获取计算机信息系统数据罪定罪处罚。[2]

---

〔1〕 案例来源：刑事裁判文书，(2015)珠中法刑一终字第46号。

〔2〕 参见梁根林：《虚拟财产的刑法保护——以首例盗卖QQ号案的刑法适用为视角》，载《人民检察》2014年第1期。

第三种观点认为，虚拟财产属于一般社会意义的财产，窃取虚拟财产的行为应构成盗窃罪。有的学者还进一步提出：即使不以转卖谋利为目的、仅用于娱乐，其单纯窃取虚拟财产的行为也构成盗窃罪既遂。[3] 司法实践中亦有众多法院以盗窃罪定罪判罚。[4]

■ 法理分析

对于窃取网络虚拟财产的行为性质问题，学界分歧依然激烈，学术共识尚未达成，这直接给司法实务在此类问题的处理上带来困惑。“刑法学是最精确的法律科学”，在窃取网络虚拟财产的场合，唯有运用严谨的、精确的思维方式进行问题的精致思考，才能得出妥当的结论。我们认为，对于窃取网络虚拟财产的行为应认定为盗窃罪。

网络虚拟财产属于刑法意义上的财物。首先，网络虚拟财产具备可控性。以游戏账号为例。网游游戏账号是网络玩家“打理”游戏的媒介和载体，游戏玩家获取账号不仅标志着其获取了进入网络虚拟游戏的密钥和存储网络虚拟物品的特定网络虚拟空间，而且得到了取得网络游戏中任一虚拟财产的机会，有可能获取网络运营商全部的服务；更为重要的是，其账号也为其相关财物提供另一种形式的房间仓库，表明网络游戏账号上的虚拟装备、宝物归此游戏玩家所有。同时，因为网络虚拟游戏账号具有唯一特性，且网络游戏玩家通常设置了不为第三者所知密码，游戏账号往往也只能被相关游戏玩家所操控，进而账号上的虚拟装备、宝物也只有网络游戏玩家自身才可以占有和处分。从这个层面上来说，游戏玩家凭借网络游戏账号对其账号内的虚拟装备、宝物进行占有和控制，与房屋所有者通过钥匙来对房屋进行支配与控制并无什么本质的不同。

其次，网络虚拟财产具有有用性。作为网络虚拟游戏参与者进行网络虚拟游戏的必要物品，网络虚拟财产主要是通过网络游戏和作为交易市场内的商品来体现。“网络游戏中的角色对玩家的影响有多大，虚拟财产对玩家的有用性也就有多大，这种通过网络游戏实现的有用性，可以说是虚拟财产最基

[3] 参见田宏杰、肖鹏、周时雨：《网络虚拟财产的界定及刑法保护》，载《人民司法》2015 年第 5 期。

[4] 参见上海市黄浦区人民法院刑事判决书，(2006)黄刑初字第 186 号、江苏省苏州市虎丘区人民法院刑事判决书，(2010)虎刑二初字 0074 号。

本的有用性。”[5]例如,可以通过网络游戏满足游戏玩家的精神需要,也即游戏玩家通过网络游戏层级的不断递增来满足归属感,通过网络虚拟游戏中的虚拟角色身份再塑造来满足玩家自我发展和自我实现的需要;也可以将网络虚拟财物作为交易市场内的商品,虚拟财产已经朝向客观的现实生活,网络虚拟游戏参与者之间盛行着用现实客观的货币金钱来买卖网络虚拟财产。因此,就网络游戏参与者来言,网络虚拟财产价值的重要性绝不亚于现实客观生活中的财产。

最后,网络虚拟财产具有稀缺性。众所周知,虚拟物品是虚拟财产的物质载体与基础,但其并非都具有稀缺性,网络虚拟物品在经过稀缺性测试后方可成为刑法意义上的虚拟财产。在网络虚拟游戏中,游戏中的级别越高、威力越大的虚拟装备、武器等虚拟物品,就越需要游戏玩家投入大量的金钱和精力,而这正是网络虚拟财产稀缺性的体现。同时,网络虚拟财产的稀缺性还表现在创造者的数量稀缺性和创制过程的长期性和复杂性。

有学者认为,传统上的盗窃行为所针对的犯罪对象大多是现实世界客观存在的公私财物,网络虚拟财产不能成为盗窃罪的犯罪对象。其理论依据是:第一,网络虚拟财产从本质来看是借助计算机这种实体媒介呈现出的数据信息组合,一种存储于特定网络空间的数据编码,并不具备客观现实性的属性,并不是实际存在的物。网络虚拟财产的自然属性是电子数据(或电磁记录),是一种无形的东西,明显不同于刀、枪、车、马之类有形物。第二,网络虚拟财产的本源来自互联网虚拟空间,其本身不能脱离网络虚拟空间,网络虚拟财产根本就不能、也没有能力进入现实世界。网络游戏装备只能存在于特定的网络游戏系统之中,离开了该网络游戏系统,其中的游戏装备也就不复存在。第三,《刑法》条文并未明确将网络虚拟财产归入财产之列,以及作为刑法财产犯罪的对象是财物而不是财产,因此认为网络虚拟财产不具备盗窃罪对犯罪对象的基本要求。

我们认为,上述观点没有准确把握网络虚拟财产的性质。首先,网络虚拟财产具备财产性,归属特殊的物权客体,属于刑法意义上所保护的财物的范畴。网络虚拟财产虽然只是虚拟物品,但在获得方式上与其他财物并无不同。而且,网络虚拟财产可以采用网络交易等手段确定其价值,并且与真实客观的财产之间存在换算机制,因此具有真实的经济价值。“财产既包括那些已经明确受到法律保护的类型,也应当涵盖具有现实意义但尚未得到立法直接认

---

[5]　郑泽善:《网络虚拟财产的刑法保护》,载《甘肃政法学院学报》2012年第9期。

可的财产。”〔6〕任何需要被解释和能够被解释的法律概念均已与日常生活用语的意义与概念有了差别，那么也就应当依据法律所确定的保护目的来进行解读。同时就法益保护的角度而言，网络虚拟财产随着网络的蓬勃发展越来越常见，如果不给予平等的法律保护，公民的财产权利的全面保护恐难实现。其次，我国《刑法》第91条、第92条的规定对于厘清和明晰我国《刑法》所规定的侵犯财产罪之财产概念具有重要意义。“刑法第92条规定刑法所要保护的财产类型中包括‘其他财产’，事实上是预见未来可能出现立法时尚没有客观条件认知的财产类型，因而作为一项兜底性条款，将未来出现的、需要由刑法保护的新型财产纳入刑法调整范围。”〔7〕应该对《刑法》条文中所规定的“其他财产”作广义的理解，也即立法者之所以采用“其他”而并未采取一一列举的方式，其本质上就是为了应对随着社会的进步而出现的应当受到刑法保护的新类型的财产，网络虚拟财产就属于此种情况。同时，目前虽然在现实中并没有明确规定，但并不代表虚拟财产不存在，也不是说网络虚拟财产不能获得现行法律的保护，因此，以盗窃罪对窃取网络虚拟财产的行为定罪判罚比较妥当。再次，从刑法典结构来看，《刑法》第91条、第92条位居总则第5章“其他规定”中，其后诸条均为概念性的规定，比如国家工作人员的范围、司法工作人员的范围、重伤的范围等。因此，我们有理由推断立法者有将第91条、第92条作为整部法典有关财产概念解释基础的意图，通行的刑法理论大体也是如此看待。“理论上的多数说以及实务上均认为，虚拟财产具有财物的特质，对应现实世界的财物，盗窃虚拟财产会使权利人丧失权力，因此构成盗窃罪。”〔8〕最后，我国现行《刑法》文本中财产概念的措辞既多又乱，大体上有“财产”“财物”“资金”“款物”等，我国现行《刑法》实际上并没有区分财产和财物这两个不同概念。比如我国《刑法》第64条、第395条中有关“犯罪分子违法所得的一切财物，应当予以追缴或者责令退赔”“财产的差额部分予以追缴”，其所追缴的财物不应该只为一般意义上的说法。既然我国《刑法》条文并未严格区分财产和财物的概念，也就不能以此为理由来否定网络虚拟财产不属于盗窃罪的犯罪对象的基本要求。“对财物的理解无疑应作广义上的理解，‘财物’既包括物，也包括财，及财产、财产收益。”〔9〕

---

〔6〕 陈烨：《刑法中的特殊财产类型研究》，厦门大学出版社2015年版，第77页。

〔7〕 陈泽勇：《盗窃虚拟财产行为的定罪分析》，载《科技与法律》2012年第5期。

〔8〕 陈兴良、周光权：《刑法学的现代展开Ⅰ》，中国人民大学出版社2015年版，第501页。

〔9〕 最高人民法院中国应用法学研究所：《刘国芳、高登基诈骗案》，载《人民法院案例选》，人民法院出版社2001年版，第34页。

首先,我们认为,窃取网络虚拟财产行为构成盗窃罪,具有解释理念上的可行性。

第一,刑法必须具有明确性,但要求刑法规定明确到不允许解释的程度,只是一种不切实际的幻想。“刑法解释在于使所发生的具体事实能够获得适当的、妥善的解决,以期达到刑法制定的目的。”〔10〕的确,刑法如果不在实践中被适用,在适用中被解释,在解释中获得生命,就会成为一堆僵死的文字。刑法具有一定的稳定性,但要达到惩罚犯罪、保障人权的现实需要,就必须对刑法进行解释,诚如“法律明确时,法官遵照法律;法律不明确时,法官则探求法律的精神”〔11〕。刑法文本相关条文的真实含义是在社会生活事实中发现的,不是仅从刑法文本中窥见的。换言之,制定法的真实含义并非单单隐藏在法条之中,而是同时隐匿于具体的社会生活事实中,法律与社会生活事实共存亡。一个词的通常含义是逐渐发展的,是在社会生活事实的不断出现中形成的。当一个看起来属于某一词的语意范围内的事物出现时,它就好像被自然地归化到这个词语的语意涵摄范围之内,这个词语的语意涵摄范围会逐渐扩张与伸展。既然如此,解释者就应根据正义公平理念与相关文字的表达,同时联系日常生活现实去解释刑法条文,适用最符合当前的、占主导地位的理念进行刑法解释。

第二,法律的解释必须适应不同时代的需求。法律的制定者是人而不是神,法律的制定不可能没有瑕疵和缺陷,因此必须进行刑法解释。在 1997 年修订《刑法》时,盗窃网络虚拟财产的案件很少,当时立法者并没有将网络虚拟财产明确规定为“财物”。然而,随着社会的发展,相关社会生活事实发生了巨变。据中国互联网络信息中心(CNNIC)于 2017 年 1 月发布的第 39 次《中国互联网络发展状况统计报告》,“截至 2016 年 12 月底,我国网民规模达 7.31 亿,全年共计新增网民 4299 万人,中国网民规模已经相当于欧洲人口总量。”网络游戏所衍生出来的虚拟货币、游戏装备等网络虚拟财产,已经成为人们娱乐、生活不可或缺的内容,成为实现人们精神和物质生活需求不可或缺的条件。随着网络的普及和网民对网络虚拟财产的重视,我们“必须正视的一个现实是,在一般人的观念中,虚拟的财产因其具备交换价值和一定的使用价值,而与传统物权法所谓的‘财产’没有本质区别”〔12〕。“在我国法律中,物

〔10〕 郑泽杉:《受贿罪的保护法益及贿赂之范围》,载《兰州学刊》2011 年第 12 期。

〔11〕 [法]孟德斯鸠:《论法的精神》(上册),张雁深译,商务印书馆 1961 年版,第 26 页。

〔12〕 李国强:《时代变迁与物权客体的重新界定》,载《北京师范大学学报》2011 年第 1 期。

本身就是一个较为抽象的法律观念,将虚拟财产解释为财物并没有突破财物的可能语义的边界。"[13]

其次,窃取网络虚拟财产行为构成盗窃罪,具有罪刑法定原则的契合性。

罪刑法定是现代刑法的灵魂,几乎所有的刑法活动都在罪刑法定原则的约束下进行。[14] 刑法经由文字表述,在解释刑法条文时,只能在法条文字可能具有的含义内进行解释,即不应超出刑法用语可能具有的含义,否则便有违反罪刑法定原则的可能。判断某一解释是否超出刑法用语可能具有的含义,应以社会公众的接受程度为标准。如果某一解释结论超出了社会公众的接受程度,超出了国民的预测可能性,便是一种类推解释;反之,只是一种扩张解释。从社会实践来看,社会日常生活中一直存在无体物的概念,将网络虚拟财产纳入财物的范畴,以无体物的形式进行刑法上的保护,划归到刑法财产犯罪的保护范围,早已被一般社会公众所接受。将网络虚拟财产纳入财物的范畴,解释结论并未超出国民的预测可能性。

第一,将网络虚拟财产纳入财物的范畴,与我国的刑事立法相一致。根据《刑法》第 265 条的相关规定,盗接他人通信线路的,依盗窃罪进行处罚。关于该规定的性质,我们完全有理由将其理解为注意规定,[15] 因为如果将此条文理解为法律拟制而非注意规定,那么针对非法窃取电力的行为只能作无罪化处理,而这样的定性和处理方法在解释方法和结果的妥当性上都是让人难以接受的。第二,将网络虚拟财产纳入财物的范畴,与我国刑事司法实践相契合。比如,最高人民检察院、最高人民法院 1992 年发布的盗窃案件司法解释规定盗窃的公私财物包括无形财物;最高人民法院 1998 年盗窃案件司法解释规定盗窃的公私财物,包括电力、煤气等,通常认为,电力乃属无体物;最高人民法院 2000 年发布的扰乱电信市场秩序案件司法解释规定将电信卡非法充值后使用,造成电信资费损失数额较大的,以盗窃罪定罪判罚,以上司法解释都说明了无体物属于财物。第三,窃取网络虚拟财产的行为完全符合盗窃罪的构成要件。由于具备可控性、有用性和稀缺性的网络虚拟财产属于刑法意义上的财物范畴,因此,盗窃网络虚拟财产的行为符合一般盗窃罪的本质特征,与一般盗窃罪并无二致。盗窃虚拟财产的行为认定为盗窃罪并不违反

---

〔13〕 陈兴良:《虚拟财产的刑法属性及其保护路径》,载《中国法学》2017 年第 2 期。

〔14〕 何萍、张金钢:《刑法目的解释的教义学展开》,载《法学论坛》2019 年第 1 期。

〔15〕 参见张明楷:《刑法分则的解释原理》(下册),中国人民大学出版社 2011 年版,第 654 ~ 655 页。

"法无明文规定不为罪"的罪刑法定原则。[16] 总之,将网络虚拟财产纳入刑法财物的范畴,以无体物的形式进行刑法上的保护,划归到刑法财产犯罪的保护范围,并未超出"财物"在刑法可能语义的涵摄范围,符合罪刑法定的原则和要求。

最后,窃取网络虚拟财产行为构成盗窃罪,也具有刑法适用上的妥当性。

刑罚是一种社会治理方式,刑罚的轻重必须受到刑法基本原则和理念的影响和制约。《刑法》第5条明文规定:"刑罚的轻重,应当与犯罪分子所犯罪行和承担的刑事责任相适应。"这便是罪刑均衡原则。罪刑均衡原则的意义在于确立罪与刑之间的等价、对应或相称关系,要求重罪重罚,轻罪轻罚;罪罚其当,罚当其罪。"罪刑均衡原则在刑法中的地位毋庸置疑,它不仅应当适用于立法阶段,也应当在刑事司法实践得到贯彻。"[17] 与将窃取网络虚拟财产的行为认定为非法获取计算机信息系统数据罪、破坏计算机信息系统罪、侵犯通信自由罪相比,以盗窃罪定性和判罚有助于刑法罪刑均衡原则的实现,契合刑法中一罪与数罪中的定罪原则。

第一,盗窃罪说有助于罪刑均衡原则的实现。按照《刑法》第285条第2款的规定,非法获取计算机信息系统数据罪属于情节犯,对于情节特别严重的,可以判处七年以下有期徒刑;《刑法》第286条规定,破坏计算机信息系统后果严重的,可以判处五年以下有期徒刑;《刑法》第252条规定,侵犯通信自由情节严重的,可以判处一年以下有期徒刑。但是,如果以盗窃罪进行处罚,按照《刑法》第265条的规定,窃取他人财物数额较大的,可以判处三年以下有期徒刑;对于数额特别巨大或有其他严重情节的,最高可以判处无期徒刑。很显然,如果按照相关计算机犯罪、侵犯通信自由罪的规定进行处罚,有时会明显造成"重罪轻罚"或"轻罪重罚",违反罪刑均衡原则。例如,在南京"大小姐病毒案"中,行为人通过计算机木马病毒非法窃取网络虚拟财产,直接非法获利高达一千多万元,而主犯王华以相关计算机犯罪仅被依法判处了一年两个月的有期徒刑,并处罚金五十万元。[18] 可以看到,窃取同样数额的财产,仅因存在财物形式和形态的不同,相同情节的犯罪行为判罚差异过大,使刑法的

---

〔16〕 参见邹政:《盗窃虚拟财产的刑法适用探讨——兼论虚拟财产价格的确定》,载《法律适用》2014年第5期。

〔17〕 陈远平、关超:《"醉驾"入刑之罪刑均衡研究——以"醉驾"入刑司法解释之条文设计为视角》,载《建设公平正义社会与刑事法律适用问题研究——全国法院第24届学术讨论会获奖论文文集》(下册),人民法院出版社2012年版。

〔18〕 参见江苏省南京市鼓楼区人民法院刑事判决书,(2009)鼓刑初字第136号。

公允性遭到质疑,显然是对罪刑均衡原则的违背。因此对窃取网络虚拟财产的行为以盗窃罪定罪处罚,同时根据相关网络虚拟财产的价值数额来确定相关的法定刑适用幅度,有助于刑法罪刑均衡原则的实现。

第二,盗窃罪说也符合刑法中的定罪原理。网络虚拟财产如上所述具有财产属性,同时它也是一种数据信息组合和数据编码,即网络虚拟财产既具备财产属性又具有数据属性,因此在非法窃取网络虚拟财产的行为进程中,有可能存在盗窃罪与相关计算机犯罪的竞合关系。“当一行为触犯的两个法条之间存在罪名之间的从属或者交叉的逻辑关系时,为法条竞合;如果不存在这种逻辑关系,则为想象竞合。”〔19〕也即,想象竞合是一种犯罪竞合,是事实意义上的一种竞合;而法条竞合是一种法律竞合,是规范意义上的一种竞合。就非法窃取网络虚拟财产来说,其非法窃取行为自身并不当然就构成相关计算机犯罪,比如行为人在征得被害人许可的情况下,进入其相关计算机系统,随后才实施非法窃取网络虚拟财产行为,就不构成相关计算机犯罪。与此同时,立法者设立相关计算机犯罪的立法目的主要是保护网络公共安全秩序,是对相关社会公共法益的保护,而非法窃取网络虚拟财产的行为主要侵害的是相关网络虚拟财产被害人的财产法益,是一种个人法益而非社会公共法益。可见两罪名之间的竞合主要是基于特定事实行为产生的,因而在窃取网络虚拟财产的情况下,认定为想象竞合更为妥当,同时根据想象竞合处理规则,择一重罪处断,在盗窃罪与相关计算机犯罪中,盗窃罪为重罪,所以对窃取网络虚拟财产的行为,以盗窃罪定罪处罚也契合刑法中一罪与数罪理论中的定罪原则。

（何萍）

〔19〕 陈兴良:《教义刑法学》(第2版),中国人民大学出版社2014年版,第738~739页。

陈某某非法经营案

《刑法》适用空间效力的判断

案情介绍

2012 年 6 月 2 日,被告人陈某某通过成都×××有限公司注册了互联网域名 www. yxychina. com。2012 年 11 月 9 日,陈某某在我国香港特别行政区注册成立了中国香港亚细亚商务管理有限公司(以下简称亚细亚公司),陈某某占股份 100%,业务范围为电子商务、养老保险、投资担保、证券投资、海事商务、人力资源。后陈某某用域名 www. yxychina. com 建立了亚细亚中国商城,用于销售"保(返)本型商业自助养老补贴"(以下简称"养老补贴")、"收藏型商业自助养老基金"(以下简称"养老基金")。购买者交纳 11,800 元可购买"返本型商业养老补贴(店)"、交纳 11800 元可购买"收藏型自助养老基金(店)"、交纳 23600 元可购买"双保险",如果购买者资金短缺,由亚细亚公司提供最高额 10000 元的无抵押、无利息、不用还的扶持资助贷款。购买"养老补贴""养老基金"享有亚细亚公司养老客户和亚细亚网店店长双重身份,均可获赠一家亚细亚官网 A 级网店,"养老补贴"共计可获得续费收益 24 个月/次,终身可获得金额最高逾 300 万元,"养老基金"共计可获续期、续费分红双收益 24 个月/次,终身可获总金额最高逾 600 万元,双保险按合同终身可获取收益 900 余万元,享受亚细亚定期的经营利润、续期分红或续费红利转赠。如介绍其他人购买该产品,可获得 3800 元的大礼包和 500 元佣金。截至 2015 年 9 月 18 日,陈某某在资阳范围内以"中国香港亚细亚商务管理有限公司"名义销售"养老补贴""养老基金",共计 349 份,销售金额 474. 64 万元。销售收入以现金或转账方式直接进入陈某某个人账户,没有入公司财务账目。

2015 年 9 月 30 日,原中国保险监督管理委员会四川监管局(以下简称四川保监会)《关于乐公函〔2015〕47 号的复函》答复,"经查,香港亚细亚商务管理公司未取得中国保险监督管理委员会的经营许可"。2016 年 7 月 18 日,原中国保险监督管理委员会四川监管局川保监函〔2016〕285 号文件《四川保监局关于"中国香港亚细亚商务管理有限公司"涉嫌非法经营保险业务问题的复函》

认定，中国香港亚细亚商务管理有限公司销售“保本型商业自助养老补贴”“收藏型商业自助养老基金”的行为，初步可以考虑认定为非法经营商业保险业务。

法院根据被告人陈某某犯罪的事实、犯罪的性质、情节和对于社会的危害程度，依照《刑法》第 59 条、第 64 条、第 225 条第 3 项的规定，判决被告人陈某某犯非法经营罪，判处有期徒刑六年，并处没收财产一百万元。[1]

■ 理论争议

关于陈某某是否构成犯罪，存在两种不同观点。

第一种观点认为，根据《刑法》第 6 条规定，凡在中华人民共和国领域内犯罪的，除法律有特别规定的以外，都适用本法。犯罪行为或者结果有一项发生在中华人民共和国领域内的，就认为是在中华人民共和国领域内犯罪。陈某某在资阳地区宣传、销售“养老补贴”及“养老基金”产品，属于在中华人民共和国领域内犯罪，乐至县系其犯罪行为地及犯罪结果地之一。结合《刑事诉讼法》第 20 条关于审判级别管辖的规定和第 25 条关于地域管辖的规定，乐至县人民法院对案件具有管辖权。根据被告人陈某某犯罪的事实、犯罪的性质、情节和对于社会的危害程度，被告人陈某某犯非法经营罪。

第二种观点认为，陈某某不构成犯罪，不构成犯罪的理由又存在两种不同观点。一种观点认为，本案中亚细亚公司在香港注册，在互联网上经营，香港及内地均未禁止，属于合法注册经营，其在内地不存在违法犯罪行为。四川保监会没有认定香港公司经营互联网电子商务违法的权力，陈某某的行为不构成犯罪。乐至县人民法院对案件无管辖权。另一种观点认为，陈某某的行为不具备刑事违法性。非法经营罪以市场秩序作为本罪侵犯的客体，亚细亚公司在香港依法注册成立，业务范围涵盖电子商务、养老保险等，经营的业务及方式均合法，未获取非法利益，未给国家、他人造成损失，陈某某系履行公司职务，不是个人行为，亚细亚公司至今仍处于经营状态中，公诉机关将四川保监会的复函作为认定被告人构成非法经营罪的依据，违背刑法精神，陈某某的行为不构成犯罪。

■ 法理分析

上述争议焦点为陈某某的行为是否能够适用《刑法》进行刑事追责、乐至

---

〔1〕 案例来源：刑事裁判文书，(2017)川 2022 刑初 120 号；(2018)川 20 刑终 19 号。

县人民法院对案件是否具有管辖权以及确定刑事管辖权后如何进行追责的问题。陈某某的行为是否能够适用《刑法》进行刑事追责,是《刑法》适用的空间效力问题;乐至县人民法院对案件是否具有管辖权,是在明确《刑法》适用空间效力前提下,人民法院的管辖权确定问题;确定《刑法》刑事管辖权后如何进行追责,涉及适用《刑法》进行刑事追责过程中实体法律的具体适用问题。

Ⅰ 《刑法》空间效力适用的范围

《刑法》第 6 条规定,"凡在中华人民共和国领域内犯罪的,除法律有特别规定的以外,都适用本法。"香港特别行政区是中华人民共和国不可分离的部分。1990 年 4 月 4 日通过的《香港特别行政区基本法》第 2 条规定,"全国人民代表大会授权香港特别行政区依照本法的规定实行高度自治,享有行政管理权、立法权、独立的司法权和终审权"。该规定明确了香港特别行政区享有独立的司法权和终审权。该法第 8 条规定,"香港原有法律,即普通法、衡平法、条例、附属立法和习惯法,除同本法相抵触或经香港特别行政区的立法机关做出修改者外,予以保留"。该法第 18 条第 1 款规定,"在香港特别行政区实行的法律为本法以及本法第八条规定的香港原有法律和香港特别行政区立法机关制定的法律"。同时,该法附件三规定了《在香港特别行政区实施的全国性法律》。明确了香港特别行政区的立法体系,并规定了在香港特别行政区适用的全国性法律的具体名称。

根据《刑法》和《香港特别行政区基本法》的规定,对于涉及香港特别行政区的行为,属于《刑法》第 6 条"除法律有特别规定的以外"的情形,此种情形《刑法》是否能够适用,需要依据案件情况进行具体分析。

Ⅱ 《刑法》空间效力适用的原则

刑法适用的空间效力首先应依据属地原则进行判断。《刑法》的空间效力,采用的是集属地原则、属人原则、保护原则以及普遍管辖原则为一体的折中原则。折中原则中各原则的适用应当依次序进行,依据在先原则如果能够确定适用《刑法》则无必要适用在后原则。属地原则是《刑法》空间效力适用的首要原则。在具体案件中,首先应当判断是否能够适用属地原则。"地域界限是与主权国家领土主权原则、独立原则、平等原则相适应的。一般而言,属地原则最能有助于具体案件的公正性和诉讼经济性原则,因为在犯罪地取证会得到最可信赖的结果。”[2]对于可以适用属地原则的,没有必要适用其他空间效力的适用原则。

《刑法》第6条规定,“犯罪的行为或者结果有一项发生在中华人民共和国领域内的,就认为是在中华人民共和国领域内犯罪”。属地原则的适用采取最广泛性标准,即犯罪行为或者结果有一项发生在“领域内”即可适用,即“刑法既是作为行为规范,同时也作为制裁规范的归结”。[3] 犯罪地包括犯罪行为地和犯罪结果地。隔地犯是犯罪行为地与犯罪结果地为不同地点的情形。犯罪行为地与犯罪结果地存在不在同一法域内的情形。

关于犯罪地的确定,部分构成要件说认为只要构成要件该当事实的一部分发生在“领域内”而“作为国内犯而属于处罚的对象”,就可以适用属地原则。[4] 基于司法权行使合法性的考虑,犯罪地的确定应当只要构成要件该当事实的一部分而非全部发生在“领域内”即可。需要注意的是,构成要件该当事实的一部分应当具有客观性,包括犯罪行为发生地和犯罪结果发生地。关于犯罪行为地,应将实行行为发生地、预备行为发生地认定为犯罪行为地。关于犯罪结果地,构成要件结果发生地和非构成要件结果发生地都应视为犯罪结果地。

对于共同犯罪中犯罪地的认定,共同犯罪行为的行为发生地或者结果发生地均可认定为犯罪地。故意犯罪停止形态视角的犯罪地认定,对于预备犯,若行为具有应受刑罚处罚性,则预备行为地可以作为犯罪地;对于未遂犯,“行为人希望、放任结果发生之地,可能发生结果之地(危险地),均属于犯罪地”。[5]

值得关注的是针对或者主要利用计算机网络实施的犯罪中《刑法》的空间效力。“对于网络犯罪的处罚,目前世界各国基本适用本国刑法的空间效力原则,其结果不仅导致了各国刑法空间效力的极度膨胀,也引发了各国间适用该原则的冲突”。[6] “传统的属地管辖原则在网络空间失灵。我国刑法无法原封不动地移植最低联系标准、最密切联系原则以及领土具体化说、社会关系重心说、效果原则、普遍原则等。基于我国事实性和领土性物理权力的网络

---

[2] [德]汉斯·海因里希·耶塞克、托马斯·魏根特:《德国刑法教科书》,徐久生译,中国法制出版社2017年版,第230页。

[3] [日]高桥则夫:《刑法总论》,李世阳译,中国政法大学出版社2020年版,第39页。

[4] 参见[日]山口厚:《刑法总论》,付立庆译,中国人民大学出版社2018年版,第415页。

[5] 张明楷:《刑法学》(第6版),法律出版社2021年版,第95页。

[6] 郑泽善:《网络犯罪与刑法的空间效力原则》,载《法学研究》2006年第5期。

主权观,结果及与行为的关联度模型可能是对我国管辖规定的最优解释。"[7]为此,2020年12月7日通过的最高人民法院《关于适用〈中华人民共和国刑事诉讼法〉的解释》(法释〔2021〕1号)第2条第2款规定,"针对或者主要利用计算机网络实施的犯罪,犯罪地包括用于实施犯罪行为的网络服务使用的服务器所在地,网络服务提供者所在地,被侵害的信息网络系统及其管理者所在地,犯罪过程中被告人、被害人使用的信息网络系统所在地,以及被害人被侵害时所在地和被害人财产遭受损失地等"。该规定明确了针对或者主要利用计算机网络实施的犯罪中犯罪地的确定标准,符合《刑法》空间效力适用的确定原则,有利于统一司法实践中的认识和操作标准。

陈某某非法经营案中,陈某某虽然在香港注册成立了亚细亚商务管理有限公司,但是其在资阳范围内以该公司名义宣传、销售"养老补贴""养老基金",属于行为发生在"领域内"。本案刑事裁判文书载明,"乐至县公安局石湍派出所民警2015年9月18日11时许发现犯罪嫌疑人杨某1、李某1、李某2、陈某1涉嫌非法经营活动并将其挡获"。陈某某与上述行为人共同故意实施非法经营活动,由于共同犯罪行为发生在"领域内",因此可认定陈某某的行为发生在"领域内"。同时,本案刑事裁判文书载明,"截至2015年9月18日,陈某某在资阳范围内以'中国香港亚细亚商务管理有限公司'名义销售'养老补贴'、'养老基金',共计349份,销售金额474.64万元",犯罪行为地和结果地均在资阳地区,因此行为发生在"领域内"。

Ⅲ 《刑法》空间效力确定后的法院管辖权

根据《刑法》空间效力规定确定享有刑事管辖权后,具体管辖法院的确定属于司法权行使的内部分工问题。关于具有管辖权法院的纵向确定,即法院的级别管辖问题,各级审判机构对第一审案件管辖范围的划分,应当根据案件性质、情节轻重和影响范围大小来确定。《刑事诉讼法》第20条规定,"基层人民法院管辖第一审普通刑事案件,但是依照本法由上级人民法院管辖的除外";第21条规定,"中级人民法院管辖下列第一审刑事案件:(一)危害国家安全、恐怖活动案件;(二)可能判处无期徒刑、死刑的案件"。本案中,陈某某的非法经营行为属于破坏社会主义市场经济秩序的犯罪。根据《刑法》第225条的规定,"违反国家规定,有下列非法经营行为之一,扰乱市场秩序,情节严重的,处五年以下有期徒刑或者拘役,并处或者单处违法所得一倍以上五倍以

〔7〕 刘艳红:《论刑法的网络空间效力》,载《中国法学》2018年第3期。

下罚金;情节特别严重的,处五年以上有期徒刑,并处违法所得一倍以上五倍以下罚金或者没收财产……"非法经营罪主刑最高为十五年有期徒刑。因此,陈某某非法经营案不属于可能判处无期徒刑、死刑的案件,故本案应当由基层人民法院管辖。

关于该刑事案件的地域管辖,即确定基层人民法院管辖后本案具体应由哪一基层人民法院进行管辖的问题。根据《刑事诉讼法》第25条的规定,"刑事案件由犯罪地的人民法院管辖。"本案中,"乐至县系其犯罪行为地及犯罪结果地之一",因此,乐至县人民法院具有对该案的管辖权。

Ⅳ 适用《刑法》进行刑事追责的具体方式

依据属地原则而适用《刑法》对行为人进行刑事追责,应当根据《刑法》的具体规定定罪量刑。《刑法》第225条规定了非法经营罪,"违反国家规定,有下列非法经营行为之一,扰乱市场秩序,情节严重的,处……:(一)未经许可经营法律、行政法规规定的专营、专卖物品或者其他限制买卖的物品的;(二)买卖进出口许可证、进出口原产地证明以及其他法律、行政法规规定的经营许可证或者批准文件的;(三)未经国家有关主管部门批准非法经营证券、期货、保险业务的,或者非法从事资金支付结算业务的;(四)其他严重扰乱市场秩序的非法经营行为。"非法经营罪的成立除了要符合第一项至第四项的列举规定外,还应当"违反国家规定","扰乱市场秩序"且"情节严重"。

非法经营罪具有行政违法和刑事违法的双重违法性。"违反国家规定""未经国家有关主管部门批准"是非法经营罪的行政违法要素。本案刑事裁判文书载明,2015年9月30日,四川保监会《关于乐公函〔2015〕47号的复函》答复:"经查,香港亚细亚商务管理公司未取得中国保险监督管理委员会的经营许可。"2016年7月18日,四川保监会川保监函〔2016〕285号文件《四川保监局关于"中国香港亚细亚商务管理有限公司"涉嫌非法经营保险业务问题的复函》认定,中国香港亚细亚商务管理有限公司销售"保本型商业自助养老补贴""收藏型商业自助养老基金"的行为,初步可以考虑认定为非法经营商业保险业务。因此,陈某某的行为符合行政违法要素。陈某某经营保险业务,已经破坏了《刑法》保护的社会主义市场经济秩序,且情节严重,具有刑事违法性。根据被告人陈某某犯罪的事实、犯罪的性质、情节和对于社会的危害程度,其行为已经构成非法经营罪。

(侯艳芳)

彭某2贪污案

《刑法》溯及力的判断

案情介绍

2000年年底，彭某2与时任中国农业银行深圳市分行地王大厦支行（后更名为中国农业银行深圳市分行第三营业部，以下简称地王支行）个人理财部调查员彭某和吴某（均已判刑）等在深圳市罗湖区红宝路咖啡厅商定以虚假贷款资料骗取银行资金。具体由吴某负责提供虚假的贷款资料，彭某利用审核的职务便利，在骗取到资金后由彭某2进行股票投资牟利。2001年3月，彭某开始担任地王支行个人理财部主任，其利用职务便利，使吴某等人提供的虚假贷款申请资料顺利通过审批、获得贷款。截至2003年9月23日案发，彭某等人通过83份虚假贷款申请共骗取贷款人民币4969万元。为达到掩盖犯罪行为的目的，彭某等人用骗取的贷款在各虚假贷款人的还款账户中存入按揭月供款或用后期骗取的贷款将到期的贷款归还本息以造成正常还贷的假象，至案发前共向银行还款人民币11,855,426.72元，实际骗取银行资金37,834,573.28元。2001年年初至2001年9月、10月，彭某2根据彭某的指示，使用彭某股票账户内的数百万元赃款用于股票投资，后因投资亏损和不听彭某的买卖指令，彭某不再安排彭某2操作股票和参与骗贷一事。案发后吴某让彭某2帮其将户名“吴某天”的银行账户中的赃款取出。彭某2明知是赃款，仍将该笔款229.99万元转至其本人账户后全部提现。潜逃后，彭某2将人民币数十万元赃款汇给潜逃至海南的吴某。2003年国庆节后，彭某2和吴某在成都市汇合，后其二人将提取出的赃款用于购买房产、车辆和个人挥霍。2004年下半年，彭某2从赃款中分得人民币100余万元，自己逃往昆明并定居，直到2017年5月26日被抓获。法院认定被告人彭某2犯贪污罪，判处有期徒刑三年，并处罚金人民币两万元。[1]

---

〔1〕 案例来源：刑事裁判文书，（2018）粤03刑初69号；（2019）粤刑终575号。

■ 理论争议

关于对彭某2的刑事追责存在以下三种观点。

第一种观点认为，彭某2无视国家法律，与他人合谋，利用他人国家工作人员的职务便利，采用骗取的手段非法占有国有资金，数额特别巨大，其行为构成贪污罪。在共同犯罪中，被告人彭某2起次要作用，是从犯，应当减轻处罚。依照《刑法》第25条、第27条、第52条、第53条、第61条、第62条、第63条、第64条、第382条、第383条，以及最高人民法院、最高人民检察院《关于办理贪污贿赂刑事案件适用法律若干问题的解释》（以下简称《贪污贿赂案件解释》）第2条、第19条之规定，原审被告人彭某2犯贪污罪，判处有期徒刑三年，并处罚金十万元。

第二种观点认为，被告人彭某2贪污数额特别巨大，其法定刑幅度为"十年以上有期徒刑或者无期徒刑，并处罚金或者没收财产"。即使对其减轻处罚，应当在"三年以上十年以下有期徒刑，并处罚金或者没收财产"这一档次量刑，而根据《贪污贿赂案件解释》第19条的规定，应当并处罚金的最低数额是二十万元。

第三种观点认为，彭某2犯罪时《刑法》对贪污罪的附加刑只规定了没收财产，没有罚金，直到《刑法修正案（九）》对贪污罪主刑作了较轻的规定，并增加了罚金刑。在行为时、审判时刑法适用上，《刑法》第12条规定之"从旧兼从轻"原则，其本质是对被告人有利的从轻原则。而本案中被告人行为时的《刑法》虽然主刑较重，但没有附加罚金刑；审判时的《刑法》虽然主刑较轻，但增加了罚金刑。故在适用时，应当分别选择适用有利于被告人的规定，即主刑和附加刑分别适用新、旧刑法，对原审被告人彭某2作出合理的判决。

■ 法理分析

上述争议焦点为《刑法》适用的时间效力问题，主要是立法修改、司法解释颁布对于施行前发生的行为是否适用、如何适用的问题。立法修正、司法解释颁布对于之前发生的行为是否适用、如何适用是相关影响的两个问题，是否适用是如何适用的前提，同时如何适用在一定程度上影响着是否适用的判断。立法修正、司法解释颁布对于施行前发生行为的法律适用，应当从定罪和量刑两个方面展开考量。

1 《刑法》溯及力的确定原则与方式

《刑法》第12条规定，"中华人民共和国成立以后本法施行以前的行为，如果当时的法律不认为是犯罪的,适用当时的法律;如果当时的法律认为是犯罪的,依照本法总则第四章第八节的规定应当追诉的,按照当时的法律追究刑事责任,但是如果本法不认为是犯罪或者处刑较轻的,适用本法。本法施行以前,依照当时的法律已经作出的生效判决,继续有效。”该规定明确了我国《刑法》溯及力采取“从旧兼从轻”的原则。“从旧兼从轻”原则是指,一般情形下,应当依据行为时的旧法对行为进行刑事追责,但是如果行为后的新法更轻(包括新法不认为是犯罪或者处刑较轻)则适用新法。简言之,“从旧兼从轻”原则以适用行为时的旧法为原则、以适用行为后的新法为例外。

根据“从旧兼从轻”原则,例外适用新法体现为两种情形:一是定罪层面,旧法认为是犯罪而新法认为不是犯罪;二是量刑层面,新法比旧法处刑较轻。在定罪层面,“从旧兼从轻”原则主要依据旧法和新法具体罪名中规定的犯罪构成要素进行判断。在量刑层面,主要依据特定法定刑幅度中最高刑和最低刑依次判断。1998 年 1 月 13 日公布的最高人民法院《关于适用刑法第十二条几个问题的解释》(以下简称《刑法第十二条解释》)第 1 条规定,《刑法》第 12 条规定的“处刑较轻”,是指刑法对某种犯罪规定的刑罚即法定刑比修订前刑法轻。法定刑较轻是指法定最高刑较轻;如果法定最高刑相同,则指法定最低刑较轻。该规定明确了量刑层面,处刑较轻的标准首先看“法定最高刑”,然后看“法定最低刑”。该法第 2 条规定,“如果刑法规定的某一犯罪只有一个法定刑幅度,法定最高刑或者最低刑是指该法定刑幅度的最高刑或者最低刑;如果刑法规定的某一犯罪有两个以上的法定刑幅度,法定最高刑或者最低刑是指具体犯罪行为应当适用的法定刑幅度的最高刑或者最低刑”。该条明确了“法定最高刑”和“法定最低刑”在不同法定刑幅度中适用的具体标准。

彭某 2 贪污案中,《刑法修正案(九)》及其颁布前的立法均认为彭某 2 的行为构成贪污罪,因此在定罪层面,按照“从旧兼从轻原则”应当适用旧法。但是,对于案件的法律适用,仍需进一步进行量刑层面的判断,即如果新法相比旧法处刑较轻,则应当适用新法。

Ⅱ 旧法与新法“处刑较轻”的判断——以《刑法修正案(九)》颁布前后贪污罪量刑轻重的比较为视角

依据彭某 2 贪污案刑事裁判文书,彭某 2 贪污行为发生在 2000 ~ 2001 年,案件终审刑事判决书于“二〇一九年十二月二日”作出。通过观察分析 2001 ~ 2019 年间刑法各修正案对贪污罪的修订情况,可以发现该案中《刑法》溯及力的判断,新法是指《刑法修正案(九)》颁布后的《刑法》。下文以《刑法修正案(九)》颁布前后关于贪污罪量刑轻重的比较为视角,分析新旧法“处刑较轻”的标准。

《刑法修正案(九)》将《刑法》第383条修改为:“对犯贪污罪的,根据情节轻重,分别依照下列规定处罚:(一)贪污数额较大或者有其他较重情节的,处三年以下有期徒刑或者拘役,并处罚金。(二)贪污数额巨大或者有其他严重情节的,处三年以上十年以下有期徒刑,并处罚金或者没收财产。(三)贪污数额特别巨大或者有其他特别严重情节的,处十年以上有期徒刑或者无期徒刑,并处罚金或者没收财产;数额特别巨大,并使国家和人民利益遭受特别重大损失的,处无期徒刑或者死刑,并处没收财产。”从而将贪污罪成立的条件由“单一数额标准”修订为“数额加情节”标准。为保障《刑法》规定的有效实施,2016年4月18日起施行的《贪污贿赂案件解释》,分别对三个量刑档次的数额和情节标准进行了详细规定。因此,对于《刑法修正案(九)》颁布前后关于贪污罪量刑轻重的比较,应当依据立法修订和《刑法第十二条解释》《贪污贿赂案件解释》等司法解释的规定,[2]结合案件具体情况进行判断。

依照《刑法修正案(九)》颁布前《刑法》的规定,[3]彭某2属于“个人贪污数额在十万元以上的”,处刑的法定刑档次为“十年以上有期徒刑或者无期徒刑,可以并处没收财产;情节特别严重的,处死刑,并处没收财产”。依照新法即《刑法修正案(九)》颁布后《刑法》的规定,结合《贪污贿赂案件解释》第1条,彭某2的行为属于“数额特别巨大”,处刑的法定刑档次为“依法判处十年以上有期徒刑、无期徒刑或者死刑,并处罚金或者没收财产。”本案刑事裁判

---

〔2〕 2001年9月18日通过的最高人民法院、最高人民检察院《关于适用刑事司法解释时间效力问题的规定》(高检发释字〔2001〕5号)规定,“一、司法解释是最高人民法院对审判工作中具体应用法律问题和最高人民检察院对检察工作中具体应用法律问题所作的具有法律效力的解释,自发布或者规定之日起施行,效力适用于法律的施行期间。二、对于司法解释实施前发生的行为,行为时没有相关司法解释,司法解释施行后尚未处理或者正在处理的案件,依照司法解释的规定办理”。

〔3〕 《刑法修正案(九)》修订前,《刑法》第383条规定,“对犯贪污罪的,根据情节轻重,分别依照下列规定处罚:(一)个人贪污数额在十万元以上的,处十年以上有期徒刑或者无期徒刑,可以并处没收财产;情节特别严重的,处死刑,并处没收财产。(二)个人贪污数额在五万元以上不满十万元的,处五年以上有期徒刑,可以并处没收财产;情节特别严重的,处无期徒刑,并处没收财产。(三)个人贪污数额在五千元以上不满五万元的,处一年以上七年以下有期徒刑;情节严重的,处七年以上十年以下有期徒刑。个人贪污数额在五千元以上不满一万元,犯罪后有悔改表现、积极退赃的,可以减轻处罚或者免予刑事处罚,由其所在单位或者上级主管机关给予行政处分。(四)个人贪污数额不满五千元,情节较重的,处二年以下有期徒刑或者拘役;情节较轻的,由其所在单位或者上级主管机关酌情给予行政处分”。

文书载明,由于“在共同犯罪中,被告人彭某2起次要作用,是从犯,应当可减轻处罚”。因此,应当在法定刑档次的下一档次确定彭某2的法定刑档次。依据旧法,彭某2的法定刑档次为“处五年以上有期徒刑,可以并处没收财产”;依据新法,彭某2的法定刑档次为“依法判处三年以上十年以下有期徒刑,并处罚金或者没收财产”。旧法、新法的法定刑档次轻重比较出现了以下问题:就主刑而言,新法更轻;就附加刑而言,旧法更轻。对于多个“较轻”情形分别出现于新、旧法中时的法律适用问题,有学者提出“刑罚溯及力中的‘从轻’应理解为‘最有利被告’,当不同的有利被告人的情形分别出现于新旧刑法中时,应可以分别适用新旧刑法的有关规定”。[4] 但是对于“较轻”情形分别出现于旧法关于附加刑的规定和新法关于主刑的规定中时,旧法与新法如何适用值得探讨。

我国的刑罚体系包括主刑和附加刑。主刑是对犯罪适用的主要刑罚方法,其只能独立适用;附加刑是对主刑补充适用的刑罚方法,其既可以附加主刑适用,也可以独立适用。因此,“处刑较轻”的判断应当以主刑的法定刑档次为主要判断对象。由于无论适用旧法还是新法,立法对法定刑的设定是统一的、具有不可分割性,因此,如果出现了新法与旧法在主刑与附加刑上分别属于“较轻”的情形,应当依据主刑判断“处刑较轻”的法律。具体应将犯罪行为与新、旧刑法相对应的主刑和附加刑作为一个整体进行比较,按照主刑较轻的规定适用刑罚;只有在主刑相同的情况下,才有必要进一步比较附加刑以确定“处刑较轻”的法律。彭某2案中,就主刑而言,新法更轻,因此,对彭某2应当适用《刑法修正案(九)》颁布后《刑法》的规定进行刑事追责,即依据法定刑量刑档次“依法判处三年以上十年以下有期徒刑,并处罚金或者没收财产”确定彭某2的宣告刑。依据《贪污贿赂案件解释》第19条的规定,[5] 应当并处最低数额是二十万元的罚金或者没收财产。

(侯艳芳)

---

〔4〕 刘仁文:《关于刑法溯及力的两个问题》,载《现代法学》2007年第4期。

〔5〕 《贪污贿赂案件解释》第19条规定,“对贪污罪、受贿罪判处三年以下有期徒刑或者拘役的,应当并处十万元以上五十万元以下的罚金;判处三年以上十年以下有期徒刑的,应当并处二十万元以上犯罪数额二倍以下的罚金或者没收财产;判处十年以上有期徒刑或者无期徒刑的,应当并处五十万元以上犯罪数额二倍以下的罚金或者没收财产”。

张某伪造居民身份证案*

"但书"的司法出罪功能争议问题

案情介绍

被告人张某不慎遗失居民身份证,因其户口未落实,无法向公安机关申请补办居民身份证,遂于2002年5月底,以其本人照片和真实的姓名、身份证号码和暂住地地址,出资让他人伪造了居民身份证一张。2004年3月18日,张某在中国银行上海市普陀支行使用上述伪造的居民身份证办理正常的银行卡取款业务时,被银行工作人员发现而案发。被告人在未能补办遗失居民身份证的情况下,雇佣他人以本人的真实身份资料伪造居民身份证,供自己在日常生活中使用的行为,虽然违反身份证管理的法律规定,但情节显著轻微,危害不大,根据《刑法》第13条的规定,应认定不构成犯罪。

理论争议

关于本案,一种观点认为,刑法规定的伪造居民身份证罪,犯罪客体是国家对居民身份证的管理制度。行为人只要违犯了国家对居民身份证的管理制度,就构成此罪;至于行为人主观上是否有从事违法或犯罪活动的动机,不影响犯罪构成,不能适用《刑法》第13条"但书"将该行为出罪。另一种认为,社会危害性是犯罪的本质特征,某种表面符合《刑法》分则规定的犯罪构成客观要件的行为,只要它属于《刑法》第13条规定的对社会危害不大不认为是犯罪的行为,则也就不具有刑事违法性和应受刑罚惩罚性,可以直接适用"但书"规定宣告被告人无罪。

法理分析

在1979年我国第一次进行刑法立法时,在其第10条对犯罪概念进行定

* 案例来源:《最高人民法院公报》2004年第12期。

义的条款,就在其末尾作出了以“但是”为转折词的特殊表述,规定“情节显著轻微危害不大的,不认为是犯罪”。[1] 而1997年修订的《刑法》第13条保留了这一类似结构表述,规定“一切危害国家主权、领土完整和安全,分裂国家、颠覆人民民主专政的政权和推翻社会主义制度,破坏社会秩序和经济秩序,侵犯国有财产或者劳动群众集体所有的财产,侵犯公民私人所有的财产,侵犯公民的人身权利、民主权利和其他权利,以及其他危害社会的行为,依照法律应当受刑罚处罚的,都是犯罪,但是情节显著轻微危害不大的,不认为是犯罪。”我国刑法理论认为,1997年《刑法》第13条构成的是我国对犯罪概念的完整定义,前半段从正面规定犯罪的内涵,后半段“但是情节显著轻微危害不大的,不认为是犯罪”则被称为“但书”规定,它从反面限定了犯罪的外延,因而有不少学者推出“但书”规定应当具有出罪功能,甚至对但书出罪功能能够直接在司法中进行适用持赞成态度。如一些学者认为“但书”属于据以直接出罪的实质性标准,对于“但书”的原则性规定加深了司法工作者对犯罪的认识,避免了混淆罪与非罪界限的错误。[2] 还有一些学者认为“但书”出罪功能符合刑法谦抑性要求,司法工作者应当在检察、审判工作中严格区分罪与非罪的原则界限,从而避免把一些虽然违反刑法但情节显著轻微的行为人轻易认定为犯罪分子,有利于维护社会的和谐稳定。[3]

而在司法实践中也屡屡出现直接适用“但书”规定进行出罪处理的案例,如我国第一例安乐死案件中,一审法院在认定王某某、蒲某某的行为均属故意剥夺公民生命权利的行为的情况下,通过援用1979年《刑法》第10条(现行《刑法》第13条)关于犯罪定义条款中的但书规定,即“情节显著轻微危害不大的,不认为是犯罪”,从而得出无罪判决。[4] 虽然这一判决结果得到了最高

---

〔1〕 注:1979年《刑法》第10条的表述为:“一切危害国家主权和领土完整,危害无产阶级专政制度,破坏社会主义革命和社会主义建设,破坏社会秩序,侵犯全民所有的财产或者劳动群众集体所有的财产,侵犯公民私人所有的合法财产,侵犯公民的人身权利、民主权利和其他权利,以及其他危害社会的行为,依照法律应当受刑罚处罚的,都是犯罪;但是情节显著轻微危害不大的,不认为是犯罪。”

〔2〕 参见杨忠民、陈志军:《刑法第13条“但书”的出罪功能及司法适用研究》,载《中国人民公安大学学报》2008年第5期。

〔3〕 参见赵秉志、陈志军:《论社会危害性与刑事违法性的矛盾及其解决》,载《法学研究》2003年第6期。

〔4〕 1986年陕西省汉中市发生我国首例安乐死案件,被告人蒲连升、王明成以涉嫌故意杀人罪被起诉,1991年4月汉中市法院对两名被告人作出无罪判决,认为其属于“情节显著轻微,危害不大,不认为是犯罪”。1992年3月25日,汉中市中级人民法院维持了一审判决。

人民法院的认可,并且将此案编入全国颁行的案例汇编[5],但也导致了司法领域直接引用"但书"规定进行出罪的情况愈演愈烈的现实趋势。但我们认为,这毕竟是涉及安乐死这一特殊情形的个案,其判决结果虽然满足了社会效果的需求,但其判决说理中"先入罪后出罪"的逻辑思路仍有值得商榷之处,"司法公正的内在逻辑是借助法律之内的正义来实现个案正义,而个案正义应当只能通过普遍正义而不是绕开普遍正义去追求个案公正"。[6] 不可否认,对于"但书"出罪功能的肯定在一定程度上符合刑法谦抑性、限制刑事犯罪圈及刑法保障人权等现代刑法理念的要求,然而不能仅因为某些个案所达到的"公正"结果就可理所应当地推导出但书条款在司法领域直接适用整体公正,而忽略了其内在值得质疑的逻辑合理性,一旦将但书规定之出罪功能不加限制地于司法领域扩张,将赋予司法机关原本属于立法机关的出罪权,必将对司法裁量权的权力界限以及犯罪构成标准唯一性地位带来新的冲击与拷问。因而将"但书"的出罪功能直接应用于司法中,甚至使其成为司法实践中对司法裁量者赋予判断"罪与非罪"巨大权限的直接依据之现象,值得我们反思与探究,也需要我们再次对但书规定进行理性审视与科学定位。

Ⅰ 但书规定的再定位

一、但书规定是我国混合犯罪概念"定性 + 定量"模式的体现

我国《刑法》犯罪概念中的但书规定,其直接渊源是苏俄的刑事立法规定。1926 年《苏俄刑法典》第 6 条规定的犯罪概念其附则规定"形式上虽符合本法典分则规定的要件,但因显著轻微,缺乏损害后果,缺乏危害社会性质的行为,不认为是犯罪行为"。1960 年《苏俄刑法典》第 7 条规定:"形式上虽然符合刑事法律所规定的某种行为的要件,但是由于显著轻微而对社会没有危害性的作为或不作为,不认为是犯罪。"虽然与我国目前《刑法》第 13 条的表述上略有差异,但从立法结构上看,无疑是一脉相承的。结合但书规定在我国《刑法》第 13 条的上下文可知,我国《刑法》第 13 条前半部分以列举的方式概括了犯罪的定义范围是"危害社会已经达到触犯刑法的程度,并且应当受到刑罚处罚的行为"。而后半部分的但书内容表述则可分为两个部分,一方面是但书规定涉及行为需符合的条件,即"情节显著轻微,危害不大";另一方面

---

〔5〕 参见张永红:《论刑法司法中实质理性的实现》,载《黑龙江政法管理干部学院学报》2008 年第 6 期。

〔6〕 郑成良:《法律之内的正义:一个关于司法公正的法律实证主义解读》,法律出版社 2002 年版,第 36 页。

是符合但书规定条件的行为所处理的结果,即“不认为是犯罪”。这种结构的犯罪概念表述,是我国采用混合犯罪概念的表现。相较于形式的犯罪概念过于强调犯罪的法律特征与立法技术而忽略实体正义要求以及实质的犯罪概念过于强调社会危害性的本质而缺乏具体裁量标准的弊端,混合犯罪概念既指出犯罪的法律特征是要触犯刑法符合刑事违法性,又指出犯罪的本质特征与社会属性是情节显著轻微、危害不大的行为,这样的立法模式既限制法官的定罪权,又限制了立法者的治罪权,同时满足了形式法治优先、兼顾实质法治的刑事法治国要求。[7]

虽然有学者提出,《刑法》第13条前半段已经对犯罪概念作了界定,后半段“但是”之后,再从反面否定哪些行为不属于犯罪,二者放置于同一条文中,存在逻辑上与操作上的欠缺之处,[8]甚至否定但书条款在此处的立法价值。但我们认为,恰恰是但书规定的存在,才构成了我国犯罪概念中的混合犯罪概念立法模式,并使犯罪的法律特征与社会属性在《刑法》第13条中得以完整呈现。从字面上看,我国的《刑法》第13条以“但是”二字为界被拆分为两个部分,前半部分从正面阐述犯罪概念的定义,以明文列举罪状的形式定性犯罪,其最后落脚点在于“依照法律应当受刑罚处罚的,都是犯罪”,这是犯罪法律属性——刑事违法性的有力体现;而后半部分则从反面论证了犯罪的实质特征与社会属性——社会危害性。“情节显著轻微,危害不大的,不作为犯罪处理”,根据逻辑学否命题公式可推出其反面对应命题,即凡是作为犯罪处理的,其情节必然不属于显著轻微,且具有一定的社会危害性特征。这种对于犯罪情节与危害性“大”与“小”的界定,更类似一种“定量”因素,因此第13条后半部分的但书恰恰是对前半部分符合犯罪概念定性之后,进一步限定犯罪圈的定量分析,二者互相补充,相互结合,完整准确地构成我国《刑法》对于犯罪概念的划定。正如有学者此前曾指出的,犯罪的科学概念应当理解为“犯罪是社会危害达到一定程度而应予以刑罚制裁的违法行为”,但书是第13条犯罪立法定义的必要组成部分,它把人类认识发展史上达到的新水平“定量分析”引入刑法领域,有着重大价值。[9] 应该说,这种在犯罪概念中引入“定性+定量”模式的立法手段是我国刑法的独有创新,犯罪概念的定量因素除了具体体现在《刑法》总则规定的犯罪的一般概念之外,还同时体现在我国

---

〔7〕 苏彩霞、刘志伟:《混合的犯罪概念之提倡——兼与陈兴良教授商榷》,载《法学》2006年第3期。

〔8〕 贾宇、林亚刚:《犯罪概念与特征新论》,载《法商研究》1996年第4期。

〔9〕 参见储槐植:《刑事一体化与关系刑法论》,北京大学出版社1997年版,第65页。

《刑法》分则规定的诸多具体犯罪的概念之中。因而“但书”的这一规定也是对《刑法》分则诸多具体犯罪构成数量要件（直接规定和实际内含的）概况。[10]

二、但书规定实质是立法者给立法者的宣言

尽管但书规定对于完整理解我国刑法犯罪概念具有重要意义，但一直以来对于《刑法》第13条但书的质疑之声也不在少数。有学者认为但书规定的内容高度抽象、模糊性很强，适用中标准不统一，在与我国传统犯罪构成的关系上难以定位。[11] 还有学者提出，“如果行为符合犯罪成立条件，当然成立犯罪；如果行为不符合犯罪成立条件，自然不成立犯罪。如果行为符合犯罪成立条件，却又根据第13条但书宣告无效，便使刑法规定的犯罪成立条件丧失应有的意义，也违反了《刑法》第3条的规定”[12]。我们认为，之所以会出现对但书规定的种种诟病，其根本症结在于对但书规定出罪功能的误读。许多质疑但书条款立法价值，甚至主张废除但书规定的学者所提出的观点中，最主要的理由就在于但书规定出罪功能的逻辑漏洞：一旦承认但书条款具有可以在实践中直接适用的出罪功能，便意味着承认存在同时满足13条前半段犯罪定义，又符合“情节显著，危害不大，不认为是犯罪”的情况。倘若如此理解，将这种先判断成立犯罪、又进一步排除犯罪的同时放置于对犯罪概念定义的刑法条文中，明显存在立法上的相互矛盾性；又由于但书规定中对“情节”和“危害性”的定量要求仅为对分则具体罪名的概括，因而表述得相对笼统含糊，一旦将其作为出罪工具在司法中适用，不仅与我国由犯罪构成占主导地位的罪与非罪评价体系存在冲突，也容易导致司法裁量上的标准难以把握之障碍。因而我们认为，但书规定中对于“情节显著轻微，危害不大的，不认为是犯罪”的表述，其实质只是立法者写给立法者的文字，它并未被赋予直接具体的出罪功能，而仅是一种立法宣言，立法者将之放置于《刑法》第13条中的目的，仅仅是前文所说的，为了从正面与反面两个角度完整展现犯罪概念中法律属性与社会属性的立法需要，其反映的是我国刑法追求形式法治与实质法治相统一的刑法观，因而只对立法者有直接指导作用，对司法的指导作用则是间接的。既然刑法条文将此处表述为“不认为是犯罪”，而不是“不以犯罪论处”或“可以不认为是犯罪”，从文义上就可以理解为，立法者从一开始就将但书视

---

〔10〕 李翔：《情节犯研究》，上海交通大学出版社2006年版，第145页。

〔11〕 陈兴良：《“社会危害性理论”——一个反思性检讨》，载《法学研究》2001年第1期。

〔12〕 张明楷：《刑法学》（第5版），法律出版社2016年版，第90页。

为一种对犯罪圈的再限定,其规定的作用力应当归属于那些本身便不构成犯罪的行为,将现实生活中情节显著轻微、危害不大的实施行为明确地排除在刑法的犯罪圈范围之外,而不能理解为其行为“已经构成犯罪”,但由于“情节显著轻微,危害不大”而对其从宽处理。作为界定罪与非罪的犯罪概念,其本身就是立法者的专属,判断某一刑法规定的犯罪行为中,哪些属于情节显著轻微,并将其从犯罪中分离出来,也应当是立法机关的职责和权限,司法者所需做的,只是依照立法者划定的犯罪圈范围按图索骥。因而不管是但书规定,还是《刑法》第13条对犯罪概念的完整表述,其法律地位都只是一个“立法宣言”,而非“司法标准”。

Ⅱ　犯罪构成定罪标准唯一性的再提倡

我国的四要件犯罪构成理论深受苏联影响,可以说苏联刑法是我国刑法犯罪构成的最主要法律渊源。而“犯罪构成是追究刑事责任的唯一依据”理论正是由苏联刑法学者所提出,〔13〕它也一直为我国刑法理论界多数学者所认同。虽然有部分学者提出,但书可以作为犯罪构成的补充,作为犯罪构成之后的消极要件而存在,〔14〕但正如前文所阐述的,但书规定在司法中本身就只具有间接指导意义,而不具有直接适用价值,一旦错误滥用但书规定出罪功能而忽略了犯罪构成对于司法实践中认定犯罪的唯一性地位,将但书规定并行于犯罪构成体系,作为判断罪与非罪的另一条件,必然会带来诸多混乱,因而有必要清楚认识到犯罪构成判断出罪入罪唯一性标准地位在司法实践中的重要意义,使司法者在进行出入罪裁量时回归对于个罪犯罪构成要素的精细化解读路径上来。

一、司法人员自由裁量权范围的受限性要求

著名大法官卡多佐曾说道:“即使在当今时代,权利应严格且永久分立的观点——法官是法律的解释者,立法机关是法律的创造者——依然在司法界一呼百应。”〔15〕我国目前采用的犯罪构成体系由犯罪主体、犯罪客体、犯罪主观方面、犯罪客观方面四要件组成,它源于苏联犯罪构成理论,同时吸收了其他国家犯罪构成学说的内容,并在总结我国实践经验基础上逐步建立起来的。

---

〔13〕 苏联传统刑法理论认为,追究一个公民的刑事责任的唯一依据是,在他的行为中应具有刑事法律条文严格规定的犯罪构成,参见《苏联刑法科学史》,曹子丹、张光贤译,法律出版社1984年版,第46页。

〔14〕 参见郎士超:《我国刑法第十三条但书研究》,黑龙江大学2009年硕士学位论文。

〔15〕 卡多佐:《司法过程的性质》,苏力译,商务印书馆1998年版,第65页。

虽然目前的四要件犯罪构成体系受到了许多来自我国刑法理论界的争议与质疑，许多理论观点也从不同角度对当前犯罪构成体系提出过批评和修正，但不可否认的是，当前的犯罪构成体系符合《刑法》的规定和司法实践中认定犯罪的需要，具有整体上的科学性，我国《刑法》分则的个罪条文也都是以犯罪构成中的四个要件为指导进行相应的规定。反映在司法实践中，作为只拥有法律解释权的法官，应当严格遵从立法所给予的明确导向，因而犯罪构成对于法官正确地认定罪与非罪、何种犯罪、何种刑罚都具有绝对地位的决定性作用，在司法实践中进行法律适用时，仍然以分则各罪中的犯罪构成为认定犯罪的唯一标准。而但书条款对于司法者来说，应当只是以社会危害性为指导实质地解释了犯罪构成要件，法官在判定“情节显著轻微，危害不大”这一属于立法者的导向性语句时并不能脱离《刑法》分则中犯罪构成要件的具体情节与危害性而重新进行评估，其自由裁量权的界限应当严格控制在刑法条文范围内，这是当代法治强调程序正义的要求，也是有效防止司法擅断与司法恣意的有效保障。正如有学者指出的，对于认定犯罪来说，刑事违法性才是根本的标准，只有在刑事违法性的范围之内，社会危害性标准对于认定犯罪才有意义，离开了刑事违法性，社会危害性就不能成为犯罪的特征。如果将过于笼统而缺乏有效标准约束的社会危害性视为游离于刑事违法性之外的独立概念，希望借此实现对罪与非罪的界定，无异于与虎谋皮。〔16〕因而第13条但书的出罪功能不是表现在直接依据第13条但书认定某一行为不构成犯罪，而只能表现在其指导法官实质地理解与适用犯罪构成的解释机能上。因为一旦赋予法官将一个符合犯罪构成的行为成立犯罪，又依据《刑法》第13条规定的但书行为来否定其属于犯罪范畴的权力，也就意味着法官掌握了立法者划定罪与非罪的功能，与司法者执行法律的功能，在犯罪构成之外另设了出罪标准，从而动摇了整个犯罪认定标准。〔17〕正如孟德斯鸠曾对此作过经典阐述：“当立法权和行政权集中在同一个人或同一个机关之手，自由便不复存在了；因为人们将要害怕这个国王或议会制定暴虐的法律，并暴虐地执行法律。如果司法权不同立法权和行政权分立，自由也就不复存在了。如果司法权同立法权合而为一，则将对公民的生命和自由施行专断的权力，因为法官就是立法者。如果司法权同行政权合而为一，法官便将握有压迫者的力量。”〔18〕根据这一以权

〔16〕 参见陈兴良：《“社会危害性理论”——一个反思性检讨》，载《法学研究》2001年第1期。

〔17〕 参见苏彩霞、刘志伟：《混合的犯罪概念之提倡——兼与陈兴良教授商榷》，载《法学》2006年第3期。

〔18〕 张晋藩：《中国法制史》，高等教育出版社2002年版，第72页。

制权的制衡原理,倘若由仲裁者自主决定何为犯罪(立法权与司法权的合一行使),而不是由立法者独立制定的法律(法律规定的犯罪构成要件)来确定何为犯罪,很容易造成暴虐的制法与执法,同一方既作为立法者又作为执法者,他们之间缺少了应用的监督与限制,那么公民就注定无法享有自由。

二、罪刑法定原则的本质要求

罪刑法定原则在刑法中处于基本原则地位,并得到后世的广泛认同。对罪刑法定原则的一般表述为:认定行为人的行为是否构成犯罪、构成什么样的犯罪,以及应承担什么样的刑事责任并给予什么样的刑罚处罚,必须以刑法的明文规定为前提,即法无明文规定不为罪,法无明文规定不处罚。同时,在量刑时还要考虑是否具有法定或酌定的量刑情节。正如贝卡里亚曾有过一段经典的阐述:只有法律才能为犯罪规定刑罚。只有代表根据社会契约而联合起来的整个社会的立法者才拥有这一权威。任何司法官员都不能自命公正地对该社会的另一成员科以刑罚。超越法律限度的刑罚就不再是一种正义的刑罚。[19] 由此可知,罪刑法定原则所主要强调的便是刑罚的确定性。贝卡里亚认为,正是刑罚的必定性而不是严酷性才是对于犯罪最强有力的约束力量。它"比联系着一线不受处罚希望的可怕刑罚所造成的恐惧更令人印象深刻。因为,即便是最小的恶果,一旦成了确定的,就总令人心悸"[20]。而根据近代费尔巴哈的心理强制说,每个人生来都是趋利避害的,在做每个行为之前,都会对所得到的利益在心中做一个权衡与取舍,这就要求建立痛苦与犯罪之间不可分的确信,使禁止犯罪行为一方的威慑力超过实行犯罪行为所能得到的利益,这样,刑法的预防犯罪功能才能得到实现。我国《刑法》在1997年修订时就确立了罪刑法定原则,在总则中明确犯罪的共性,而在分则中则表现为对个罪的具体描述。而无论是总则中的概括性犯罪特征,还是分则中个罪的具体犯罪构成,都具有标准明晰、条件清楚的特征,为明确违法与犯罪界限、划定犯罪圈提供明晰依据。尤其是分则中对个罪犯罪构成要素的具体规定,具有较强的针对性,体现个罪的个性特征,是司法机关定罪量刑的基本依据,因而它突出地体现为司法适用性,是司法机关判断一个嫌疑行为是否构成特定犯罪的尺度和标准。[21] 只有通过犯罪构成评价体系,完成符合刑法中明文规定的犯罪构成要件的行为,才能认定为犯罪,这也是我国罪刑法定原则的直接要

---

〔19〕 [意]贝卡里亚:《论犯罪与刑罚》,黄风译,中国大百科全书出版社1996年版,第10页。

〔20〕 [意]贝卡里亚:《论犯罪与刑罚》,黄风译,中国大百科全书出版社1996年版,第24页。

〔21〕 李克杰:《"醉驾入刑"争议的立法学思考——兼及〈刑法〉第13条的逻辑解读》,载《法治研究》2013年第4期。

求和具体体现。因此,在中国的犯罪构成理论框架下,根本不应当存在所谓的“法律明文规定为犯罪”但需要作出罪处理的情况。正确的逻辑思路应当是:倘若以《刑法》分则规定的犯罪构成要件为标准判定,行为人实施的不法行为类型,属于情节显著轻微危害不大的,依据《刑法》总则第13条但书之规定不认定为犯罪,也就是行为本身就不构成犯罪,而不是所谓的将已有分则法律明文规定为犯罪的行为,再适用但书规定作出罪处理。[22]

三、但书出罪模式有悖司法公正的实现

虽然最高人民法院肯定了在我国第一例安乐死案件中直接引用但书规定出罪的做法,但并不意味着但书规定能够僭越犯罪构成的唯一性标准地位,而成为在对行为进行犯罪构成判定后第二次判定出入罪的标准。但书出罪模式仅能在个别不存在期待可能性的特殊案件中收到一定的正面效果,而其个案之利无法成为有效的、可推广的纠纷解决模式,由于它过于抽象与含糊的条文表述无法如犯罪构成标准般在《刑法》分则条文中实现一一对应,它解决冲突的方式是个案化的、断裂的、零碎的,且具有极大的任意性,这就对于个案中法官的自身水平提出极高的要求,但在我国司法改革刚刚起步,法官素质尚处在参差不齐阶段的情况下,对但书出罪模式的司法滥用则必然对法制的统一性构成威胁,有违现代法治社会同等情况同等对待的基本原则,这最终会使得民众对法律规范所构筑秩序的可预期值下降,并对立法合理性与正当性产生怀疑,从而危及构建秩序的基本要素和社会资本信任。[23] 尤其是当前部分法官在面对疑难案件时,往往过分依赖司法解释,而在相关司法解释缺位或不明朗的情况下,但书条款的出罪功能往往会成为解决某些“实质上无处罚必要,但形式上‘符合’刑法条文规定”案件的某种万金油,而忽略了对案件构成要件的进一步解读与释法。这一方面容易造成司法裁量权不断扩大化的隐患。[24] 另一方面,司法领域长期对但书条款的出罪功能进行随意解释与滥用,必然导致司法工作人员在办案中养成思维定式:不再重视对犯罪构成的抽丝剥茧,而是一味依赖百试百灵的“情节显著轻微危害不大”条款作出罪处理,放任其过

---

〔22〕 参见杨忠民、陈志军:《刑法第13条“但书”的出罪功能及司法适用研究》,载《中国人民公安大学学报》2008年第5期。

〔23〕 参见劳东燕:《论犯罪构成的功能诉求——对刑事领域冲突解决机制的再思考》,载《金陵法律评论》2001年秋季卷。

〔24〕 2011年年底深圳市龙岗区坪地街道办官员莫王松因危险驾驶被刑事拘留,2012年龙岗区人民检察院提诉“要求判两个月刑期”,但龙岗区人民法院却以“情节显著轻微”为由,免除其刑事责任,并以涉密为由拒绝公开判决书,引起较大社会争议。参见报道:《深圳一官员醉驾被免刑责法院以涉密为由拒公开判决书》,载《中国青年报》2012年6月19日,第3版。

于粗放化的办案思维。

因此,相对于但书规定中"显著轻微""危害不大"的抽象表述,犯罪构成判断标准更利于司法者进行相对统一与规范的入罪门槛把握,在对犯罪构成进行正确理解而合理定罪的基础上,规范司法者的法律思维,也为司法者在释法与判案说理时,提供更具说服力的理由,实现司法领域法律效果与社会效果的统一。

Ⅲ 但书规定在司法领域之指引功能

综合前文可知,但书规定只是立法者写给立法者的原则性宣言,并不具有实质性的司法出罪功能。在司法领域,判断罪与非罪的标准仍然应当回归到犯罪构成体系中来。但这并不意味着但书规定所具有的立法宣言功能无法在司法领域发挥任何实质性影响。应当看到,要在司法领域对但书规定的适用找准定位,就要求司法者准确把握但书规定与犯罪构成之间的关系,使但书规定走出其出罪功能滥觞之弊,回归司法领域的间接指引功能。

一、指引司法者在规范犯罪构成框架内把握罪与非罪界限

《刑法》第 13 条对犯罪概念作了阐述,其中的但书规定揭示了犯罪概念中一个重要特征,即具备一定程度的社会危害性。而社会危害性的特征又通过分则的犯罪构成各要件来进行反映。可以说,犯罪概念是犯罪构成的基础,犯罪构成是犯罪概念的具体化。曾有学者提出,对但书规定进行司法适用时应当分两步:第一步是看是否符合分则规定的犯罪构成要求,如果不符合该犯罪构成要件,则直接出罪无须进行但书判定;而第二步则是对行为符合分则个罪犯罪构成的,运用但书判定其是否属于情节显著轻微危害不大,如果是就以不构成犯罪而出罪。[25] 我们认为,此"两步走"适用方式错误地割裂了但书所在条款的犯罪概念与犯罪构成之间的关系。我国《刑法》既然由总则与分则共同组成,则分则必然在总则的指导下制定,对于分则中各罪名的具体规定,也必然符合总则中对于犯罪的要求。换言之,既然总则对于犯罪概念赋予了严重社会危害性、社会违法性与刑事可罚性三大特征,依据此犯罪概念制定的分则罪名构成要件,也必然满足了上述犯罪概念与犯罪属性的要求。而根据"两步走"第二步适用但书规定出罪的前提是该行为符合分则构成要求,则该行为也就满足了严重社会危害性、社会违法性与刑事可罚性三大特征,如果要

---

〔25〕 参见储槐植、张永红:《善待社会危害性观念——从我国刑法第 13 条但书说起》,载《法学研究》2002 年第 3 期。

适用但书规定,也就意味着该行为同时符合“情节显著轻微,危害不大”和“有严重的社会危害性”两个条件,这在逻辑上显然无法自圆其说。事实上,但书规定所在的《刑法》第13条作为犯罪概念回答的是“什么是犯罪”“犯罪有哪些基本属性”这两大问题,而犯罪构成则进一步回答“犯罪是怎样成立的”“它的成立需要具备哪些法定条件”这类成立犯罪的具体标准、条件问题,通过犯罪构成一系列主客观要件的综合,具体说明什么样的行为是危害社会的、触犯刑律的,从而应受刑罚处罚的,也就是说,犯罪概念的各个基本属性是通过犯罪构成来具体说明的。犯罪概念是从总体上划清罪与非罪的界限,而犯罪构成则是分清罪与非罪、此罪与彼罪界限的具体标准,是刑法分则(犯罪构成)的抽象概括和归纳,是分则惩罚犯罪精神的体现。〔26〕 因此司法者在进行司法裁量时,应当明晰但书规定所给予的罪与非罪概括性提示与具体犯罪构成之间的关系,从但书这一立法宣言所传达的立法导向可知,宣告了犯罪的本质特征是社会危害性、并非一切具有社会危害性的行为都是犯罪,而是需达到一定的严重程度。这一社会危害性程度的具体把握,则需要司法者对照分则条文中犯罪构成里的具体情节、罪量规定来进行合理判断,对于犯罪构成的理解不应当只局限于表面文义的机械适用,而是应当以第13条但书对犯罪本质特征的宣告为指导,综合考量所评价行为与犯罪构成要素之间的是否存在匹配关系,使但书规定对于司法的应用价值在规范性的犯罪构成范围内得以合理发挥〔27〕。以《刑法》第238条非法拘禁罪为例,分则条文该罪的规定为:“非法拘禁他人或者以其他方法非法剥夺他人自由的,处……”那么司法实践中若出现行为人与被害人之间为近亲属,其非法限制被害人自由时间较短,采取的手段轻微且没有造成危害结果,此时对该行为人可考虑出罪处理。当前许多司法者可能都会出现“行为人的行为虽然完全符合非法拘禁罪的犯罪构成,但因属于但书规定中情节显著轻微危害不大的情形,故直接以但书规定为理由予以出罪”的思维误区,但通过上文分析可知,正确的出罪思维应当是:有且仅有犯罪构成不符这一个出罪理由,通过对案情的与犯罪构成要件比对的分析方式,认为由于以上案件的具体情况,行为人的行为本身不符合非法拘禁罪所要求达到的犯罪构成要件,从而不能认为成立该罪。

---

〔26〕 参见殷磊:《论刑法第13条功能定位——兼论(醉酒型)危险驾驶罪应一律入刑》,载《政治与法律》2012年第2期。

〔27〕 李翔:《从“但书”条款看司法如何遵循立法》,载《法学》2011年第7期。

二、指引司法者关注具体犯罪构成之罪量要素

《刑法》第13条中因但书规定的存在,而使犯罪概念的定义出现了独特的“定性+定量”相结合的混合犯罪概念模式,“但书”规定转化为正面意思即社会危害大到一定程度的才是犯罪。它是对《刑法》分则诸多具体犯罪构成量化要件的概括,即把犯罪定量因素明确地引进犯罪的一般概念之中。[28] 而如果说量的规定性在总则中只是一种宣言式的规定,那么具体的定量内容应由分则予以解决。因此这一定量因素也在分则具体个罪的犯罪构成要件中得以反映。

我国《刑法》分则的许多具体犯罪构成都含有定量因素,有学者做出统计指出,立法者在《刑法》分则中对超过2/3罪名的犯罪构成作了明文规定的量化因素的,如数额犯、结果犯就是包含定量因素的典型犯罪构成模式,它要求进一步达到一定的数额,或者发生具体的危险,或者造成严重的后果才能构成犯罪。在这些情况下,“但书”规定的“情节显著轻微危害不大”就化为了构成要件中具体数额、情节、后果等因素。换言之,这些罪名中的定量底线已经由“但书”的一般性规定变成了数额、情节、危险、后果等特殊性规定。而对于剩下的不足1/3罪名,立法者在这些罪名的犯罪构成条文表述中并未有明确阐明需要达到的数额、情节、危险、后果等具体量化因素,可以分为罪素省略型与概括型两种情形来细化讨论:

其一是法律没有明文规定任何罪量要素的省略型犯罪类型,理论上一般称之为“行为犯”或“危险犯”。以《刑法》第232条故意杀人罪为例,其条文表述为:“故意杀人的,处死刑、无期徒刑或十年以上有期徒刑……”,仅表述了“故意杀人”行为本身应受处罚,而对是否出现死亡结果没有任何要求,亦未将“情节严重”“情节恶劣”等作为构成犯罪的必要条件。在此类犯罪行为中,所规定的行为本身已具有足够的社会危害性,达到了行为实施即构成犯罪的严重的社会危害性程度,从而直接满足了《刑法》第13条中犯罪的一般定性要求,而不需要具体的量化标准就可使司法者进行罪与非罪的判定,这一类犯罪也一般不会出现“情节显著轻微”的情形,作为直接定性犯罪的行为,立法者已经在立法过程中将但书中涉及的情形予以了排除,正如有学者提出的,要寻找“情节显著轻微危害不大”的情形,必须到不构成犯罪的违法行为甚至连一般违法都不构成的行为里面去找,而不能在《刑法》分则各本条列明的罪状

---

〔28〕 李翔:《论我国刑法中情节犯的司法价值》,载《河北法学》2006年第9期。

里面找寻。[29] 那么对于这类行为犯、危险犯是否存在司法区分犯罪与一般违法行为的余地？我们认为，由于我国此前长期存在刑事处罚与行政处罚相互交叉混杂的刑罚评体系，这类行为进入刑事违法评价与一般违法评价之间的界限，就是其行为实质本身。故即便是省略型犯罪类型，也有入罪上的程度标准，如伤害罪与一般伤害行为，可以考虑结合刑法规定与行政法等其他非刑事法律综合考察。

其二则是虽不含明确定量的因素，只是笼统描述“情节严重”“情节恶劣”要求的概括型犯罪条文，这类犯罪一般被理论上称为情节犯。情节犯中“情节严重”的要求可以看作分则条文对但书中犯罪概念表述的“照应”。对于此类罪名我们认为是由于司法实践中个案表现形态千差万别，无法在分则条文中实现穷尽表述，因此要在立法中完全实现明确性的罪量程度确实相当困难，故立法者可考虑以立法解释的方式，使罪量因素在分则条文中尽可能明晰化；而在没有明确罪量因素条文指引的前提下，对于此类罪名司法者要找到其具体对应的“情节严重”入罪条件，仍应回到该罪名具体的犯罪构成要件中，同时结合相应的立法解释、司法解释作为指导，对该罪名的犯罪构成要件进行进一步分析，从而挖掘出分则规定的“情节严重”所应满足的具体条件。如《刑法》第252条的隐匿、毁弃、非法开拆他人信件罪，该条文在对“隐匿、毁弃、非法开拆他人信件，侵犯公民通信自由权利”的行为进行刑法评价后，附加了概括性罪量因素“情节严重”，我们认为可考虑先对隐匿、毁弃、非法开拆他人信件罪从主体、客体、主观方面、客观方面四个角度进行实质解释，通过分析犯罪构成中对客体的侵害要求，得出可适用于定罪的“情节”应当包含的具体因素，如本罪中要求行为对公民通信自由权利产生侵犯，则可根据公民通信自由权利的受损程度来判定该行为是否达到情节严重程度。此外可适当参考《刑法》其他罪名条文中所涉及的对危害性评价因素，如作案手段、犯罪金额、危害结果等因素，比对该罪名所处章节中其他同等性质罪名所要求的量化要求作出综合评判。但不管分则中是否有具体的量化因素规定，司法者在进行司法裁量时，仍应做到将但书规定中所宣示的情节危害性量化要求反映到罪名判定过程中，精细化把握每一个罪入罪的量化罪素，才能对罪与非罪、此罪彼罪作出准确判断。

但书规定作为对犯罪概念的重要组成部分，是对何种行为是犯罪、何种行

---

〔29〕 李克杰：《“醉驾入刑”争议的立法学思考——兼及〈刑法〉第13条的逻辑解读》，载《法治研究》2013年第4期。

为不属于犯罪的概括性表述,是立法者写给立法者的宣示条文,它仅具备间接指引功能,而不应当成为司法中宣告犯罪的具体标准。对于司法中的出入罪判定,仍然应当回归到犯罪构成唯一性标准的框架内进行,司法者也应在但书规定引导下正确认识犯罪概念与犯罪构成之间的互为照应的关系,把握《刑法》总则与分则共同要求的罪量因素,从而让但书规定从立法回归立法,让出罪裁量重回犯罪构成规范体系内。在本案中,居民身份证,是指具有中华人民共和国国籍并定居在中国境内的居民的有效证件,由公安机关依照身份证法制作、发放,是公民参加各种社会活动和社会事务的身份证明。居民身份证制度,是为了证明居住在中华人民共和国境内的公民的合法身份,是维护良好社会秩序的需要,也是有效保障公民合法权益的重要措施。刑法上认定行为人是否构成伪造居民身份证罪的理由应该是从实质解释论的角度分析该种行为是否侵犯刑法所保护的利益,因为伪造居民身份证罪的法条设计目的在于保护居民身份证信息真实性,行为人虽然没有通过公安机关制作身份证,但是其身份证信息均为真实,不具有实质的社会危害性,因而不构成犯罪。并不能认为行为人的行为符合了伪造居民身份证罪的犯罪构成要件,再以“但书”将其出罪。

(李翔)

王某职务侵占罪案

不同犯罪论体系对裁判结果的影响

案情介绍

2008 年 8 月，王某以虚假的身份证、驾驶证到某服装公司应聘驾驶员，应聘后上班第一天，王某接受公司指派，驾驶公司的小轿车送公司办事员外出。王某即借机将该车开走，占为己有。其后，王某采取同样的手段又非法占有了三家公司的三部小轿车。经查，王某非法所得小轿车的价值从 10 万余元至 20 万余元不等。[1]

理论争议

关于王某的行为如何定罪，存在以下三种观点。

第一种观点认为，王某构成诈骗罪。因为王某主观上有骗取小轿车的犯罪故意，客观上使用虚假身份证和驾驶证，属于虚构事实去被害单位应聘，使被害单位陷入错误认识，进而自愿将车辆交由王某驾驶，王某的行为符合诈骗罪的构成要件。

第二种观点认为，王某构成职务侵占罪。这种观点认为，虽然王某使用了虚假的身份证和驾驶证，但是在应聘上驾驶员之后，是基于职务上的便利，将本单位的车辆非法占为己有，符合职务侵占罪的构成要件。

第三种观点认为，王某构成盗窃罪。按此观点，虽然王某在取财的过程中实施了虚构事实的行为，但是，王某利用的只是工作便利，而非职务之便，王某并不具有经手、保管车辆的职务便利，因此，王某取财行为构成盗窃罪。

---

〔1〕 许少宇：《以虚假身份应聘司机开走单位汽车如何定性》，载《检察日报》2009 年 10 月 14 日，第 3 版。

■ 法理分析

上述争议的焦点在于,王某取财行为的性质到底是职务侵占、诈骗还是盗窃?采用不同的犯罪论体系是否会影响案件定性的结果?采用不同的犯罪论体系是否会影响司法统一?2009年10月14日,《检察日报》刊发某检察官《以虚假身份应聘司机开走单位汽车如何定性》的案例分析文章,案例作者认为王某应当构成诈骗罪与职务侵占罪的想象竞合。仅隔4日,北京大学法学院陈兴良教授在西安《犯罪构成及方法论》的学术讲座中引用该案例,并认为该案例作者系先作主观判断再作客观判断,是苏俄四要件理论的思维。并称,如果按照大陆法系三阶层的理论体系,先作客观判断再作主观判断,自然会得出职务侵占罪的结论。同样的事实、同样的证据,适用同样的法律,仅因所采用的犯罪论体系不同,就会得出定性迥异的结果吗?[2]

具体展开来看,针对该案例作者提出"王某非法占有的主观故意产生于获取驾驶员职务之前,其在虚构事实、隐瞒真相的掩护下,带着'骗走财物'的主观故意,实施了'应聘—任职—接近财物—获取财物'等一系列行为……"的观点,陈兴良教授认为,诈骗故意是依附于诈骗行为而存在的,案例作者把行为人的动机与犯罪故意混淆了。没有认定其行为是诈骗之前,怎么可以将行为人的主观故意认定为诈骗故意。如果采用大陆法系三阶层理论的思路,可以避免这种苏俄四要件思维的错误。[3] 陈兴良教授将该案两种结论的差异归结为犯罪成立的判断思维不同,认为主张诈骗罪的意见是采用了主观判断先于客观判断的思维方法,而主张职务侵占罪的意见则采用了客观判断先于主观判断的思维方法。进而提出,苏俄犯罪论体系具有明显的劣势,只有采用违法与责任的阶层结构才能更好地保证定罪结论的正确性。[4]

但是,该案结论似乎与是否采取大陆法系阶层犯罪论体系没有直接关系。中国人民大学法学院刘明祥教授同样是先作客观判断再作主观判断,却得出了与陈兴良教授不同的结论。按照刘明祥教授的观点,职务侵占罪除了侵犯财产所有权之外,还侵犯了职务行为的廉洁性。本案王某并无受聘做公司驾驶员的意思,也无做公司驾驶员的实际行动,并非公司中履行职务的人员。而

---

〔2〕 为此,《检察日报》于2009年12月8日,举办"犯罪构成理论与司法统一性"学术研讨会,从同案同判、司法统一的角度,就犯罪论体系对定罪的影响以及如何促进司法统一等问题进行了深入探讨。

〔3〕 参见陈兴良:《犯罪论体系的位阶性研究》,载《法学研究》2010年第4期。

〔4〕 参见陈兴良:《犯罪论体系的去苏俄化》,载《政法论坛》2012年第4期。

王某通过使用虚假的身份证和驾驶证,谎称自己愿意应聘做公司的驾驶员,骗取公司信任后将公司的车辆开走,符合诈骗罪的特征。[5] 由此可见,本案对王某行为的定性,与是否采取客观优先没有必然的关系。正如刘明祥教授所说,认为诈骗罪就是从主观到客观,认为职务侵占罪就是从客观到主观,这种说法是站不住脚的。

既然按照大陆法系阶层论的体系,本案未必能够得出统一的答案。那么,按照四要件理论,得出的就会是确定的诈骗罪结论吗?似乎也并非如此。有学者即认为,从犯罪构成四要件来说,王某构成诈骗罪还是职务侵占罪,主要是犯罪客观要件中的行为判断争议问题。而按照德日阶层论来看,则主要是构成要件该当性中的行为判断争议问题。换句话说,即使是按照四要件理论体系进行判断,也仍然可能得出多种不同结论的可能。不过,该学者也认为,《刑法》第266条诈骗罪和《刑法》第271条职务侵占罪之间属于法条竞合关系,因此,认定王某的行为符合法条竞合,按照法条竞合的处断原则认定为诈骗罪。[6]

我们赞同刘明祥教授提出的不应将本案结论差异归结于采用不同犯罪论体系的观点。苏俄犯罪构成四要件与大陆法系犯罪阶层理论,只是两种不同的犯罪成立分析思维。在犯罪成立的先后顺序上,四要件理论也并不必然是先作主观判断后作客观判断。除了犯罪主观—犯罪客观的认定路径之外,也存在犯罪客观优先的分析路径。简言之,虽然阶层理论与四要件理论思考问题的方法不同,但是在刑法规定相同的前提下,至少在本案中,均可以得出比较妥当的结论。事实上,众所周知的是,苏俄四要件理论也源于大陆法系的犯罪成立理论,两者具有"血缘关系",并非一概对立不相容。

关于本案王某行为的定性,我们认为:

首先,王某的行为构成诈骗罪。从行为的不法内容来看,王某使用虚假的身份证和驾驶证,骗得了公司的信任。随后由于工作事务,公司将车辆交给他驾驶,王某取得财物。这里容易引发争议的是,王某虚构事实的行为仅是获得驾驶员的身份,公司聘请王某作为驾驶员时并未进行财产处分。公司交付车辆是基于王某驾驶员的身份、需要送办事员外出,似乎不符合诈骗罪的构成要件?我们认为,对王某的行为,不应当割裂拆分来看,而应当整体性地评价。

---

〔5〕 参见刘卉、刘金林等:《不同犯罪论体系会不会影响司法统一》,载《检察日报》2009年12月11日,第3版。

〔6〕 参见欧锦雄:《复杂疑难案件下犯罪构成理论的优劣对决——犯罪构成四要件说与德日犯罪三阶层论的对决》,载《中国刑事法杂志》2011年第3期。

王某在使用虚假的身份证和驾驶证骗得驾驶员的身份时,属于虚构事实。但是,获得驾驶员身份并非王某的行为目的,只是诈骗行为的一部分,此时,行为并没有完成,在使用虚假的身份证和驾驶证获得驾驶员身份之后,王某进而隐瞒自己想借机非法占有车辆的目的,从虚构事实到隐瞒真相,是行为的整体内容。公司也是基于王某的虚构事实并隐瞒自己真实目的的整体行为而陷入错误认识,才将车辆交由王某驾驶,王某的行为符合诈骗罪的构成要件,并不具有违法阻却事由。而在责任层面,王某以非法占有为目的,具有诈骗的故意,也具有刑事责任能力,没有责任阻却事由,应当构成诈骗罪。

其次,认定王某构成诈骗罪,并不必然排斥职务侵占罪的成立。除了极少数罪名之间可能存在完全对立的关系之外,大多数犯罪之间均不是非此即彼的关系。“刑法理论关于此罪与彼罪区分标准的论述基本上都是多余的,故不必探讨所谓此罪与彼罪的界限。”〔7〕本案中,认定是否构成职务侵占罪的关键问题是,行为人“利用骗取的职务便利”是否属于“利用职务上的便利”?〔8〕有学者从法秩序统一性原理的角度提出,刑法中罪名的认定要与前置法相协调。具体而言,因为王某的驾驶员身份是骗来的,王某与公司之间根本不存在自愿合法的劳动关系。因此,王某构成诈骗罪,而不能构成职务侵占罪。〔9〕我们认为,虽然王某是基于虚假的身份证和驾驶证获得驾驶员身份,但不能据此推翻王某驾驶员身份的现实性。如果因为王某使用了虚假的身份证和驾驶证骗取驾驶员的身份,从而否定王某系职务侵占行为,这种逻辑显然是认可行为人可以通过不当行为获利(不被认定职务侵占罪)。这种结论也不利于解决当非法占有为目的形成于获得驾驶员身份以后的行为定性。王某获得驾驶员身份,并获得车辆的情况下,将车辆占为己有,符合职务侵占罪的构成要件,应当认定构成职务侵占罪。再进一步来说,即使是使用了虚构的身份证与驾驶证,劳动关系是否就当然无效也并非没有争议。

最后,诈骗罪与职务侵占罪不是法条竞合关系,王某的行为属于诈骗罪与职务侵占罪的想象竞合。刑法中的罪数理论要解决的是两个问题:一是行为的罪数;二是应当如何处罚。从行为的罪数上看,法条竞合是单纯的一罪,仅侵犯一个法益。法条竞合在成立的条件上,应当具有逻辑的包容性、法益的同

---

〔7〕 张明楷:《犯罪之间的界限与竞合》,载《中国法学》2008 年第 4 期。

〔8〕 刘伟琦:《“利用骗取的职务便利”之司法误区与合目的性认定》,载《河北法学》2016 年第 5 期。

〔9〕 马荣春:《犯罪认定:法体系协调性、主要矛盾性、类型化》,载《法治社会》2019 年第 5 期。

一性和不法的包容性。[10] 虽然诈骗罪和职务侵占罪均侵犯了公私财产的所有权，但是，职务侵占罪涉及复合法益，本身还有职务廉洁性的法益。两罪的法益不具有同一性，因而不是单纯的一罪，不是法条竞合关系。由于王某的诈骗取财行为与职务侵占行为存在重合，属于"一行为触犯两罪名"，因此，属于诈骗罪与职务侵占罪的想象竞合。根据想象竞合犯的处断原则，择一重处断应按诈骗罪量刑。

（刘杰）

---

〔10〕 张明楷：《刑法学》（第6版），法律出版社2021年版，第627～629页。

胡某帮助信息网络犯罪活动案

"支付结算"中帮助信息网络犯罪活动罪与掩饰、隐瞒犯罪所得罪的区分

案情介绍

2020年7月,被告人胡某明知文某(另案处理)可能利用银行卡为信息网络犯罪活动进行支付结算,为非法获利,仍在位于长沙市岳麓区上海浦东发展银行长沙××社区支行开办了卡号为6217××××5256的借记卡,又在中国建设银行长沙芙蓉支行开办了卡号为6217××××1683的借记卡,并将上述两张银行卡通过快递邮寄至文某指定的地址。2020年8月17日至2021年3月4日,被告人胡某提供的中国建设银行借记卡被上线电信诈骗人员用于支付结算,共接收资金11万余元。2020年8月20日至10月21日,被告人胡某提供的上海浦东发展银行借记卡被上线电信诈骗人员用于支付结算,共接收资金34万余元。其中,被害人颜某、白某、娄某、姜某等人被诈骗的资金共计约有17440元,流经被告人胡某的上述银行卡被转移至其他账户。2020年9月7日,被告人胡某根据文某的安排从上述银行卡中取现51,021元,并于当日将其中49,300元转账给文某6217××××7795的中国建设银行账户,从中获利1721元。

法院认为,被告人胡某明知他人利用信息网络实施犯罪,仍为其犯罪提供支付结算帮助,情节严重,其行为已构成帮助信息网络犯罪活动罪,判处被告人拘役四个月,并处罚金人民币五千元。[1]

理论争议

关于行为人的上述行为的定罪意见,有以下三种观点。

第一种观点认为,若行为人单纯地把银行卡出租、出借给他人的应认定为

〔1〕 案例来源:(2021)湘0104刑初435号。

帮助信息网络犯罪活动罪,而对于行为人既提供银行卡又进行资金转入、转出的,应当定性为掩饰、隐瞒犯罪所得、犯罪所得收益罪。

第二种观点认为,若行为人既提供银行卡又进行资金转入、转出的,应认定为帮助信息网络犯罪活动罪。

第三种观点认为,若行为人单纯地把银行卡出租、出借给他人的行为应认定为帮助信息网络犯罪活动罪,而后行为人进行的资金转入、转出行为应认定为掩饰、隐瞒犯罪所得罪,若行为人既提供信用卡又进行资金转入、转出的,应数罪并罚。

■ 法理分析

1 "支付结算"的理解

自2020年10月开始,国家开展了"断卡"行动,专项打击出租、出借、出售电话卡、银行卡的行为,力争从源头上切断买卖账户黑色产业链,铲除电信网络犯罪土壤,有效遏制电信网络犯罪高发态势。在"断卡"行动中,经常会涉及两个罪名,一个是帮助信息网络犯罪活动罪,另一个是掩饰、隐瞒犯罪所得、犯罪所得收益罪。两罪的关联点在于提供资金账户、支付结算服务等帮助行为上。2015年5月29日最高人民法院发布的《关于审理掩饰、隐瞒犯罪所得、犯罪所得收益刑事案件适用若干问题的解释》第10条第2款规定:"明知是犯罪所得及其产生的收益而采取窝藏、转移、收购、代为销售以外的方法,如居间介绍买卖,收受,持有,使用,加工,提供资金账户,协助将财物转换为现金、金融票据、有价证券,协助将资金转移、汇往境外等,应当认定为刑法第三百一十二条规定的'其他方法'。"因此,该罪的掩饰、隐瞒行为包括提供资金账户、支付结算行为。

2016年12月19日,"两高一部"发布《关于办理电信网络诈骗等刑事案件适用法律若干问题的意见》,该意见中明确规定,行为人在明知是电信网络诈骗犯罪所得及其产生的收益的情况下,多次使用或者使用多个非本人身份证明开设的信用卡、资金支付结算账户或者多次采用遮蔽摄像头、伪装等异常手段,帮助他人转账、套现、取现的,或者为他人提供非本人身份证明开设的信用卡、资金支付结算账户后,又帮助他人转账、套现、取现的,应当以掩饰、隐瞒犯罪所得、犯罪所得收益罪追究行为人刑事责任。

2021年6月17日《关于办理电信网络诈骗等刑事案件适用法律若干问题的意见(二)》第7条规定,"为他人利用信息网络实施犯罪而实施下列行为,可以认定为刑法第二百八十七条之二规定的‘帮助’行为:(一)收购、出售、出租信用卡、银行账户、非银行支付账户、具有支付结算功能的互联网账号密码、网络支付接口、网上银行数字证书的;(二)收购、出售、出租他人手机卡、流量卡、物联网卡的”。该司法解释中,出售、出租他人手机卡、信用卡的被认定为帮助信息网络犯罪活动罪。

通过上述司法解释可以发现,帮助信息网络犯罪活动罪与掩饰、隐瞒犯罪所得罪在打击提供银行账户、资金支付结算服务方面存在交叉与竞合,以至于司法实践中对于两个罪名的适用存在一定的争议。

在实践操作中,对于供卡人提供银行卡收款后协助转账、取现的行为认定为掩饰隐瞒犯罪所得罪的主要理由在于,帮助信息网络犯罪活动罪中的支付结算帮助行为不应当包括资金的“出”,即供卡人不能有转账、取现等操作。因此区分二罪需要明确何为支付结算等帮助行为。支付结算是指仅提供支付结算工具的帮助(如提供银行卡),还是包括提供支付结算行为的帮助(如协助转账、取现等行为)?

对于何为“支付结算”,实践中争议很大。实践中存在不同观点:第一种观点认为,只要存在入账行为,即符合该司法解释的“支付结算”;第二种观点认为,单纯转入账户不属于“支付结算”,根据字面理解,“支付结算”有两种含义,即有支付行为和结算行为,钱款入账仅是一种“支付”行为,还不能认定为“支付结算”,必须还要转出;第三种观点认为,除涉案钱款入账、转入之外,还需查实“支付结算”资金性质,用于违法犯罪资金才能认定为“支付结算”的数额。1997 年 9 月中国人民银行颁布的《支付结算办法》中有关于“支付结算”规定,该办法第 3 条规定,“支付结算是指单位、个人在社会经济活动中使用票据、银行卡和汇兑、托收承付、委托收款等结算方式进行货币给付及其资金清算的行为”。从该办法该规定的“支付结算”上看,票据、银行卡等是一种结算方式,“支付结算”的目的是进行货币给付和资金清算。最高人民检察院《关于办理互联网金融犯罪案件有关问题座谈会纪要》第 18 条规定,“支付结算业务(也称支付业务)是商业银行或者支付机构在收款人之间提供的货币之间转移服务”。

因此,支付结算本质上是资金转移服务,包括资金的“进”,也包括资金的“出”,而不是指单纯的一个方面。以此可见,支付结算行为不仅包括提供银行卡等支付结算工具的行为,还包括提供资金转账的行为,这些行为均属于支付结算的范畴。因此,提供银行卡并参与接收款项、协助转账并未超出“支付结算帮助”的范围,不能仅以是否协助转账作为帮信罪与掩饰罪的区分标准。

另外，行为人如果在提供银行卡号后又操作自己的账户进行转账或取现的，与行为人将银行卡号与密码提供给他人去转账或取现的，在法益的侵害程度上这两者之间并没有本质区别。因此，应当将行为人"提供银行卡和实施取现"视为整体的支付结算行为，将二者结合起来，这样既没有超出"支付结算"的文义范围，也符合"取现"行为是前面"供卡"行为的自然延伸的实际。

Ⅱ "供卡、转账行为"下二罪的核心区别：法益不同

掩饰、隐瞒犯罪所得、犯罪所得收益罪被规定在《刑法》第 6 章第 2 节，属于妨害司法的犯罪，该罪的主要社会危害是妨害司法机关追究犯罪，造成公私财物损失无法挽回。因此，在一定程度上该罪属于赃物犯罪。最高人民法院 2021 年 4 月 15 日修正后施行的《关于审理掩饰、隐瞒犯罪所得、犯罪所得收益刑事案件适用法律若干问题的解释》第 1 条，强调该罪立案的条件是"掩饰、隐瞒行为致使上游犯罪无法及时查处，并造成公私财物损失无法挽回的""实施其他掩饰、隐瞒犯罪所得及其产生的收益行为，妨害司法机关对上游犯罪进行追究的"，该司法解释也认为，构成掩饰、隐瞒犯罪所得、犯罪所得收益罪强调犯罪行为妨害司法机关追查赃款赃物。根据该罪侵害的法益以及上述司法解释精神，掩饰、隐瞒犯罪所得、犯罪所得收益罪中被告人进行相关转账、取现操作的目的，就是要把这些"赃款"隐藏起来，也就是俗称的"销赃"，实际上也应起到妨害司法机关对上游犯罪进行追究的效果。而帮助信息网络犯罪活动罪并不是妨害司法的犯罪，因此，帮助信息网络犯罪活动罪中的转账、取现操作并不需要妨害司法机关追究犯罪的目的要素，也不需要实际达到妨害司法机关对上游犯罪进行追究的效果。因此，帮助涉嫌犯罪的人取现或转账，并不必然属于掩饰、隐瞒犯罪所得罪的"转移"，其核心在于，行为人的转账或者取现的行为，是否增加了司法机关追缴赃物的难度，是单纯地将资金从一个账户转至另外一个账户或取现后直接交给上家，还是将一笔资金分别转入多个账户，层层分拆，频繁转账。

Ⅲ "供卡、转账行为"下二罪区分的标准

一、使用非本人身份证明开卡并转账的，宜认定为掩饰、隐瞒犯罪所得、犯罪所得收益罪

根据"两高一部"《关于办理电信网络诈骗等刑事案件适用法律若干问题的意见》（以下简称《电诈意见一》），行为人在明知是电信网络诈骗犯罪所得及其产生的收益的情形下，多次使用或者使用多个非本人身份证明开设的信

用卡、资金支付结算账户或者多次采用遮蔽摄像头、伪装等异常手段,或者为他人提供非本人身份证明开设的信用卡、资金支付结算账户后,又帮助他人转账、套现、取现的,应当以掩饰、隐瞒犯罪所得、犯罪所得收益罪追究行为人刑事责任。并且在《关于办理电信网络诈骗等刑事案件适用法律若干问题的意见(二)》(以下简称《电诈意见二》)中再次规定了相同的内容。由此可见,无论是《电诈意见一》或《电诈意见二》,对于供卡人使用的是不是本人身份证明开设银行卡进行了明确区分,供卡人使用他人身份证明开设的银行卡进行收款并协助转账、取现等操作的,供卡人符合掩饰、隐瞒犯罪所得、犯罪所得收益罪的行为方式,应当以该罪定罪处罚。

为何该行为被认定为掩饰、隐瞒犯罪所得、犯罪所得收益罪呢?因为使用本人身份证开设的银行卡和手机卡的数量是有限的,行为人若获得多个非本人身份证明开设的信用卡的,此时行为人的身份很有可能是"卡贩","卡贩"通过从"卡农"处收购大量的银行卡、手机卡,专门从事电信网络诈骗犯罪活动的赃款转移工作。当前金融机构在开立个人账户时均要求实名制,用非本人身份证明开设银行账户不利于办案单位的追查,能更好地达到掩饰、隐瞒赃款的犯罪目的,从而妨碍司法活动。在司法实践中,侦查人员往往只能找到出租、出售银行卡的"卡农","卡贩"则躲在"卡农"实名认证的银行卡背后而得以躲避侦查、逃脱法律制裁。"卡贩"的行为严重妨碍了司法秩序。因此,当"卡贩"使用他人银行卡收款并转账时,对其以掩饰、隐瞒犯罪所得、犯罪所得收益罪定罪处罚是符合刑法理论,也符合司法解释的规定。

二、使用本人身份证明开卡并转账的,区分不同情况认定二罪

如果被告人提供并用于接收被害人款项的银行卡均系其本人身份证明开设,而非他人的银行卡,那么被告人的行为相对容易被公安机关追查到。如果只是单纯转账一次或者取现后直接交给上家,这种情况对于司法机关追赃挽损所增加的难度是较小的,办案人员直接看银行流水或者向行为人核对资金去向即可了解资金去向,无法达到掩饰、隐瞒的效果,行为人也只是为了牟利偶尔取款并未考虑取款的后果,在整个过程中只是充当提取款项的工具人,这时宜认定为帮助信息网络犯罪活动罪。而如果将一笔资金分别转入多个账户,多次取款,层层分拆,频繁转账,办案人员如果要追查资金的去向,不仅需要追查多个银行账户,核对多人的供述或证言,可能还需要委托专门的司法会计鉴定机构进行鉴定,查到最后也不一定能够查清每一笔资金的最终流向,此时认定为掩饰、隐瞒犯罪所得罪相对合理。

(杨海强)

杨某故意伤害案

如何从实质根据出发论证先行行为的作为义务

案情介绍

被告人杨某某因与被害人张某某谈恋爱而产生矛盾，杨某某即购买两瓶硫酸倒入喝水的杯中，随身携带至其就读的洛阳市第一中学。2004 年 10 月 23 日 21 时 40 分许，杨某某在该校操场遇到张某某，两人因恋爱之事再次发生激烈争执，杨某某手拿装有硫酸的水杯对张某某说："真想泼到你脸上"，并欲拧开水杯盖子，但未能打开。张某某认为水杯中系清水，为稳定自己情绪，接过水杯，打开杯盖，将水杯中的硫酸倒在自己的头上，致使其头、面、颈、躯干及四肢等部位被硫酸烧伤。经法医鉴定其伤情为重伤，伤残程度为一级。经鉴定，张某某先期手术治疗费用 50,000 元左右，后续费用目前尚无法评估。

洛阳市涧西区人民法院认为，被告人杨某某明知自己的行为会造成他人身体伤害，仍放任伤害结果的发生，致他人严重残疾，其行为已构成故意伤害罪。河南省洛阳市中级人民法院经审理认为，上诉人杨某某在谈恋爱的过程中，因被害人提出分手而心怀恼恨，即购买危险品硫酸随身携带。当二人为恋爱发生争执，被害人误将上诉人预备的硫酸倒向本人身上时，上诉人明知该行为会造成被害人的人身伤害，仍放任伤害结果的发生，致被害人重伤并造成严重残疾，其行为已构成故意伤害罪，且后果严重。[1]

理论争议

行为人放任他人将自己预备的硫酸当作清水倾倒而致残的行为，是否构成不作为犯罪？对此有两种观点：

一种观点认为，被害人从被告人手中拿过装有硫酸的杯子，打开瓶盖将硫

---

〔1〕 最高人民法院刑事审判庭编：《刑事审判参考》（总第 55 集），法律出版社 2007 年版，第6～12页。

酸往自己身上倾倒的行为是自残行为,被告人没有实施危害行为,其行为不构成犯罪

另一种观点认为,被告人为报复被害人,购买硫酸后带至案发现场,当被害人从其手中拿走装有硫酸的杯子,打开瓶盖,将硫酸当作清水倾倒在本人身上时,被告人既不告诉被害人实情,也不采取措施予以阻止,而是放任被害人向自己泼倒硫酸的行为,造成被害人严重伤残的结果,其主观上对被害人伤害后果持放任态度,系间接故意;客观上未履行因先行行为而产生的避免或者排除危害结果发生的特定义务,其行为属于不作为犯罪,构成故意伤害罪。

■ 法理分析

1 作为义务的发生根据:形式的作为义务和实质的作为义务

对于作为义务来源问题,传统学说认为其主要来自以下几个方面:一是法律的明文规定,二是职务或者业务上的要求,三是合同行为、自愿承担行为等法律行为所引起的义务,四是先行行为的要求。[2] 这种明文列举作为义务来源的方式,以形式框架存在,其范围和内容一目了然,故被称为“形式说”。其目的在于严格区分道德义务和法律义务,阻止以实质性判断为借口而扩大不真正不作为犯的处罚范围。但这种形式地列举作为义务来源的方式本身,存在一些问题:首先,难以说明刑罚处罚的理由;其次,难以实现其初衷;最后,无法限定不真正不作为犯的处罚范围。[3] 正因为形式作为义务存在上述弊端,我国学者借鉴日本的相关学说,基于不作为和作为之间所存在的结构性差异,以不作为和作为必须等价为前提,探求行为人的不作为具备什么样的事实特征,就可以看作从作为的立场出发,将作为义务的内容具体化。这种将作为义务从规范具体化为客观事实的研究方法,被称为“实质义务论”。这些“实质义务论”都有一个相同特点,即将不履行作为义务的行为转化为“引起”或者“支配”侵害法益结果的客观事实,以消除作为是引起因果流向,而不作为只是放任因果流向的结构性差异,从而实现二者之间的等价。同传统的以违反作为义务为中心的不真正不作为犯论相比,尽管名义上仍维持了不履行作为义务的外形,但实际上却看重不履行义务行为当中所存在的引起和被引起的关系。换言之,表面上维持了规范论的研究范畴,实际上却是在寻找因果论的

---

〔2〕 高铭暄主编:《刑法学原理》(第1卷),中国人民大学出版社1993年版,第543~545页。

〔3〕 张明楷:《刑法学》(第5版),法律出版社2016年版,第152页。

解决路径。如就“先行行为说”而言,其实际上是意图通过将不真正不作为犯的认定重心从后续的不履行义务行为,转移到先前的先行行为上去的方法,将不真正不作为犯的成立范围限定于行为人亲自实施了具有法益侵害危险的先行行为并对该先行行为所引起的危险具有支配的场合。[4]

最高人民法院有关业务庭的裁判理由指出,先行行为引起的义务是指,由于行为人先前实施的行为而使刑法保护的某种法益处于危险状态时,行为人负有采取积极有效的措施来排除危险或者防止危害结果发生的特定义务。行为人如果不履行这种义务,情节严重或者造成严重后果的,就是以不作为形式实施的犯罪行为。本案被告人杨某某购买硫酸到学校执盛有高度危险品硫酸的杯子与被害人发生争执,争执中有“真想泼到你脸上”的语言表露,被害人接过盛有硫酸的杯子、打开杯盖,杨某某上述一系列行为使被害人的人身安全处于一种危险的状态,此时,杨某某负有因其先行行为而产生告诉被害人真相、防止危险发生的义务。

从上述裁判要旨可以发现,最高人民法院采取了传统的见解,其认为先行行为的场合之所以能够成为不作为犯,关键是因为行为人先前的先行行为使得法益处于危险状态,按照常理,行为人有义务消除该危险状态,但其却没有消除,引起了侵害法益结果,因而要将该不履行义务的不作为作为犯罪处罚。在这里,成立犯罪的关键,是行为人没有履行消除危险的义务。

但按照实质的作为义务理论,先行行为的场合之所以成为不作为犯,不完全是因为行为人没有履行消除危险的义务,更主要的是因为行为人“故意或者过失的先前行为导致法益面临的危险”,或者说“先行行为对刑法所保护的具体法益造成的危险”变为了现实。使刑法保护的具体法益面临紧迫危险,是先行行为成为作为义务来源的实质根据。[5]

Ⅱ 本案被告人是否具有作为义务:基于实质作为义务论的分析

首先,需要考虑的是被告人是否设定了面向法益侵害的因果关系(原因设定),即先行行为是否创设或增高了不被允许的风险。正是由于先行行为创设或增高了不被允许的风险,因此才确定行为人有控制风险的义务,其对于风险的控制具有保证人地位。先行行为创设或增高了不被允许的风险之际,先行行为也是一种危险源,使刑法保护的具体法益面临紧迫危险,在其启动了

---

〔4〕 黎宏:《排他支配设定:不真正不作为犯论的困境与出路》,载《中外法学》2014年第6期。

〔5〕 张明楷:《不作为犯中的先行行为》,载《法学研究》2011年第6期。

面向法益损害的因果流程时,危险源本身就是导致结果发生的原因,若行为人处于控制危险源的地位,就支配了导致结果发生的原因。如果行为人对危险源有监督管理义务,那么就具有刑法上的作为义务。

本案中,被告人携带硫酸到学校,在与被害人争执时手拿装有高度危险品的水杯,并有"真想泼到你脸上"的说辞。装有硫酸的水杯本就是一个危险品,对人身具有严重的潜在危险,杨某某的上述行为使被害人的人身安全处于一种危险的状态,只是此时被告人手持装有硫酸的水杯的行为尚未对被害人产生实质的、具体的危险,因为当时被告人杨某未能打开瓶盖。但装有硫酸的水杯是危险源,行为人处于控制危险源的地位,在被害人将盛有硫酸的杯子拿过去之前如此,在被害人不知道杯子中盛有硫酸而将杯子拿过去之后也是如此。因此,在被害人将盛有硫酸的杯子拿过去,打开瓶盖时,装有硫酸的水杯对被害人产生了实质的、具体的危险,处于控制危险源的地位的被告人产生作为义务。

其次,需要考虑的是行为人是否对结果发生具有支配性。西田典之教授指出,"不作为要与作为具有构成要件的等价性,不作为者就必须将正在发生的因果流程控制在自己手中,即获得基于意思的排他性支配"。[6] 原因设定只是发生因果关系的起源,行为人不仅要在结果发生的原因上"有贡献",还必须保证该原因按照自己的预料在实害结果当中顺利实现,行为人要对结果发生具有支配性,必须支配该原因力的发展过程。在本案中,在被害人将盛有硫酸的杯子拿过去,打开瓶盖时,装有硫酸的水杯对被害人产生了实质的、具体的危险,但被害人并不知道杯子中装有硫酸,而是误将硫酸当作清水,被害人为稳定情绪误将硫酸倒在自己身上。但被告人在谈恋爱过程中因被害人提出分手而心怀恼恨,在被害人接过水杯,拧开瓶盖时,却未将实情告诉被害人,被害人或者其他第三人也完全未意识到水杯中装有硫酸。因此,在实害结果实现的整个过程中,只有被告人自己知道实情,被害人和其他第三人并未意识到危险,被告人完全将正在发生的因果流程控制在自己手中,因此,被告人对被害人伤害结果发生具有支配性。

最后,需要考虑被害人是否应自我答责。本案中,因是被害人自己接过水杯,拧开瓶盖后将硫酸倒在自己身上,那是否应由被害人自我答责呢?在应该由被害人自我答责的情形中,被害人应具有认识导致结果发生的危险和阻止

---

〔6〕[日]西田典之:《日本刑法总论》,刘明祥、王昭武译,中国人民大学出版社2007年版,第94页。

危险现实化(变成结果)的能力。认识能力和控制能力是自我决定的前提,如果被害人没有能力认识导致结果发生的危险和阻止危险现实化的能力,被害人就不可能自我决定与结果的发生相关联的行为,也就不能对损害结果的发生承担责任。[7]

而在本案中,被害人完全未意识到水杯中装有硫酸,被害人没有能力认识到导致结果发生的危险,被害人缺乏自我决定的条件。并且在被害人面临实质的、具体的危险时,被告人始终未提醒被害人水杯中装有硫酸并阻止被害人将硫酸倒在自己身上。在伤害结果实现的过程中,被告人将被害人工具化了,通过不知情的被告人将硫酸倒在了被告人身上,对于由此而产生的损害结果,也要由被告人承担完全的责任。因此,在被告人的先行行为具有引起损害结果的潜在风险时,虽然介入了被害人自己的行为,但因被害人被工具化,缺乏自己决定的能力,该介入因素并未形成新的危险,因此所引起的损害结果归责于被告人。

(杨海强)

〔7〕 冯军:《刑法中的自我答责》,载《中国法学》2006年第3期。

陈某某投放危险物质案

介入因素与刑法因果关系的认定

案情介绍

被告人陈某某与被害人陆某某是邻居，因为修路以及其他琐事两人相互争吵、谩骂，被告人对被害人产生恨意，伺机报复。某日晚9时许，被告人找来自家一瓶甲胺磷农药，使用一支一次性注射器，从中抽取了半针筒农药，然后悄悄来到被害人家门前的丝瓜棚，在多条丝瓜中注入了农药。次日晚，被害人和其外孙女黄某某采摘了该注有农药的丝瓜，在食用之后发生了上吐下泻的中毒症状。经抢救，黄某某脱离生命危险。但被害人陆某某由于甲胺磷农药中毒引发糖尿病高渗性昏迷低钾血症，当地医院没有对此正确诊断，当成糖尿病和高血压症做了治疗，次日早晨被害人因抢救无效而死亡。一审法院认为，本案中有机磷中毒诱发糖尿病高渗性昏迷低钾血症，两种因素共同引起了被害人死亡；若先前没有被告人的投毒行为，则被害人死亡结果便不会发生，辩护人主张被告人投放甲胺磷农药不必然导致被害人死亡，该辩护理由不能成立。据此认定被告人成立投放危险物质罪，判处死刑缓期二年执行，剥夺政治权利终身。二审法院核准了一审判决。[1]

理论争议

关于被告人陈某某的投毒行为与被害人陆某某的死亡之间是否存在因果关系，有以下两种观点。

一种观点认为，被害人陆某某自身患有糖尿病，正是因为陆某某患有这一疾病，才导致在食用有毒丝瓜后诱发高渗性昏迷低钾血症，而且陆某某因中毒昏迷被送往医院救治后，院方未能正确诊断出病因，仅以糖尿病和高血压病症

---

〔1〕 案例来源：最高人民法院刑事审判庭编：《刑事审判参考》（总第36集），法律出版社2004年版，第1～10页。

进行救治,结果导致陆某某因抢救无效于次日死亡。被害人自身患有疾病,医院又救治不当,被告人陈某某的投毒行为并不必然导致被害人死亡的结果。

另一种观点认为,虽然被害人自身患有疾病,医院又救治不当,但被害人系因有机磷中毒诱发高渗性昏迷,在两种因素共同作用下死亡,没有被告人的投毒行为在先,就不会有被害人死亡结果的发生。

■ 法理分析

[I] 最高人民法院审判指导案例中有关介入因素下因果关系认定的分析

刑法所关注的因果关系,其目的是确定危害社会的后果是由谁的行为所引起的,从而为追究刑事责任提供客观基础。因果关系所关注的是,当某一危害结果发生时,行为人的行为对结果是否起了作用,起了多大作用,行为人应承担多大的责任。

最高人民法院刑事审判指导案例第 477 号王国全抢劫案、刑事指导案例第 201 号穆志祥案、指导案例第 434 号赵金明等故意伤害案介绍了在介入因素的情形下如何认定因果关系。最高人民法院并未盲目采纳在我国居于通说地位的偶然必然因果关系,而是注意到刑法因果关系的特殊性,从归责的目的出发,进行归因,采用了事实因果关系和法律因果关系的分析框架。其中法律因果关系的判断是关键,而判断的标准则是原因说。最高人民法院虽然在有的案件中认可原因说的观点,但原因说有其缺陷。原因说从多个条件中只选出一个作为原因,不但是极其困难的,而且未必是实际的。这样原因说很难提供认定原因和条件的具体的、可操作性的标准。而最高人民法院在指导案例第 294 号龚晓案和第 276 号陈某某案中则旗帜鲜明、清晰明了地采纳相当因果关系理论。这些指导案例认为,在存在介入因素的情况下,要判断介入因素是否对因果关系的处理产生阻却影响时,一般是通过是否具有"相当性"的判断加以确定的,在"相当性"的具体判断中需要从以下三个方面进行:(1)最早出现的行为导致结果发生的概率的高低。(2)介入因素的异常性大小。(3)介入因素对结果发生的影响力。如果介入行为与此前行为对于结果发生作用相当或互为条件的,均应视为原因行为,同时成立因果关系。上述三个方面由日本学者前田雅英教授提出,近年来我国学者多有借鉴。其目的是对"相当性"进行具体判断,从而考察因果经过相当与否。而这正是德日相当原因说的观点。其认为按照我们社会生活上的经验,通常认为从某行为中发生某结果是一般的、相当的时候,就承认因果关系。[2] 只要属于经验法则上罕见的情况、通常不可能出现的情况,均不得予以考虑因果关系。从陈某某案以及龚晓案的裁判理由中,可以提炼出这样的裁判规则:在先前行为引起危害结果发生可能性较大的情况下,若介入因素并非异常,且对最终结果的产生所起作用较小的,介入因素不能断绝先前行为和最终结果之间的因果关系。

具体到陈某某一案中,本案的裁判要旨重点论证了医生的不当治疗行为是否异常、罕见。为此,裁判要旨从三个方面展开论述:首先,糖尿病高渗性昏迷低钾血症一般是由于某种外在因素而诱发,属于一种比较罕见的疾病,一旦被诱发,正确诊断的难度通常很大。在本案中,被告人的投毒行为诱发被害人患上该种疾病,被害人在送医救治过程中,很难避免发生医院诊治失误。其次,本案中被告人投放的毒药剂量不算大,共计半针筒甲胺磷农药,而且注射到数根丝瓜之中,被害人误食了含有毒药的丝瓜之后,没有表现出十分强烈的中毒症状,医院正确诊断病因的难度便增加了。再次,本案中对被害人进行救治的是当地的镇医院,这一级别的医院其治疗水平和条件是很有限的。总而言之,被告人的投毒行为存在引起被害人死亡的较大可能性,介入医院诊断失误这种情况不算异常,而且该介入因素对死亡结果产生的作用力较小,所以被告人的行为具有结果的可归责性,其要对被害人的死亡负责。

指导案例的要旨从三个方面着重分析了医生的不当治疗行为是否异常、罕见,是否可以考虑因果关系。该裁判要旨不但直击司法实务中的核心问题、疑难问题,而且在介入因素是否异常这一问题的认定上,基本形成了统一的认定方法和裁判规则,提出了相对合理、明确、具体的认定规则,展现了司法者的智慧,供以后的司法者借鉴、参照。这利于培养司法人员正确统一的法律思维模式和裁判方法,而且能够对自由裁量权予以必要的规范和限制。[3] 但裁判要旨在判断介入因素是否中断因果关系、实行行为危险性是否现实化方面,尚缺乏对投放毒物行为对死亡结果发生可能性的大小、医生不当诊断行为对死亡结果作用力程度的深入说明。

Ⅱ 被告人陈某某投放毒物行为对被害人死亡结果发生可能性大小的分析

一个实行行为不但创设了能直接导致结果发生的物理性风险,也能通过

〔2〕 [日]大塚仁:《刑法概说(总论)》,冯军译,中国人民大学出版社2003年版,第162页。

〔3〕 陈兴良、张军、胡云腾主编:《人民法院刑事指导案例裁判要旨通纂》,北京大学出版社2013年版,"序言"第3页。

诱发某种风险的方式促成法益损害结果发生。[4] 在本案中，被告人陈某某投放毒物行为产生了物理性风险，即被害人陆某某食物中毒并引发糖尿病高渗性昏迷低钾血症。但被告人陈某某投放毒物行为是否具有致死性风险呢？在该件中，被害人陆某某和其外孙女黄某某都吃了被投毒的丝瓜，两人均食物中毒，但孙女黄某某被抢救过来而陆某某反因误诊而中毒死亡。由此可见，陈某某投放的危险物品未必达到足以导致他人中毒死亡的剂量。亦即，投毒行为单独就能导致死亡结果的可能性不高，而是必须与被害人的特殊体质或者医疗过失相结合，才能最终促成被害人的死亡结果。

但在该案中，被害人陆某某食物中毒并引发糖尿病高渗性昏迷低钾血症后，由于当地医疗水平低、糖尿病高渗性昏迷低钾血症比较难诊断等原因，发生医疗失误的可能性较高，因此，陈某某投放危险物质引发被害人身体中毒后被误诊的概率很高，亦即，其投毒行为也创设了诱发医生医疗失误的间接的危险，通过诱发这种间接风险的方式导致被害人死亡结果的发生。因此，在判断被告人陈某某投放毒物行为对被害人死亡结果发生可能性大小时，不但要看投毒行为单独导致被害人死亡结果的可能性大小，而是要综合投毒行为直接导致被害人死亡的可能以及通过诱发医生误诊促成被害人死亡结果发生的可能。综上，应该认为被告人陈某某投放毒物行为对被害人死亡结果发生可能性很大。

那么如何判断该介入行为是由实行行为所诱发的呢？一方面，介入行为与实行行为之间应当存在关联性，尽管介入因素对于结果发生存在直接影响力，但是实行行为本身内含引发介入因素的危险性。另一方面，要求存在介入因素的通常性，或者说该介入因素的出现不是特别异常的。[5] 实行行为通常会引发介入因素的出现，如何判断这里的通常性，不能只局限于是否经常发生这种情况这种事实性的、盖然性的角度，也要从与实行行为的关联性角度作出相对判断。[6] 因此，在判断介入行为是否由实行行为所诱发时，介入行为与实行行为的关联性非常重要。而上述陈某某投毒一案的裁判要旨的分析有助于理解该问题。该裁判要旨详细论证了在陈某某投毒后介入医院诊断失误这种情况是否算异常的问题。而在该裁判要旨的论证中，我们也可以看到陈某某的投毒行为本身是否内含引发介入因素的危险性。如该裁判要旨认为糖尿

〔4〕 蒋太珂：《危险现实化评价的类型构造》，载《中外法学》2020 年第 2 期。

〔5〕 孙运梁：《危险的现实化理论在我国的司法运用》，载《国家检察官学院学报》2020 年第 1 期。

〔6〕 [日]桥爪隆：《作为危险之现实化的因果关系》，王昭武译，载《苏州大学学报(法学版)》2015 年第 1 期。

病高渗性昏迷低钾血症属于一种比较罕见的疾病,一旦被诱发,正确诊断的难度通常很大。又如陈某某投放的毒药剂量不算大,被害人没有表现出十分强烈的中毒症状,医院正确诊断病因的难度便增加了。从这些论证中可以发现,陈某某的投毒行为内含着引发医生误诊的危险性。

最后,需要考虑的是,医生误诊是否中断因果关系。在先行为的危险进程与介入因素创设的危险进程在各自发展过程中可能形成复杂的相互关系:一是有可能在先行为的危险实现进程排斥介入因素创设的危险实现进程而单独实现为结果,介入因素创设的危险没有实现。二是有可能在先行为的危险进程与介入因素创设的危险进程合并作用实现为结果,在先行为与介入因素共同促成了结果的实现。三是有可能在先行为危险实现进程被介入因素创设的危险实现进程所完全替代,在先行为的危险进程并未实现为结果。而只要在先行为的危险进程持续发生影响,如上述第二种情形,即便在先行为只是对结果发生起部分作用,是与介入因素合并促成结果的实现,亦应认为在先行为危险并未被介入因素创设的新危险所替代,而是实现为结果,介入因素仍不能中断因果关系,结果归责仍然成立。〔7〕 本案中,陈某某的投毒行为和医生的误诊行为共同促成被害人死亡的结果,在先行为的危险进程与介入因素创设的危险进程合并作用实现为结果,甚至可以说陈某某的投毒行为在很大程度上诱发了医生的误诊行为,医生对其误诊行为也不存在严重的过失,因此,医生的误诊并未中断因果关系,被害人的死亡应归于陈某某的投毒行为。

(杨海强)

〔7〕 陈璇:《论主客观归责间的界限与因果流程的偏离》,载《法学家》2014 年第 6 期。

胡某盗窃比特币案

比特币盗窃案中犯罪数额的认定

案情介绍

2014年6月8日8时许，被告人胡某利用非法获取的邮箱数据库，登录被害人李某的邮箱，通过密码找回修改了被害人李某的火币网密码。2014年6月8日23时许至6月9日5时许，被告人胡某在江西省九江市环城路55号宇翼创想网吧内，使用VPN登录被害人李某的火币网账户，同时通过QQ远程操控自己家中已登录火币网账户的电脑，利用自动交易软件将被害人的火币网账户中的比特币交易设置为高买低卖，将自己控制的周某的账户中的比特币交易设置为低买高卖，并自动交易，以此方式窃取被害人账户中的资产。截止到交易停止时，被告人胡某从被害人李某账户中获利共计59,000余元，被害人李某损失共计245,000余元。[1]

理论争议

关于如何认定本案中的盗窃数额存在以下四种观点。

第一种观点认为"代币融资交易平台"交易数据作为虚拟货币犯罪数额认定依据。代币交易平台每天都会公布当日的比特币交易价格，其价值评估可以被盗时交易平台公布的交易价格为计算标准。若行为人盗窃比特币后并没有立即进行交易或是提现，那么便可以该交易平台当日公布的平均交易价格作为标准来计算盗窃数额。

第二种观点认为，加密数字货币的产生依赖于CPU的电力和时间消耗，设备运算能力对于加密数字货币的产生具有重要意义。对于通过挖矿而原始取得的比特币，应当以生产成本（获取比特币而投入的矿机、电力、人工等挖矿成本）作为犯罪数额的认定标准。

---

〔1〕 案例来源：(2015)东刑初字第1252号，本文对该判决书作了细微修改。

第三种观点认为,销赃数额可视为犯罪人的非法获利,司法实践中有以销赃数额作为盗窃数额的案例,以窃取比特币后的销赃价格认定犯罪数额。

第四种观点认为,数额难以认定的,可以委托第三方机构进行估价。

■ 法理分析

1 比特币是否属于刑法中财物的分析

2017 年 9 月 4 日的《关于防范代币发行融资风险的公告》规定,"代币发行融资中使用的代币或'虚拟货币'不由货币当局发行,不具有法偿性与强制性等货币属性,不具有与货币等同的法律地位,不能也不应作为货币在市场上流通使用。"2021 年 9 月 15 日《关于进一步防范和处置虚拟货币炒作风险的通知》规定,"虚拟货币不具有与法定货币等同的法律地位。比特币、以太币、泰达币等虚拟货币具有非货币当局发行、使用加密技术及分布式账户或类似技术、以数字化形式存在等主要特点,不具有法偿性,不应且不能作为货币在市场上流通使用"。但 2013 年中国人民银行等五部委发布的《关于防范比特币风险的通知》规定,"从性质上看,比特币是一种特定的虚拟商品,不具有与货币等同的法律地位,不能且不应作为货币在市场上流通使用。但是,比特币交易作为一种互联网上的商品买卖行为,普通民众在自担风险的前提下拥有参与的自由"。因此,虽然虚拟币不是法定货币,但虚拟币是一种特定的虚拟商品,具有价值与交换价值,只不过不具有有形的外观。比特币是一种数字资产,其所具有的价值性显而易见,而其流通性的具备则经历了一个发展的过程。2010 年 10 月,就利用计算机窃取他人游戏币非法销售获利如何定罪的问题,最高人民法院研究室意见认为:利用计算机窃取他人游戏币非法销售获利行为目前宜以非法获取计算机信息系统数据罪定罪处罚。该意见虽不是司法解释,但足以体现当时最高人民法院的倾向性观点。当时,比特币的稳定交易市场尚未形成,电磁属性更加明显,作为"财物"的属性是弱化的。关于盗取比特币行为的定性,当时司法实践中多以非法获取计算机信息系统数据罪认定。然而,时代在发展,2014 年以后交易市场逐步形成。当比特币具有较强的专属流通性,它的财物属性进一步显现。[2] 综上,比特币具有价值性和专属流通性,比特币属于刑法中的财物。

---

〔2〕 陈罗兰:《虚拟财产的刑法意义》,载《法学》2021 年第 11 期。

Ⅱ 现有比特币犯罪数额认定方式的问题分析

盗窃罪属于典型的财产犯罪,其社会危害性主要取决于犯罪数额的多少,如果无法认定比特币的数额,那么将盗窃比特币的行为认定为盗窃罪就缺乏司法实践的可行性。现有理论及司法实务中存在多种比特币犯罪数额认定方式。但单一的比特币犯罪数额认定方式存在一些问题。

对于将“代币融资交易平台”交易数据作为虚拟货币犯罪数额认定的方案,当前虚拟货币交易平台众多,交易平台全天候发布虚拟货币当日的成交价格、成交额等相关信息,以哪一个虚拟货币交易平台何时发布的成交价格为准,这是确定虚拟货币犯罪数额的难题。另外,2017 年 9 月 4 日中国人民银行等七部委联合下发的《关于防范代币发行融资风险的公告》将利用比特币实施 ICO 融资活动界定为一种“一种未经批准非法公开融资的行为”,并且在全国范围内全面禁止法定货币与比特币之间以及比特币等数字货币相互之间的兑换业务,自此,虚拟货币交易平台在我国是非法存在,在国内市场已无合法途径获得虚拟货币的市场价值。在这种情况下,通过交易数据认定虚拟货币的犯罪数额变得更加困难。

对于虚拟货币生产成本计算的方案,通常要综合考虑挖矿设备成本、设备折旧成本、电费成本、时间成本、人力成本等多重因素,该种观点实际操作困难。一方面,时间成本、人力成本难以量化。另一方面,挖矿行为发生于计算机信息系统运行期间,其行为与计算机正常使用时间重叠,难以准确计量因挖矿产生的额外电费支出。而 CPU、GPU 虽均有损耗寿命,但没有相应的技术可以测量硬件的损耗程度,也难以论证硬件的损毁与挖矿行为的因果关系。〔3〕

对于以销赃价格作为评估标准的方案,虽然销赃数额可视为犯罪人的非法获利,但是这不必然等同于被害人的财产损失。一方面,因为实践中并非所有的财产犯罪均有销赃环节;另一方面,犯罪人为了尽快将所盗财产变现,使销赃数额往往低于财产的实际市场价格。据此,销赃价格亦不能客观评估比特币的价值。〔4〕

---

〔3〕 林胜超、林海珍:《非法转移加密数字货币的刑法规制》,载《中国检察官》2021 年第 18 期。

〔4〕 王熠珏:《比特币的性质界定与刑法应对》,载《科学 · 经济 · 社会》2018 年第 3 期。

Ⅲ 比特币犯罪数额认定的综合方案

1. 若被告人将比特币兑换为外币,有平台交易价格的,以转移加密数字货币时的平台交易价认定

最高人民法院、最高人民检察院《关于办理盗窃刑事案件适用法律问题的解释》第4条第1项规定,“(一)被盗财物有有效价格证明的,根据有效价格证明认定;无有效价格证明,或者根据价格证明认定盗窃数额明显不合理的,应当按照有关规定委托估价机构估价”。因此,在认定比特币的价值时,应该首先考虑比特币交易平台的价格。虽然自2017年9月起,国家监管层已经不允许比特币场内交易,比特币好像已经没有了所谓的“市场价格”。虽然场内交易停止,但是场外交易还在进行,在国际上,比特币较为稳定的交易市场已经逐步形成,比特币形成了相对稳定的交易价格。从国际上来看,比特币仍然可以被兑换为美元、欧元、日元等外币,这种可兑换性构成了比特币等数字货币的交换价值的基础。如果犯罪人盗窃比特币后并将其兑换为外币,可以参照人民币对该种外币的兑换汇率确定犯罪数额。

在如何筛选交易平台上,尽管场内交易已被监管层叫停,但比特币的市场价格可以参考国外大型交易平台的成交价。这些国外大型交易平台包括亚洲的火币网、币安网、OKEX,欧洲的Kraken、Bitstamp、HitBTC,美洲的Coinbase、Poloniex、Bittrex等。除这些国外大型交易平台外,Coinmarketcap、MYTOKEN等网站可以通过对各个交易所的交易量、实时成交价格加权平均后得出比特币的价格。

在确定交易平台发布虚拟货币成交价格的时间点上,加密数字货币的价格变动类似于股票,存在价值的波动,对犯罪数额以犯罪时的财产价值认定为宜。《关于办理受贿刑事案件适用法律若干问题的意见》第2条规定,“受贿数额按转让行为时股份价值计算”。因此,参考司法解释将收受股票的受贿案件的计算股份价值的时间确定为“转让行为时”,非法转移加密数字货币的犯罪数额宜优先以行为人转移行为发生时的价格来计算。既符合司法解释精神,又能体现出行为人犯罪行为的罪责。因此,对于存在平台交易价格的,应以非法转移时该交易平台公布的交易价格为犯罪数额的认定标准。[5] 没有案发时交易价格的,可以考虑以国外大型交易平台当日公布的平均价格为标准。

---

〔5〕 林胜超、林海珍:《非法转移加密数字货币的刑法规制》,载《中国检察官》2021年第18期。

2. 若无平台交易价格的，以被害人购入价或者兑换的实物价计算

2013年3月18日“两高”发布的《关于办理盗窃刑事案件适用法律若干问题的解释》第4条第1项规定，被盗财物有有效价格证明的，根据有效价格证明认定。被害人若不是通过虚拟货币交易平台获得比特币，而是通过其他交易方式购入比特币，那么若该种交易方式如果存在交易记录，则交易记录中所载的交易价格比较明确，以此确定比特币的价格相对客观可行。而且现实中还存在被害人以产品或服务换取比特币的情形，对于这种情况一般应当充分考量产品或服务的公允价格。同时，将案发时比特币众多交易平台所发布价格的平均值与换入时的产品和服务价格进行比对，适当考量其可期待利益和损失。〔6〕

3. 若未兑换为外币或实物的，以行为人遭受的实际损失确定犯罪数额

最高人民法院、最高人民检察院《关于办理盗窃刑事案件适用法律若干问题的解释》第5条第2项规定，“盗窃记名的有价支付凭证、有价证券、有价票证，已经兑现的，按照兑现部分的财物价值计算盗窃数额；没有兑现，但失主无法通过挂失、补领、补办手续等方式避免损失的，按照给失主造成的实际损失计算盗窃数额。”若行为人仅仅将数字货币转移至本人控制的数字货币账户中，没有将其兑换为外币或实物的，则可以考虑参照“两高”《关于办理盗窃刑事案件适用法律若干问题的解释》第5条第2项的规定，以行为人遭受的实际损失确定犯罪数额。此时可以参考虚拟货币生产成本计算的方案，综合考虑挖矿设备成本、设备折旧成本、电费成本、时间成本、人力成本等多重因素，确定被害人损失的数额。同时需要参考案发时比特币众多交易平台所发布价格的平均值，适当考量其可期待利益和损失。

4. 同时考量存疑有利于被告的原则

存疑有利于被告，是确定案件事实的基本原则之一，需要特别明确的是，有时候虚拟财产的法益数额难以认定，或者有多个数额高低不同的结果，应该予以重点把握。首先，在刑事司法中有着“疑罪从无”和“无罪推定”的重要原则。因此，在通过以上方案获得的价格仍然存在疑问时，应本着有利于被告人的原则认定犯罪数额。其次，虽然比特币是一种特殊的商品，具有价值和使用价值，但其流通性或者说商品属性在现实世界中仍然有限，和其他普通商品仍存在一定区别，尤其是我国自2017年开始比特币的场内交易不再具有合法性，其流通性会受到进一步的影响。最后，比特币的流通性或者说商品属性在

〔6〕 王卫、南庆贺：《论盗窃比特币的行为性质》，载《西部法学评论》2018年第5期。

现实世界中仍然有限,更多是在某部分人、某行业中进行流通,价值仍缺乏普遍认可性,因此,其交易价格极为动荡,有可能存在一日之内涨跌几倍的极端情况,其交易机制及交易价格仍未完全处于稳定阶段。

(杨海强)

于某某正当防卫案

特殊防卫中“行凶”“正在进行”的认定

案情介绍

2018年8月27日21时30分许,于某某骑自行车在江苏省昆山市震川路正常行驶,刘某醉酒驾驶小轿车(经检测,血液酒精含量87mg/100ml),向右强行闯入非机动车道,与于某某险些碰擦。刘某的一名同车人员下车与于某某争执,经同行人员劝解返回时,刘某突然下车,上前推搡、踢打于某某。虽经劝解,刘某仍持续追打,并从轿车内取出一把砍刀(系管制刀具),连续用刀面击打于某某颈部、腰部、腿部。刘某在击打过程中将砍刀甩脱,于某某抢到砍刀,刘某上前争夺,在争夺中于某某捅刺刘某的腹部、臀部,砍击其右胸、左肩、左肘。刘某受伤后跑向轿车,于某某继续追砍2刀均未砍中,其中1刀砍中轿车。刘某跑离轿车,于某某返回轿车,将车内刘某的手机取出放入自己口袋。民警到达现场后,于某某将手机和砍刀交给处警民警(于某某称,拿走刘某的手机是为了防止对方打电话召集人员报复)。刘某逃离后,倒在附近绿化带内,后经送医抢救无效,因腹部大静脉等破裂致失血性休克于当日死亡。经人身检查,于某某左颈部条形挫伤1处、左胸季肋部条形挫伤1处。

8月27日当晚,公安机关以“于某某故意伤害案”立案侦查,8月31日公安机关查明了本案的全部事实。9月1日,江苏省昆山市公安局根据侦查查明的事实,依据《刑法》第20条第3款的规定,认定于某某的行为属于正当防卫,不负刑事责任,决定依法撤销于某某故意伤害案。其间,公安机关依据相关规定,听取了检察机关的意见,昆山市人民检察院同意公安机关的撤销案件决定。[1]

---

〔1〕 案例来源:最高人民检察院指导性案例(检例第47号)。

■ 理论争议

关于于某某的行为是否属于正当防卫,存在以下两种观点。

第一种观点认为,刘某仅使用刀面击打于某某,犯罪故意的具体内容不确定,不宜认定为《刑法》第20条第3款意义上的行凶。即便认为存在行凶的可能性,当刘某砍刀甩落在地,于某某抢到砍刀后,刘某已经无法继续实施加害行为,其侵害行为已经结束,于某某在此前提下砍刺刘某致其死亡,不属于针对正在进行的不法侵害实施的正当防卫行为。

第二种观点认为,对行凶的认定,应当以"严重危及人身安全的暴力犯罪"作为把握的标准。刘某开始阶段的推搡、踢打行为不属于"行凶",但从持砍刀击打后,行为性质已经升级为暴力犯罪。刘某攻击行为凶狠,所持凶器可轻易致人死伤,随着事态发展,接下来会造成什么样的损害后果难以预料,于某某的人身安全处于现实的、急迫的和严重的危险之下。刘某具体抱持杀人的故意还是伤害的故意不确定,正是行凶行为的特征,而不是认定的障碍。因此,刘某的行为符合"行凶"的认定标准,应当认定为"行凶"。而就"正在进行"的判断而言,当不法侵害开始以后,应看侵害人是否已经实质性脱离现场以及是否还有继续攻击或再次发动攻击的可能。于某某抢到砍刀后,刘某立刻上前争夺,侵害行为没有停止,刘某受伤后又立刻跑向之前藏匿砍刀的汽车,于某某此时作不间断的追击也符合防卫的需要。于某某追砍两刀均未砍中,刘某从汽车旁边跑开后,于某某也未再追击。因此,在于某某抢得砍刀顺势反击时,刘某既未放弃攻击行为也未实质性脱离现场,不能认为侵害行为已经停止,于某某之后实施的行为仍然成立正当防卫。

■ 法理分析

上述争议焦点有两个:一是如何理解《刑法》第20条第3款规定的"行凶";二是如何理解该款规定的"正在进行"。

1 对于行凶的理解

对于立法者使用的"行凶"一词,刑法学界历来不乏批判之声,认为该表述系日常生活用语,"严格来说并非规范意义上的法律概念",[2]将其规定在《刑法》中,有损法律用语的严肃性与规范性。就司法适用层面而言,由于"行

---

〔2〕 参见贾宇主编:《刑法学》(上册·总论),高等教育出版社2019年版,第199页。

凶"一词本身所具有的模糊性,无法为某行为是否属于特殊防卫意义上的不法侵害行为提供准确的指引,由此可能导致司法适用出现不统一的现象。显然,由于我国《刑法》分则并未规定行凶罪,行凶并非指代某一特定罪名,而只能被理解为一种犯罪手段。在刑法学界,关于如何理解行凶的含义,至少存在暴力说、重伤死亡说、故意伤害说与犯意不明说等四种理解。[3] 正是考虑到理论上未达成共识,无法为司法实践提供统一的司法指引,最高人民检察院在"于某某正当防卫案"的指导意见中明确指出:"'行凶'是认定的难点,对此应当把握以下两点:一是必须是暴力犯罪,对于非暴力犯罪或一般暴力行为,不能认定为行凶;二是必须严重危及人身安全,即对人的生命、健康构成严重危险。在具体案件中,有些暴力行为的主观故意尚未通过客观行为明确表现出来,或者行为人本身就是持概括故意予以实施,这类行为的故意内容虽不确定,但已表现出多种故意的可能,其中只要有现实可能造成他人重伤或死亡的,均应当认定为'行凶'。"[4]

就《刑法》第 20 条第 3 款的规定而言,"行凶、杀人、抢劫、强奸、绑架以及其他严重危及人身安全的暴力犯罪"这一立法表述显然采用了兜底性的立法技术。在理解兜底条款时,需要遵循同类解释规则。所谓同类解释规则,是指立法机关为了扩大条款的适用范围,而在具体用语后面追加了概括用语,在解释该概括用语指涉的事项时,应当将其限定在和具体用语所指事项具有相同类属(genus)的范围之内。[5] 在立法用语不明确的场合,同类解释规则作为一种构建性的解释规则,旨在帮助阐明立法条文的规范保护目的。[6] 根据同类解释规则的要求,在解释"行凶"一词的含义时,必须要能够体现"严重危及人身安全的暴力犯罪"这一概括用语的要求。同时,也必须考虑第 20 条第 3 款的规范保护目的。对此,立法机关指出,1997 年《刑法》之所以增加第 20 条第 3 款的规定,主要是为了"保护被害人利益,鼓励公民见义勇为,敢于与犯罪

---

〔3〕 参见马登民、王东主编:《新刑法精解与适用》,南开大学出版社 1997 年版,第 32 页;贾宇主编:《刑法学》(上册 · 总论),高等教育出版社 2019 年版,第 199 页;刘艳红:《刑法第 20 条第 3 款"行凶"一词的理论考察》,载《法学评论》2000 年第 6 期;屈学武:《正在行凶与无过当防卫权》,载《刑事法判解》2000 年第 1 期。

〔4〕 最高人民检察院指导性案例(检例第 47 号)。

〔5〕 Donald MacKay, *The Ejusdem Generis Principle of Interpretation*, 90 Central Law Journal 285 (1920).

〔6〕 George A. Dietz, *Statutory Construction: Ejusdem Generis Versus Legislative Intent*, 3 University of Florida Law Review 258 (1950).

作斗争,制止犯罪”。[7] 正是在这一立法目的指引下,立法者除明确规定了“杀人、抢劫、强奸、绑架”外,还额外使用了“行凶”一词。之所以这么处理,是因为“被侵害人面临正在进行的暴力侵害,很难辨认侵害人的目的和侵害的程度,也很难掌握实行防卫行为的强度,如果对此规定得太严,就会束缚被侵害人的手脚,妨碍其与犯罪作斗争的勇气,不利于公民运用法律武器保护自身的合法权益”。[8] 同时,为了确保特殊防卫权不被滥用,维护不法侵害人的合法权益,立法者又专门使用了“严重危及人身安全的暴力犯罪”加以限定。可见,立法者之所以使用“行凶”这一表述,主要目的即在于鼓励公民勇于实施正当防卫,该用语的宣告对象首先是普通民众,其生活用语的特点,正是便于民众理解。也就是说,“行凶”一词的模糊性恰恰是立法者有意为之,是站在防卫人的角度进行的规定,意在赋予民众较为宽泛的特殊防卫空间。正因如此,防卫人无须确切了解不法侵害人的真实意图,只需能够切实感知重大人身安全已经遭受现实威胁即可。这种做法也可以对不法侵害人产生足够的震慑力,使其不敢轻易实施暴力犯罪。就此而言,行凶指代的是除杀人、抢劫、强奸、绑架以外,足以危及被害人重大身体健康及生命安全的暴力犯罪。由此可见,在“行凶”一词的理解上,重伤死亡说的观点较为妥当,该说实际上为主流通说。前引最高人民检察院在检例第 47 号中的意见,实际上也同样持该理解。

具体到本案而言,刘某一开始对于某某实施推搡、踢打,此类行为尚不足以危及于某某的重大人身安全,但刘某嗣后持砍刀连续砍向于某某颈部、腰部、腿部等部位,已经足以使人产生重大人身安全遭受现实威胁的感知。尽管在本案中,刘某在挥砍时使用的是刀面而非刀刃,且似乎有意凌空虚砍,不排除其可能只是想威吓于某某,然而,对于正在遭受砍击的于某某而言,其在当时并无准确把握刘某真实想法的义务,只要他当时已经切实感知到刘某正在对其行凶,就可以对刘某实施特殊防卫。就此而言,最高人民检察院在检例第 47 号的论证理由中认为,“刘某攻击行为凶狠,所持凶器可轻易致人死伤,随着事态发展,接下来会造成什么样的损害后果难以预料,于某某的人身安全处于现实的、急迫的和严重的危险之下。刘某具体抱持杀人的故意还是伤害的故意不确定,正是许多行凶行为的特征,而不是认定的障碍”,[9] 这种分析实

---

[7] 王爱立主编:《中华人民共和国刑法条文说明、立法理由及相关规定》,北京大学出版社 2021 年版,第 52 页。

[8] 王爱立主编:《中华人民共和国刑法条文说明、立法理由及相关规定》,北京大学出版社 2021 年版,第 50 页。

[9] 最高人民检察院指导性案例(检例第 47 号)。

际上并不全面。这是因为,该分析强调的是在客观上,刘某的行为已经对于某某的重大人身安全造成了“现实的、急迫的和严重的”威胁,但是,刘某的虚砍行为实际上还存在威吓于某某,以使其屈服、逃跑的可能性,这就很难说在客观上真的存在现实威胁。然而,如上所述,由于立法者是站在防卫者的角度进行的规定,其强调防卫者仅需客观感知受到现实威胁就可以实施特殊防卫。换言之,只要不法侵害人实施的行为在客观上看起来是在行凶,足以使一般人产生正在行凶的认识即可,而无须过于纠结该行凶是否客观真实。由此可能存在的防卫人的误判风险,应当由不法侵害人承担。对此,我国有学者明确指出防卫人在特定情况下享有误判特权。〔10〕

例如,甲在争吵过程中忽然持枪瞄准乙,声称已经打开枪支保险装置,并扬言要开枪打死乙。实际上,甲只是想以此逼迫乙放弃争吵,其并未真正打开保险装置。未料乙信以为真,趁甲一时不备,将站在阳台上的甲推落在地,甲坠亡。在该案中,如果从客观来看,乙的生命安全并未遭受真正威胁,但不能因此将乙的行为认定为假想防卫。在当时情况下,乙没有义务核实真实情况,不可能被要求甘冒生命危险进行核查。对乙而言,甲的行为已经使其感知到了死亡威胁,即甲的行为应被评价为杀人行为。乙将甲推落在地的行为成立特殊防卫。同理,在“于某某正当防卫案”中,站在于某某的角度,他已经感知到刘某的行为对他的重大人身安全造成了威胁,因而刘某的行为应当被评价为行凶。于某某出于自保而捡拾砍刀回击刘某的行为,即便刘某并不具有杀伤意图,也不应被评价为假想防卫,而应被评价为特殊防卫。

Ⅱ 对“正在进行”的理解

在“于某某正当防卫案”中,还存在另一个颇有争议的问题,即当于某某抢到刘某甩落在地的砍刀后,刘某的不法侵害是否已经结束。对此,一种观点认为刘某已不存在继续持刀进行伤害的可能,因而不法侵害已然结束。另一种观点则认为,不法侵害是否结束,应视侵害人是否已经实质性脱离现场以及是否还有继续攻击或者再次发动攻击的可能而定。对此,学界也认为,不法侵害是否结束,要看侵害人“是否存在再次侵害的可能性,只要侵害的危险没有排除,就可以实行防卫”〔11〕。据此,不能简单以砍刀被谁抢得作为判断不法侵

〔10〕 参见陈璇:《正当防卫中的“误判特权”及其边界》,载《中国法学》2019 年第 2 期。

〔11〕 陈兴良:《正当防卫如何才能避免沦为“僵尸条款”——以于欢故意伤害案一审判决为例的刑法教义学分析》,载《法学家》2017 年第 5 期。

害是否结束的标准。具体到本案案情来看,刘某的砍刀甩落后,双方都朝砍刀掉落的位置跑去,只不过是于某某抢得了砍刀。在这一短暂的抢刀过程中,看不出刘某有明显的放弃侵害的举动。在此情况下,于某某持刀砍刺刘某致其倒地的行为,就属于针对正在进行的不法侵害实施的特殊防卫行为。这也是检察机关认可的意见。可见,为检察机关认可的第二种意见,即于某某实施第一次砍刺行为时,刘某的不法侵害仍处于正在进行中,因此将于某某的反击行为评价为特殊防卫并无问题。

然而,当于某某将刘某连续砍刺多刀致其倒地后,刘某此时是否仍具有不法侵害的能力,最高人民检察院在其发布的案件论证理由中并未专门进行讨论,而仅一笔带过,认为"刘某受伤后又立刻跑向之前藏匿砍刀的汽车,于某某此时作不间断的追击也符合防卫的需要"。警方在事后调查时发现,刘某乘坐的私家车中并无其他管制刀具等,刘某向藏匿砍刀的汽车跑去,大概率是想躲进车里逃避于某某的持续追砍。而从事后的验尸报告来看,刘某在被于某某连续砍刺多刀后身负重伤,实际上已经丧失了继续实施不法侵害的能力。基于这一事实,即便不能认为刘某实质性脱离现场,也可以认为其没有继续实施攻击或再次发动攻击的可能。在这里,刘某站起来跑向私家车成为判断的关键。从案情来看,刘某之所以站起来逃,是因为当其倒地复又坐起来后,于某某的砍杀并未停止,其不可能坐以待毙。然而,刘某跑向私家车的举动虽是为了躲避砍杀,但在于某某看来,就存在着寻找其他凶器的可能性。如果坚持上文提及的防卫者拥有误判特权,则在于某某看来,刘某的行为仍存在再次发动攻击的可能,此时进行的追砍行为仍属于特殊防卫。从最高人民检察院发布的论证理由中,显然是将这一过程作了有利于于某某的整体性评价。但是,如果说将前面争夺砍刀的行为评价为不法侵害仍在进行尚可接受,将后面逃跑的行为也评价为不法侵害正在进行,且以误判特权为由宽泛地容忍防卫人认识错误的存在,却容易导致对不法侵害人合法权益的轻视。按照"实质性脱离现场"这一说法,只要放弃不法侵害的人在逃跑时被当场反杀,大概率就会被评价为侵害人当时尚未脱离现场,不法侵害仍在持续,防卫人不构成防卫过当。如此一来,事后防卫的存在空间势必会遭到极大压缩。

实际上,根据防卫人产生误认的原因不同,应区分为一般化误认与个别化误认。所谓一般化误认,是指根据案发当时的状况,具有通常认知水准的一般人都会作出不法侵害尚未结束的判断。由于该判断结论具有社会相当性,即使不法侵害人实际上放弃了继续侵害的意思,只要其没有将该意思通过言语或者行为表达于外部,也仍应评价为不法侵害尚未结束。与此不同,个别化误认是指案发当时不法侵害已明显停止,但被害人因自身情绪激动、恐惧、慌乱等个人原因导致误判,而继续对不法侵害人实施反击行为。对于这种个别化的误认,不应像一般化误认那样直接以不法侵害仍在持续为由认为反击行为成立正当防卫,而仍应将该行为评价为量的过当的事后防卫,具有刑事违法性。但是,这并不意味着被害人必然要对此承担刑事责任。对于这种情况,德国《刑法》第35条规定:“防卫人因慌乱、害怕或惊恐而防卫过当的,免除处罚”,并将其称为阻却责任的紧急防卫。该条所谓的不予处罚,实际上指的是因阻却责任而不作为犯罪处罚。对此,在1997年《刑法》修订过程中,也有学者建议增加类似规定,即“防卫人因激愤、恐惧或慌乱而防卫过当的,免除处罚”。对于该建议,立法者认为既有第2款关于防卫过当的“免除处罚”,已经可以适用于建议提出的情形,因而没有必要再对建议的情形作出专门规定。[12] 可见,对于个别化误认,即便我国《刑法》第20条并未像德国《刑法》第35条那样明确规定阻却责任的防卫过当,但第20条第2款的“免除处罚”规定依然为不予刑事处罚预留了空间。

当然,由于第20条第2款仅规定了“免除处罚”,而依然以应当承担刑事责任为前提,因而与德国《刑法》第35条的规定仍存在明显区别。对此,实际上可以按照超法规的责任阻却事由加以处理,不将个人因激愤、恐惧、慌乱等原因实施的反击行为认定为防卫过当。当然,如果被害人存在明显误认过错而欠缺责任阻却事由的,依然存在成立防卫过当的可能性。这种分情况处理的做法,既有利于恰当维护被害人的合法权益,也有利于妥当保护不法侵害人的合法权益。具体到“于某某正当防卫案”而言,由于从刘某跑向私家车的做法本身并没有制造法所不允许的危险,很难将其评价为不法侵害正在进行。至于于某某因担心刘某去车上寻找作案工具而继续追砍,虽然其担心情有可原,值得宽恕,但也仅属于可以免除罪责的量的防卫过当,而不属于排除防卫过当成立可能性的特殊防卫。

(马寅翔)

---

〔12〕 参见王爱立主编:《中华人民共和国刑法条文说明、立法理由及相关规定》,北京大学出版社2021年版,第52页。

周某某正当防卫不起诉案

特殊防卫中“人身安全”的认定

案情介绍

2018年9月23日19时许，许某某醉酒后驾驶电动三轮车路过许祠组农田时，遇见刚打完农药正要回家的妇女周某某，遂趁四周无人之机下车将周某某仰面推倒在稻田里，意图强行与周某某发生性关系。周某某用手乱抓、奋力反抗，将许某某头面部抓伤，并在纠缠、反抗过程中，用药水箱上连接的一根软管将许某某颈部缠绕住。许某某被勒住脖子后暂停侵害并站立起来，周某某为了防止其继续对自己实施强奸行为，一直站在许某某身后拽着软管控制其行动。

二人先后在稻田里、田埂上、许某某驾驶的三轮车上对峙。期间，许某某声称愿意停止侵害并送周某某回家，但未有进一步实际行动；周某某大声呼喊求救时，远处某养鸡场经营户邹某某听到声音，走出宿舍，使用头灯朝案发地方向照射，但未靠近查看，此外再无其他人员留意或靠近案发现场。

二人对峙将近两小时后，许某某下车，上身斜靠着车厢坐在田埂上，周某某也拽住软管下车继续控制许某某的行动，许某某提出软管勒得太紧、要求周某某将软管放松一些，周某某便将软管放松，许某某趁机采取用手推、用牙咬的方式想要挣脱软管。周某某担心许某某挣脱软管后会继续侵害自己，于是用嘴猛咬许某某手指、手背，同时用力向后拽拉软管及许某某后衣领。持续片刻后许某某身体突然前倾、趴在田埂土路上，周某某认为其可能是装死，仍用力拽拉软管数分钟，后见许某某身体不动、也不说话，遂拎着塑料桶离开现场。次日清晨，周某某在村干王某某的陪同下到现场察看，发现许某某已死亡，遂电话报警、自动投案。经鉴定，许某某系勒颈致窒息死亡。

2018年9月24日，周某某“投案自首”，9月28日枞阳县公安局以周某某涉嫌过失致人死亡罪提请批准逮捕，9月30日枞阳县人民检察院批准逮捕。同年11月28日，枞阳县公安局以周某某涉嫌过失致人死亡罪移送枞阳县人民检察院审查起诉。枞阳县人民检察院经审查认为，周某某的行为可能属于正当防卫，遂决定对其取保候审，并重点围绕是否构成正当防卫退回补充侦查、补强证据。经该院检察委员会研究认为，周某某对正在实施强奸的许某某采取防卫行为，造成不法侵害人许某某死亡，符合《刑法》第20条第3款的规定，依法不负刑事责任，于2019年6月25日决定对周某某不起诉。[1]

■ 理论争议

关于周某某的行为是否属于正当防卫，存在以下两种观点。

第一种观点认为，周某某的行为属于防卫过当，其用塑料软管勒住许某某脖颈致许某某晕厥，却在以为许某某是在装死的错误认识下仍用力拉拽软管，最终导致许某某死亡，应以过失致人死亡罪定罪处罚。主要理由是，《刑法》第20条第3款虽然将强奸作为实施特殊防卫的一种行为类型，但仍需要满足“严重危及人身安全”的要求，但并非所有的强奸都会严重危及人身安全。从本案案情来看，没有证据表明许某某为强奸周某某而实施了严重危及人身安全的暴力行为，本案不存在实施特殊防卫的前提条件，周某某的行为属于防卫过当，应当根据其过失的主观心态以过失致人死亡罪定罪量刑。

第二种观点认为，周某某的行为属于正当防卫，不构成犯罪。主要理由是：《刑法》第20条第3款所称的人身安全并非仅包括重大健康安全与生命安全，也包括性自决权等重大人身法益。在强奸犯罪中，严重危及人身安全的表现形式，就是违背女性的性自决权，强行与女性发生性关系，而不是要求危及重大健康安全或者生命安全。换言之，对强奸行为实行特殊防卫不要求侵害行为已经达到严重危及生命安全的程度，防卫人才可以实行特殊防卫。本案中，既然许某某意图强行与周某某发生性行为，已经构成严重危及人身安全的强奸行为，周某某对正在实施的强奸行为进行防御和反抗，致不法侵害人许某某死亡，符合《刑法》第20条第3款的规定，依法不负刑事责任。

■ 法理分析

上述争议焦点在于，如何理解《刑法》第20条第3款规定的人身安全的含义？第一种观点认为，第20条第3款规定的人身安全仅限于重大健康安全及生命安全；第二种观点则在承认这两种安全的基础上，进一步认为还应当包

〔1〕 案例来源：2020年11月27日最高人民检察院发布的6起“正当防卫不捕不诉典型案例”之案例五。

括性自决权等重大法益的安全。在该问题上,我国刑法理论通说实际上持第一种观点,认为在理解第3款所说的人身安全时,必须进行整体性把握,将其置于“严重危及人身安全的暴力犯罪”这一完整的立法表述中进行理解,人身安全的范围由此被限定为通过暴力行为能够导致的重大身体健康安全与生命安全。据此,那些采用隐蔽性、非暴力手段实施的杀人、抢劫、强奸、绑架等犯罪,就不属于特殊防卫的范围,对其进行防卫就存在防卫过当的可能性。例如,对于以投毒方式杀人、以麻醉方式抢劫等行为,就不得实施特殊防卫。〔2〕对于通说的这种理解,新近有观点提出了异议,认为“无论杀人、抢劫、强奸、绑架等犯罪行为在具体个案中表现为何种形式,只要认定了行为的着手和性质,就意味着对个人的生命、身体、性的自我决定权等涉及人身安全的重大法益的威胁已经迫在眉睫。对此,已经无需再进行任何具体判断……只要不法侵害的行为性质能够被认定为立法者明示的杀人、抢劫、强奸、绑架等暴力犯罪,则防卫行为致使不法侵害人伤亡,均不过当”。〔3〕在该观点看来,强奸罪本身即暴力犯罪,该暴力犯罪侵害的又是性自决权这一重大人身法益,因而满足《刑法》第20条第3款规定的“严重危及人身安全的暴力犯罪”的要求。这意味着,对强奸实施防卫的,并不存在成立防卫过当的空间。根据这种理解,第二种观点即具有合理性。

表面看来,上述两种见解主要是围绕如何理解特殊防卫条款中的“人身安全”而展开的争论,在其背后,则反映出两者在解释方法与解释立场上存在显著差异。与此相关,在第20条第3款的法条性质上,两者也同样存在相反的解读。

首先,从解释方法来看,通说实际上主要采用的是文义解释与体系解释。从“严重危及人身安全的暴力犯罪”这一表述的字面含义来看,能够为暴力所侵害的人身安全显然与健康、生命直接相关,这种解读更加接近普通民众的朴素理解。并且,这种文义解释的结论也可以通过体系解释获得进一步支撑。《刑法》第236条强奸罪的罪状为“以暴力、胁迫或者其他手段强奸妇女”,从这一规定可见,暴力仅属于强奸罪的手段之一,这表明强奸罪并不必然属于暴力犯罪,行为人完全也可以通过以揭发隐私相威胁、麻醉等非暴力手段实施强奸。既然第236条规定的强奸罪的手段行为并不仅限于暴力行为,而第20条

---

〔2〕参见贾宇主编:《刑法学》(上册·总论),高等教育出版社2019年版,第199页。

〔3〕车浩:《“特殊防卫权”拟制是中国刑法总则的创举和特色》,载《检察日报》2021年5月19日,第3版。

第 3 款则将行为类型明确限定为暴力犯罪，根据这两个条款的规定可以体系性地推导出，并非针对所有的强奸行为都可以实施特殊防卫，而仅能针对暴力型强奸实施。与此不同，反对通说的观点采用的则主要是目的解释与扩大解释。其认为，第 20 条第 3 款向公众传递的信息是，如果不法侵害人实施的是暴力犯罪，则不必再考量具体的侵害强度，可以直接实施特殊防卫。这是因为第 3 款所列的几种暴力犯罪对被害人肉体或精神的侵害是毁灭性的，而这种毁灭性又是高概率和规律性的，不能要求被害人等到行为继续发展到严重危及生命安全的程度时再去防卫，否则很可能错失防卫时机。[4] 显然，这种理解是出于保护被害人重大人身法益的目的，而允许防卫人“先下手为强”。在这种预防性的见解看来，因为这些暴力犯罪高概率地伴随对于生命安全的侵害，因而无须对案件情况进行具体判断，就可以径行实施特殊防卫。实际上，由于强奸罪属于侵犯人身权利的犯罪，而性自决权又属于重要的人身权利之一，且强奸罪不乏事后杀人灭口的情况，将第 20 条第 3 款关于人身安全的规定扩大解释为包括性自决权的安全在内，也同样可以与保护被害人重大人身安全的理解保持一致。可见，从刑法解释方法层面来看，由于两种观点都有其依据，很难据此作出取舍。

其次，从解释立场来看，通说实际上更偏重于形式解释，将未采用暴力手段的不法侵害人从可以被采取特殊防卫的对象中排除出去，因而更加有利于不法侵害人，其解释立场偏向于维护刑法的人权保障功能。与此相反，反对通说的观点则更偏重于实质解释，由于其旨在最大化地保护被害人的重大人身安全，因而凡是能够对其所认为的重大人身安全造成或可能造成侵害的，都可以实施特殊防卫，其解释立场则偏向于维护刑法的法益保护功能。客观而言，这两种立场各自反映了刑法功能的一个侧面，反映解释者的价值偏好，其本身并无优劣之分。然而，这并不意味着不可以对价值立场本身加以评价，人们依然可以结合刑法的基本原则对这些价值立场进行甄别，进而对依据这些价值立场得出的结论作出取舍。应当说，从罪刑法定原则这一刑法最为根本的原则出发，将保护法益作为优先价值，并借由保护法益的需要而通过目的解释方法绕过字面含义进行实质解释，这种做法并不具有可取性。这是因为，反对通说的观点并非旨在解释第 20 条第 3 款的用语，而是意图通过目的解释方法达成保护特定法益的目的。这一过程实际上是用关于法益的解释替代了关于立

---

〔4〕 车浩：《“特殊防卫权”拟制是中国刑法总则的创举和特色》，载《检察日报》2021 年 5 月 19 日，第 3 版。

法用语的解释。其首先认为性自决权也是一种可赋予特殊防卫的重大人身法益,而无论何种方式的强奸均会侵犯性自决权,所以对于无论何种方式的强奸都可以实施特殊防卫,立法者设立的暴力限制由此被架空。这种理解并没有正面论证暴力含义自身,亦未说明为何性自决权能够重要到堪以特殊防卫加以捍卫的程度。同时,在其"错失防卫时机"的说法中,又引入了生命安全这一重大法益,这其实和其本来论证的性自决权产生了分离。由于这种做法实际上是立场先行,并未遵循罪刑法定原则的要求先进行严格的文义解释,因而难言妥当。

最后,关于第 20 条第 3 款的法条性质,通说认为该款属于注意规定,特殊防卫的成立应当依据正当防卫成立的基本条件,并结合特殊防卫成立的附加条件进行综合判定。[5] 而反对通说的观点则认为,该款属于法律拟制,其并非要求根据不法侵害的具体情形具体判断防卫是否过当,而是根据不法侵害的法定类型抽象地适用一个永不过当的规则。[6] 简言之,通说认为对于特殊防卫案件也应当结合具体案情进行具体判断,而反对观点则认为无须进行具体判断,只要确定行为类型属于法条所列举的能够严重危及人身安全的暴力犯罪,即可实施特殊防卫。通常而言,如果不法侵害人实施的暴行明显危及重大身体健康安全或者生命安全,在可以对其进行特殊防卫这一点上,两种观点并不会存在分歧。关键在于不明显时,通说则认为应当具体分析,而反对的观点则认为不应要求防卫者进行分析,否则可能会错失最佳防卫时机。然而,不加区分地认为只要严重危及人身安全均可以实施特殊防卫,很可能背离正当防卫的目的。例如,对于严重危及生命安全的投毒行为,即便是将投毒者当场杀死,也根本起不到保护被害人生命安全免受不法侵害的作用,因而无法满足正当防卫关于防卫目的的要求。因此,在无法通过防卫行为实现防卫目的的场合,允许实施特殊防卫的意义阙如。这表明,特殊防卫作为正当防卫的一种特定情形,在适用时并非不需要考虑正当防卫的成立条件,也并非不需要考虑案件的具体情况。就此而言,通说认为第 20 条第 3 款属于注意规定的理解,是更为稳妥的一种主张。

通过上述分析可知,虽然从解释方法来看,通说及反对意见的各自主张难分高下,但从解释立场及对法条性质的理解来看,通说的主张更为妥当可行。

---

〔5〕 参见高铭暄、马克昌主编:《刑法学》(第 9 版),北京大学出版社、高等教育出版社 2019 年版,第 131 页。

〔6〕 车浩:《"特殊防卫权"拟制是中国刑法总则的创举和特色》,载《检察日报》2021 年 5 月 19 日,第 3 版。

此外，尽管围绕正当防卫的正当性依据，学界存在法确证原理说与个人保全原理等理解，存在"法不必向不法低头""正义无需向不正义屈服"等说法，但在考量正当防卫的合理性时，却仍需要进行限度考量，即需要对不法侵害人和被害人的利益进行衡量，从而确保判断的妥当性。认为针对单纯侵害性自决权的行为也可以进行特殊防卫，实际上是认为其重要性可以与生命相提并论。在强奸罪仅保护女性性自决权的情况下，如果一旦该权利受到侵害，即认为其严重性不啻于死亡，这究竟是对女性的周全保护，还是施加在她们身上的"魔咒"，值得充分反思。

具体到本案而言，虽然检察机关最终采纳了第二种意见，未提起公诉，但其具体的理解明显存在前后矛盾的地方。其一方面认为，"在强奸犯罪中，严重危及人身安全的表现形式，就是强行与女性发生性关系，而不是要求危及生命安全"，从而表明针对强奸行为实施的特殊防卫无须进行具体判断；另一方面又认为，"在双方对峙过程中，周某某试图求救但没有实现，在救助无门，逃跑不能的特殊环境下，在近两个小时的高度紧张和惊恐状态下，不能苛求周某某对许某某是否继续实施不法侵害作出精准判断，应当采信周某某认为不法侵害行为处于持续状态的判断"，这显然是针对不法侵害是否仍然处于持续状态所作的具体判断。如果实施特殊防卫无须进行具体判断，检察机关后面的分析就无异于画蛇添足，反而导致自相矛盾。这种自相矛盾还体现在其与最高人民检察院公布的第 47 号指导性案例关于人身安全的理解相冲突。在第 47 号指导性案例中，明确将人身安全理解为生命、健康安全。[7] 如果从效力等级来看，虽然同为最高人民检察院公布的具有指导意义的案例，但检例第 47 号案例属于指导性案例，其效力等级要高于此处所讨论的为最高人民检察院所公布的典型案例，当存在理解上的冲突时，应以指导性案例的理解为准。尽管就最终结局而言，检察机关的做法并无不妥，但认定成立特殊防卫，保障女性合法权益的方案有很多，突破立法用语限制、牺牲法律规范稳定性的做法，是最不可取的一种。

实际上，从该案案情来看，其更多地涉及如何判断不法侵害是否仍然继续的问题，而非第二种意见所认为的如何理解"人身安全"的问题。该案发生于夜晚的野外田间，四周无人，无法排除许某某为压制周某某的反抗而对其使用更为严重的暴力，从而危及周某某的生命安全。当周某某有机会勒住许某某的脖颈后，出于对自身安全的担忧而始终未松手，尽管中间许某某曾求饶，但

〔7〕 参见最高人民检察院指导性案例(检例第 47 号)。

从其具体表现来看,无法判断是否真正放弃不法侵害。“就不法侵害的结束时间而言……要看是否存在再次侵害的可能性,只要侵害的危险没有排除,就可以实行防卫。”[8]不能将不法侵害人的暂时退却视为不法侵害的结束。既然在该案中,严重危及生命安全的不法侵害可能性依然存在,周某某在此情况下持续勒住许某某脖颈致其最终死亡的行为,就符合《刑法》第 20 条第 3 款的规定。周某某通过特殊防卫保护的是其自身的生命安全,而绝非仅是性自决权。就此而言,检察机关在该案法律要旨中声称,“在强奸犯罪中,严重危及人身安全的表现形式,就是强行与女性发生性关系,而不是要求危及生命安全”,可能存在误导之嫌。

当然,即便是认为应当对《刑法》第 20 条第 3 款的人身安全作狭义理解,不应将仅侵害性自决权的情况包括在内,也并不表明该案第一种观点就具有可取性。如前所述,案发时间地点较为特殊,无法排除周某某的生命安全遭受严重威胁的可能性。此时,对于周某某生命安全的保障处于优先地位。在防卫过程中,周某某的确发现许某某被勒住脖颈后出现了身体前倾趴倒在地的情况,但在无法排除许某某可能装死的情况下,不能期待周某某甘冒将自己重新置于危险境地的风险,松手查看许某某是晕厥还是死亡。一旦认可周某某一开始勒住许某某脖颈的行为是在进行特殊防卫,则一方面,不应再要求其恰到好处地掌控力度与时间,使许某某陷入昏厥状态从而为自己预留逃离现场的时间。周某某在实施特殊防卫时并不负有躲避义务。另一方面,不应再要求周某某中途或事后检查许某某是被勒晕还是被勒死,其并不负有保障义务。

综上所述,在该案中,周某某旨在保护自己的生命安全,其行为构成特殊防卫。据此,周某某不必对许某某的死亡承担任何刑事责任。

（马寅翔）

---

[8]　陈兴良:《正当防卫如何才能避免沦为僵尸条款——以于欢故意伤害案一审判决为例的刑法教义学分析》,载《法学家》2017 年第 5 期。

周某某过失致人死亡案

过失犯罪中预见可能性的判断

案情介绍

2021年2月6日15时许，被告人周某某通过手机App货拉拉平台接到被害人车某某的搬家订单，区间为岳麓区天一美庭小区至步步高梅溪湖国际公寓，总费用51元，其中被害人支付39元，平台补贴12元。当日20时38分，被告人驾车抵达天一美庭小区并与被害人取得联系。两人见面后，被告人询问被害人是否需要付费搬运服务，被被害人拒绝。被害人先后15次从1楼夹层将衣物、被褥等生活用品以及宠物狗搬至车上，其间，被告人多次催促被害人快点搬东西上车出发，并告知被害人，按照货拉拉平台规定，司机等待时间超过40分钟将额外收取费用，被害人未予理会。

21时14分，被告人驾驶车辆出发前往目的地，被害人坐副驾驶位，被告人又问被害人到达目的地后需不需要卸车搬运服务，再次遭到被害人的拒绝。在行驶过程中，被告人为节省时间并提前通过货拉拉App抢接下单业务，更改了行车路线。在21时29分14秒至21时29分35秒，车辆行至林语路佳园路口时，被害人两次提出车辆偏航，被告人起先未搭理，后用恶劣口气表露对被害人不满；在21时29分35秒至21时30分9秒，车辆行至林语路曲苑路口时，被害人又两次提出车辆偏航，并要求停车，被告人未予理睬。发现被害人起身离开座椅并将身体探出车窗外后，被告人未采取语言和行动制止，也没有紧急停车，仅轻点刹车减速并打开车辆双闪灯。被害人从车窗坠车后，被告人停车查看，发现被害人躺在地上，头部出血。21时30分34秒，被告人拨打“120”急救电话；21时34分16秒拨打救护车电话；21时39分，在救护车司机的提醒下拨打“110”报警。

2021年9月10日，长沙市岳麓区人民法院对岳麓区人民检察院指控被告人犯过失致人死亡罪一案进行公开开庭审理并当庭宣判，认定被告人货拉拉司机犯过失致人死亡罪，判处有期徒刑一年，缓刑一年。经被告人上诉后，二审法院经不公开审理依法对被告人犯过失致人死亡罪一案作出二审裁定，驳回上诉,维持原判。[1]

■ 理论争议

关于被告人的行为应当如何定罪,存在以下四种观点。

第一种观点认为,被告人的行为应当认定为过失致人死亡罪。主要理由是,被告人作为有多年驾龄的职业司机,未履行安全保障义务和因其先行行为引发的危险防止义务,其过失行为与被害人的坠车死亡结果之间具有刑法上的因果关系,已构成过失致人死亡罪。

第二种观点认为,被告人的行为不应当认定为过失致人死亡罪。理由在于,在违法性阶层上,本案属于被害人自陷风险,尽管被害人处于被告人支配的领域,但被告人仍无阻止具有辨认和控制能力的被害人跳车的作为义务。即使否定违法阶层上的阻却事由,在责任阶层,被告人并无预见被害人跳车之可能。因此,被告人的行为不构成过失致人死亡罪。

第三种观点认为,被告人的行为应当认定为交通肇事罪。主要理由是,过失致人死亡罪仅适用于生活领域,而不适用公共领域。本案中乘客坠亡事件发生在交通运输过程中,且发生在公共交通管理的范围,属于交通事故。另外,根据交通运输管理法规,司机具有保障乘客安全的义务。在预见到乘客可能发生坠车的情况下,被告人轻信能够避免,没有尽到安全保障义务,违反了交通运输管理法规,具有过失,应当认定为交通肇事罪。

第四种观点认为,被告人的行为不应当认定为交通肇事罪。理由在于:本案中,被害人作为乘客也具有注意安全乘坐、不允许在行驶车辆上出现探身车外等危险行为的法定义务[2]。且被害人系心智健全的成年人,在没有实际危险发生时,猜想有危险而主动探身车外,置自己于危险境地以致坠亡,其跳窗行为与自身死亡结果的发生之间具有刑法上的因果关系,属于被害人自陷风险的行为。本案中驾驶人员及乘客均对本次事故具有刑法上的因果关系。根据本次交通事故的基本事实、成因和当事人的责任,被害人在该起事故中可能负主要责任或同等责任,被告人负次要或同等责任,因而,被告人的行为不构成交通肇事犯罪。

---

[1] 案例来源:刑事裁判文书,(2021)湘01刑终1436号。

[2] 《道路交通安全法实施条例》第77条规定:"乘坐机动车应当遵守下列规定:……4.机动车行驶中,不得干扰驾驶,不得将身体任何部分伸出车外,不得跳车……"

■ 法理分析

本案所引发的讨论主要围绕行为定性问题展开,主要涉及罪与非罪、此罪与彼罪的界定争论。

Ⅰ 是否构成交通肇事罪

在此罪与彼罪这一层面上,即应构成交通肇事罪还是过失致人死亡罪的争议焦点就在于,被告人是否违反了交通运输管理法规。根据《道路交通安全法》第22条[3]的规定,被告人作为一名司机,应当承担基本的安全行车义务,包括但不限于提醒跟车人系安全带、确保安全带可用、开车不分心、不疲劳驾驶等。显然,法官在判决中所称司机"在工作中负有的保障跟车乘客人身安全的高度注意义务"与上述义务不对等,司机是否具有这一义务是值得质疑的。从案件事实来看,是被害人自己"双手抓住货车右侧车窗下沿,上身探出了车外",至于是其主动跳车,还是在此过程中不慎坠车,已经无法查证。但我们无法要求被告司机在被害人自我选择陷入如此危险的处境时承担起防止其坠落的义务。此外,司机偏航、无视偏航意见、争吵与态度恶劣等行为仅违反了司机和货拉拉公司之间签订的《货拉拉司机用户行为规范和服务承诺》(平台安全规则),不具有违法性。是故,被告人并未违反交通运输管理法规,不能构成交通肇事罪,下文对此不再加以赘述。

Ⅱ 是否构成不作为的过失致人死亡罪

在罪与非罪这一层面上,本案是否构成不作为的过失致人死亡罪的争议焦点主要在于被告人作为货运司机在其支配领域是否具有作为义务、其行为与被害人的坠亡结果之间是否具有刑法上的因果关系以及是否具有过失。以下将从构成要件符合性与有责性两个方面分别进行论述。

首先,在构成要件符合性层面,不作为犯的成立需从不作为的义务来源与边界、作为的可能性、结果避免的可能性以及行为与结果间是否有刑法上的因果关系四个要点进行分析。

关于如何判断不作为的义务来源与边界,学界普遍采用"形式的四分说"和"实质的三分说"相结合的方法。前者从形式上将作为义务划分为了四种:法律、法规规定的义务、职业或者业务要求的义务、法律行为引起的义务和先

---

[3] 《道路交通安全法》第22条规定:"机动车驾驶人应当遵守道路交通安全法律、法规的规定,按照操作规范安全驾驶、文明驾驶。"

前行为引起的义务。后者与前者在具体内容上是一致的,但是从不同角度来说明作为义务三种实质根据:基于对危险源支配而产生的监督义务、基于特殊关系("稳定的危险共同体")而产生的保护义务和基于对危险发生领域的管控而产生的报告、救助义务。以下将通过本案被告人可能存在的三种作为义务的来源进行检视:其一,对自己支配的其车内的危险的阻止义务。涉案的货车构成一个封闭的空间,属于"私人领域",被告人作为货车司机是该"私人领域"支配人,对于车上乘客跳车行为存在的人身危险有阻止、报告、救助义务。其二,创设增加风险的先前行为产生的作为义务。本案中司机偏航、无视偏航意见、争吵与态度恶劣等行为并没有对于刑法所保护的人身、财产法益制造、增加危险,且行为人对于实害发生的原因不具有支配性,实害结果属于被害人的自我答责范围。因此,被告人没有创设、增加风险的先前行为,故不存在该种作为义务。其三,合同行为产生的作为义务。货拉拉运输作为一种特殊的运输方式,在乘客取得驾驶员同意后乘车的情况下,应当认为兼具了货运和客运的性质,本案中的被告人和被害人之间形成实质上的搭乘和运输关系,故被告人具有基于合同关系形成的安全保障义务。但是,被告人对被害乘客的安全保障义务是有边界的,应当依合同内容来确定义务的范围。运输合同的内容是保障乘客与货物安全驾驶运输到指定的地点,女乘客系精神状态正常的成年人,其自陷风险的异常行为已经超出了犯罪嫌疑人安全保障义务的范围。通过以上对可能存在的作为义务来源进行检视可以发现,被告人没有合同产生的作为义务,亦没有创设增加风险的先行行为产生的作为义务,而仅存在基于自己对车内情况的支配,对车上危险的阻止义务。

关于作为的可能性,主要从行为人履行义务的客观条件与个人能力两方面进行考量。本案中,发生在自己支配的建筑物、汽车等场所内的危险,作为义务的内容既可能是排除危险源,也可能是使危险不处于自己独立支配的场所内从而减轻危险,还可能是直接救助法益主体。本案中,被告司机在高速驾驶车辆,实际上可以说在从事高度危险作业。作为成年人的乘客应当了解安全驾驶常识,驾驶员的首要职责是全神贯注确保安全驾驶,不能强求驾驶员在驾驶过程中始终高度关注并阻止其他乘客的危险行为。否则会致本人、乘客、行人和车辆、基础设施等重大资产于重大危险之中,是故,驾驶员在驾驶过程中没有阻止乘客高度危险行为的可能性。在当时的紧急和异常的情况下,紧急刹车与轻点刹车的行为哪个更加安全、更加正当,无论是对于被告人还是对于社会一般公众来说其实都是比较难判断的,在证据存疑时应作出有利于犯罪嫌疑人的解读,因而可以认为犯罪嫌疑人在驾驶途中没有作为的可能性。

关于结果回避的可能性，刑法理论一般认为，成立过失犯罪不仅要求违反注意义务的行为符合构成要件，还要求违反注意义务行为与危害结果之间具备规范关联，否则就不具有结果回避可能性。就本案而言，即便行为人采取了法规范所期待的行为，即“缓慢减速直至停下”，结果是否能够避免也难以查证。甚至可能出现更极端的情形：如被告司机将货车瞬间刹停并保证半身在车外的被害人不因此坠落。又如被告司机一只手稳定操纵方向盘，另一只手用力拉住相距一段距离、准备跳车的被害人。再如被告司机立刻发表慷慨说辞或真诚道歉让被害人回心转意不再有跳车举动，这显然强人所难，也非人能及。果真如此，行为人在灯光昏暗人车稀少的路段上停好车，或者用手拉被害人、口头制止等，对于本就处于“相当程度恐惧”状态下的被害人，其心理恐慌极有可能加剧，可能继续实施跳车行为，且加重甚至确信行为人要对其实施侵害、意图不轨的想法，从而可能导致另一种悲剧。事实上，被告人也采取了可能的措施，虽然其没有紧急制动，但也轻踩刹车进行了减速，在不具备上述预见义务的情况下，其尽量保证了被害人的人身安全，降低了一定危险。这些假设情形并非不可能存在。如果行为人实施了合义务的替代性行为，结果仍然不可能避免或者结果避免存疑的话，按照“逾越能力则无义务”原则，就不能将结果归责于行为人，因此被告人是否存在结果避免的可能性存疑。

关于损害结果是否能够归责于行为人，本案被害人主观上非常清楚地意识到自己双手抓住货车右侧窗户下沿，且上身探出了车外的行为存在坠亡的危险，为达到迫使被告人停车或改变行车路线的目的，被害人行使自主意志积极地走进上述危险，因没有控制好自己的身体，使可能的危险转变成从车上坠落而受伤死亡的现实结果，被害人对自己的上述行为有完全的、绝对的支配作用，而被告人对车某某积极走进危险的行为则没有积极的支配作用，被害人应为自陷风险的行为承担坠亡后果的责任，被告人对该结果不负有责任。

关于损害结果和不作为行为之间是否存在因果关系，刑法上的因果关系，一般要求行为能够自然地、合乎规律地导致后果发生。本案中，被害人实在感到恐惧的情况下，完全可以选择联系家人好友报警或者自己报警，或者采取其他紧急的合理措施，而非选择最为危险的跳车。被告人偏航和出言不逊的行为，缺乏引起导致一般人恐慌乃至主动“跳车”致死的结果的危险性，因此被告人的行为和被害人坠亡的损害结果之间不存在因果关系。综上，被告人的行为不符合过失致人死亡罪的构成要件。

其次，在有责性层面，成立过失犯罪需要行为人存在疏忽大意的过失或者过于自信的过失，且不具有违法性认识错误，欠缺期待可能性等责任阻却事由。

关于过失的认定,刑法学界存在新旧过失论之争。旧过失论者认为,“行为者对于危险性之行为应加以注意,但亦有非行为者所可能认识者,则虽尽相当之注意,仍不可识,此时自不能强其必识,至于可能认识,因不注意而不识者,即须负过失之责任,盖自法律本旨言之,社会秩序之维持,人人须尽相当注意义务,对于可能认识之反社会性事实,不尽此注意义务,而缺乏认识,即应受社会之非难,是为过失责任之根据。”〔4〕旧过失论的中心观点在于:过失的本质在于违反预见义务,行为人既然有预见的可能性,就应加以防止,违反其预见义务,以致危害结果发生,就应承担过失责任。而受目的行为论影响的新过失论则强调:“过失的本体并不在于预见可能性,而在于违反了结果回避义务。也就是说,所谓过失,是指对于社会生活中一般要求的结果回避义务即基准行为的懈怠。为此,过失犯由并未实施法律所要求的基准行为的不作为而构成。该说立足于行为的违法性在于并未遵照规范的要求这种行为无价值的观点,进一步指出,只要并未逸脱(超出脱离)基准行为,就并无该当于构成要件且违法的行为。”〔5〕按照新过失论,过失不仅是责任的要素,也是违法的要素,过失的根据不在于过失的心理事实,而在于行为人违反结果回避义务。与旧过失论相对的新过失论,在结果预见可能性基础上增补了结果回避义务作为对结果预见义务的修正和限缩。〔6〕 为了回应新过失论对旧过失论处罚过宽的批判,部分旧过失论者也开始研究过失犯是否存在不同于故意犯的实行行为,这就是修正的旧过失论。主张修正旧过失论的学者认为,过失犯的实行行为不单纯是有因果关系的行为,而是对结果发生具有“实质不被允许的危险”的行为,并且认为“过失行为所具有的危险性也可以理解为对结果的客观预见可能性,因为在有危险的场合一般人都能够预见”。〔7〕 新过失论的中心观点是行为人对于危害结果的预见上具有危惧感为已足,并不要求以有具体的预见为必要,因而又称为危惧感说。〔8〕 新旧过失理论都围绕着“违反注意义务”展开理论探讨,目前学界普遍认为,注意义务作为过失犯成立的本质,

---

〔4〕 韩忠谟:《刑法原理》,中国政法大学出版社2002年版,第150页。

〔5〕 [日]西田典之:《日本刑法总论》,刘明祥、王昭武译,中国人民大学出版社2007年版,第207页。

〔6〕 李川:《从注意义务违反到客观归责:医疗过失犯之理论嬗变与归责限缩》,载《法学杂志》2018年第10期。

〔7〕 参见[日]平野龙一:《刑法总论Ⅰ》,有斐阁1972年版,第193页。转引自吕英杰:《论客观归责与过失不法》,载《中国法学》2012年第5期。

〔8〕 陈兴良:《过失犯论的法理展开》,载《华东政法大学学报》2012年第4期。

其中包含结果预见义务以及结果回避义务。

对结果有预见可能性,是责任要素;没有履行结果回避义务,是过失犯的客观构成要件。是故,在责任层面主要讨论的是行为人对构成要件结果的发生是否具有预见可能性。关于结果预见可能性的判断基准,刑法理论上存在争议。主观说认为,是否具有结果预见义务,应以具体的行为人的注意能力为标准;对行为人进行非难,不应超过其注意能力的范围。客观说认为,是否具有结果预见义务,应以抽象的一般人的注意能力为标准。折中说则认为,如果行为人的注意能力低于通常人的注意能力,则仍应采取主观说,只是在行为人的注意能力高于通常人的注意能力时,才采取客观说(仍依通常人的注意能力为标准决定有无注意义务)。通常认为,判断预见可能性,要综合考虑行为人的实际认识能力和当时的具体情况;不能预见、无法预见的,即使在客观上造成了损害后果,也不能对行为人定罪和追究刑事责任。结合本案,被告司机不具有预见可能性,对乘客主动从车上坠亡的结果没有过失,理由有二:

其一,在本案中,被告人的具体行为是偏航和辱骂行为。而警方"情况通报"中也指出专家组沿案发前的行经路线全方位开展视频侦查,还原了案发当晚涉案车辆接单后的运行过程,未发现车辆大幅度摇摆、频繁变道等行驶轨迹异常情况。针对偏航问题,根据犯罪嫌疑人周某春供述,专案组多次实验发现,货拉拉 App 导航路线总里程 11 公里,红绿灯 15 个,驾车需用时约 21 分钟;偏航路线总里程 11.5 公里,红绿灯 11 个,可节省 4 分钟左右。由此可见,所谓"偏航"也是为了减少等待红绿灯的时间,提高运输速度;所行驶的路段虽然较系统路线比较偏僻,但是东侧为厂区,西侧为物流园,周边环境并不异常;均在一般人能够接受的范围内。从被害乘客的角度来看,当被告司机在驾驶时偏航、无视乘客对于偏航的意见、发生争吵和向乘客恶言恶语时,并不能当然认为因偏航行车至人车稀少灯光昏暗路段、语气态度差等会给乘客造成心理"恐惧"或"恐慌",这种预见义务的当然成立还存在疑问。

其二,即使认为被告人作为职业司机,实施"先行行为"后应当预见到被害人会因此产生恐惧、紧张心理,也不可能预见到被害人会因精神恐惧迅速选择跳车;即使被告人确实发现被害人将上身探出车窗,其也难以迅速反应、预见到被害人的跳车行为。结合"120"电话受理记录、视频侦查报告书和被告人供述可知,被害人在 21 时 29 分 14 秒至 21 时 29 分 35 秒第一次、第二次提出车辆偏航,在 21 时 29 分 35 秒至 21 时 30 分 9 秒,第三次、第四次提出偏航,随后其将身体伸出窗外、从车窗坠落,而被告人拨打"120"急救电话时间也仅为 21 时 30 分 34 秒,由此有理由推知被害人从第四次提出车辆偏航到跳车的时间至多十多秒甚至更少,在如此短促的时间内如何让一个人立刻反应出对方要进行跳车?一方面,从被害人提出偏航意见到跳车之间仅存在1分钟不到的时间,在1分钟内一般人如何能预见到自己前述偏航、语气恶劣等行为会足以使对方产生“必须跳车才能实现自救”的恐惧。另一方面,虽然被告人交代自己发现被害人把头伸出窗外到身体伸出窗外,但不管是行为人还是一般人,其可以预见到的是对方可能是掉了东西在车外,或者是其他个人原因而实施了较为危险的举动,而一个精神智力正常的成年人都应知道不能为这种行为或不能持续太久,会主动将身体缩回来;再或者也仅可能预见到对方想要探出窗外大声呼叫,但也很难准确反应认识到对方即将实施跳车。法院指出被告人并非反应不快,而是将自己的责任和被害人的生机寄托在了被害人主动缩回车内的可能性之上,但是这种“寄托”完全符合社会一般人以及行为人的实际能力。正如前述所言,无论是从一般理性人的视角出发还是从被告司机的视角出发,不管是事中还是事后,被告人的行为没有对乘客的人身和财产安全法益造成现实或紧迫危险;在几乎没有危险的情况下,一般人与被告司机都无法预见仅车辆偏航和辱骂会造成被害人选择主动从车窗坠落最终死亡的人身法益侵害结果。

综上,从有责性层面来看,被告人不具有预见被害人跳车的可能性,不存在过失,本案当属意外事件。故不应当认定为过失致人死亡罪。

(郑梦蝶)

高某某交通肇事案

过失犯罪中因果关系的认定

案情介绍

高某某驾驶汽车在十字路口绿灯放行时左转弯，在左转过程中，右侧也有大卡车左转，对高某某的行驶形成了视觉盲区，此时被害人朱某某骑电动自行车闯红灯，与高某某所驾驶的机动车车头前侧相撞倒地。当时高某某认为自己没有违章，就驾车离开现场。救护车在事发后40分钟到达现场，朱某某不治身亡。高某某于当晚将车辆藏匿，于次日前往外省市躲避。事发后，公安机关出具的道路交通事故认定书认定，高某某在事故发生后为逃避法律追究逃逸，朱某某虽有过错，但被告人高某某仍需承担事故的全部责任，被害人朱某某无责任。[1]

理论争议

在本案中，高某某认为自己开车遵守交通规则左转弯，没有违反《道路交通安全法》，据此主张自己无罪；朱某某的家属认为公安机关认定高某某事故全责，构成交通肇事罪，应当判处刑罚并赔偿损害；有网民认为，朱某某是开电瓶车的，属于弱势群体，法律应当倾斜保护；有律师认为，公安机关的事故责任认定只是鉴定意见，不能直接作为刑事责任认定的根据，本案中高某某没有违反道路交通规则，不具备交通肇事罪的前提条件，不能将事后"逃逸"作为认定事故全责的依据，进而追究其刑事责任，否则违反禁止重复评价原则；有学者则认为，即使高某某的逃逸行为不构成交通肇事罪，但因其开车撞人的先行行为，故负有救治伤者的作为义务，高某某没有报警和及时救助，构成不作为犯罪，本案应认定为过失致人死亡罪。

关于本案的定性，检察机关围绕道路交通事故认定书在交通肇事罪认定

〔1〕 案例来源：检察文书，沪虹检七部刑不诉〔2019〕46号。

中的作用、交通肇事罪中的因果关系认定等问题展开了案例讨论,存在以下认识分歧:

第一种观点认为,高某某不构成交通肇事罪,理由就是高某某的行为和朱某某的死亡结果之间不存在因果关系。根据《刑法》对交通肇事罪的规定,发生重大事故致人死亡的原因,必须是行为人违反了交通运输管理法规,而本案中高某某正常左转,并没有违反相关的交通运输管理法规,不能评价为具有刑法意义上的因果关系。再来看逃逸行为,无法证明被害人不是当场死亡的、还具有救助可能性,所以逃逸与被害人死亡之间也没有因果关系。

第二种观点认为,应认定为交通肇事罪,处三年以下有期徒刑。理由是:高某某虽然是绿灯时左转,朱某某闯红灯,但高某某撞人后逃逸,其未尽到瞭望义务并且事后逃逸,可认定其对交通事故负主要责任,致一人死亡,按照交通肇事罪的司法解释,可认定其构成交通肇事罪。但由于逃逸情节在认定他构成基本犯罪的时候已经用过了,不可以再因逃逸情节认定"交通肇事后逃逸的",而处三年以上七年以下有期徒刑。这样也避免了刑法上重复评价的问题(也有观点认为,高某某在交通肇事后逃逸,应以交通肇事罪判处三年以上七年以下有期徒刑)。

第三种观点认为,高某某未尽到瞭望义务驾车把朱某某撞倒在马路中央的行为,有一定过错,在此情况下,高某某的行为对朱某某的生命创设了法律不允许的危险,那么高某某就产生了救助朱某某的义务。高某某在客观上能履行自己救助义务的情况下没有履行,导致朱某某得不到救助而死亡,其不救助行为与朱某某的死亡之间存在因果关系。高某某主观上应当预见不救助行为可能导致朱某某的死亡而没有预见,因此对朱某某的死亡结果主观上存在过失。高某某的行为构成不作为的过失致人死亡罪。

■ 法理分析

首先,从事实层面来看,须关注以下三个问题:

第一,高某某在十字路口绿灯放行后左转弯有无违反交通规则?这需要做进一步分析。根据《道路交通安全法实施条例》第 51 条,机动车通过有交通信号灯控制的交叉路口,向左转弯时,靠路口中心点左侧转弯;转弯时开启转向灯,夜间行驶开启近光灯;没有方向指示信号灯的交叉路口,转弯的机动车让直行的车辆、行人先行。如果高某某完全遵守上述规则则无问题,但如果高某某没有过路口中心点就猛打方向盘左拐,或没有开启转向灯,看到朱某某闯红灯，在可以作出瞭望、礼让和减速的情况下没有进行避让，则也存在违反道交法情形，也是要负一定责任的。

第二，高某某在发生交通事故后，驾车离开现场，是否属于交通肇事后逃逸？如果高某某撞到朱某某之后，认为自己没有违反交通法规，不负事故责任和救助义务，或者因自己也有急事，给朱某某留下联系手机号码、嘱咐有事打电话联系，然后开车离开现场，在此情况下，不宜认定其"为逃避法律追究而逃逸"。况且，本案中高某某可能不是肇事者和致害人，只是交通事故当事人，不符合"交通肇事后逃逸"的主体条件。如果交警以交通事故当事人只要不在现场就认定为"逃逸"，而无论其主观上是否是为了逃避法律追究，就存在"客观归罪"的问题。

第三，朱某某死亡的原因与高某某驾车撞倒朱某某、事后离开现场不救助是否存在因果关系？认定交通肇事罪，对交通违章行为与损害结果之间是否具有刑法上的因果关系进行判断。如果朱某某交通事故中伤势并不十分严重，现场附近有医院，完全有机会得到及时救治，且当时是深夜，很少行人车辆通过，除了高某某予以救助之外，朱某某并没有其他得救的机会，但高某某没有施以救助，也没有打电话报警，即离开现场，朱某某因流血过多昏迷不治身亡。在此情况下，朱某某的死亡与高某某发生交通事故后离开现场具有相当的因果关系，具备刑事归责的客观基础。

其次，从法律层面来看，对于高某某行为的刑事责任认定，需要分析以下问题：

第一，公安机关以高某某在发生交通事故后"逃逸"认定其交通事故负全责，这种交通事故行政责任认定与刑事责任认定差别何在？《道路交通安全法》与《刑法》的相关规定及认定条件有何不同？交警事故责任认定书能否作为认定交通肇事罪刑事责任的定案依据？

在检察官的案件讨论中，有的认为，作出事故责任认定是法律赋予交警部门的一项职权，交警对该事故进行认定是法定的，其专业知识与法律依据也决定了该认定是科学的。检察官或法官对专门知识进行非专业判断，而去推翻交警部门的责任认定，是没有道理的。有的则认为，公安机关根据行政法规进行的事故责任认定，并不是对案件事实的客观还原，而是基于行政管理需要，对事故各方责任进行划分的主观评判。推定逃逸方负事故主要或者全部责任，是出于管理效率与执法成本的考量。但是，当案件上升到刑事犯罪，效率的价值就必先让位于公正，司法者只能根据证据还原案件事实，而不是直接认可交警出具的认定书。事实上，本案监控视频能够清晰完整地还原事故原因，更具证明力,即被害人违章闯红灯,主要责任的归属并不需要根据哪方逃逸进行推定,故与之矛盾的交通事故责任认定书应当不被采信,不能作为定案依据。对此问题,刘宪权教授在《检察日报》撰文指出,认定交通事故行政责任的主要目的与功能在于维护道路交通的公共安全和秩序,通过划清责任的承担从而解决后续的损害赔偿问题。交通肇事犯罪的刑事责任认定则更多地是为了惩罚行为人的犯罪行为,预防类似行为的再次发生,从而保护道路交通领域的公共安全。

我们赞同刘教授观点,交通事故责任认定书不能直接作为交通肇事犯罪的定案依据,在刑事责任认定上应当根据案件事实作出具体判断。2000 年最高人民法院《关于审理交通肇事刑事案件具体应用法律若干问题的解释》(以下简称《解释》)第 2 条第 2 款第 6 项规定,交通肇事致一人以上重伤,负事故全部或者主要责任,并为逃避法律追究逃离事故现场的,以交通肇事罪定罪处罚。交通肇事导致的伤亡结果、对事故所负责任的大小以及事故发生后的逃逸行为共同组成了该种情形下交通肇事罪的构成要件。然而,公安部《道路交通安全法实施条例》第 92 条第 1 款规定:“发生交通事故后当事人逃逸的,逃逸的当事人承担全部责任。但是,有证据证明对方当事人也有过错的,可以减轻责任。”如果将交通事故行政责任与交通肇事罪的“事故责任”进行等同的理解,就会导致对“逃逸”行为进行了双重评价,违反了禁止重复评价原则。

第二,交警责任事故认定高某某负全责是否为一种刑事责任的推定?能否按照这种推定的行政责任事故认定高某某负全责、高某某须承担巨额民事经济赔偿,进而在刑事责任层面认定高某某构成交通肇事罪,甚至作为加重处罚情节,是否合理公平?是否真正有利于交通事故当事人权益救济和保障?在检察官们的案件讨论中,有的认为,本案中交警认定只要逃逸就负全责,也不管交通事故中的孰是孰非,这种反推式的判断是不慎重的,也违背了客观性。

我们认为,首先,在刑事责任认定方面,推定方法只能是补充性的、在特殊情况下才能采用的,一般情况下,还是要遵从主客观相一致的刑法基本原则。对此,刘宪权教授撰文指出,依行政法规作出的行政责任结论是一种推定责任,而刑事法律所要求的刑事责任则应当是实际责任;刑法所要求的对刑事责任证明标准远高于行政法领域,强调行为人的犯罪行为同损害结果之间的因果关系。本案中,高某某没有交通违章行为,其发生交通事故后离开现场的“逃逸”行为与朱某某的死亡结果不存在刑法上的因果关系,也就不能以交通肇事逃逸认定其构成犯罪。其次,从立法目的上看,《道路交通安全法》为了较为高效地维护道路交通秩序,避免长时间占用公共道路,妨碍道路交通的正常行驶,采用了推定的责任认定方式,即一旦当事人在交通事故发生后逃逸、破坏现场等有碍行政责任认定、试图逃避法律追究的行为,即推定当事人对该交通事故承担全部责任。这种推定的行政责任认定结论过于强调结果的客观归责,忽视行为规范评价和主观罪过,显然不能不加审查地作为交通肇事犯罪的定案依据,而是应当按照《刑事诉讼法》规定,依据案件事实和证据,排除合理怀疑。最后,从刑民关系角度,当事人无论是否交通违章,只要离开现场即负全责,既要承担事故全责的民事赔偿责任,又要承担肇事逃逸的刑事责任,既"赔钱"又"加刑",显然是不公平的,与宽严相济刑事政策相违背,可能导致被判刑的致害人不愿意再对受害人进行赔偿,使后者权益难以得到补偿和救济,也不利于道路交通规则的遵守和交通秩序的维护。

第三,如果高某某没有违反道路交通规则,不构成交通肇事罪,在发生交通事故后,是否负有救助伤员的义务?救助义务内容和范围如何界定?因其"逃逸"不救助,是否属于刑法上的不作为,构成过失致人死亡罪?在检察官们的案件讨论中,有的认为,高某某未尽到瞭望义务驾车把朱某某撞倒在马路中央的行为,有一定过错,在此情况下,高某某的行为对朱某某的生命创设了法律不允许的危险,那么高某某就产生了救助朱某某的义务。高某某在客观上能履行自己救助义务的情况下没有履行,导致朱某某得不到救助而死亡,其不救助行为与朱某某的死亡之间存在因果关系。高某某主观上应当预见不救助朱某某的行为,可能会导致朱某某死亡的结果,但高某某没有预见,此时就存在过失,因此成立不作为的过失致人死亡罪。但是该罪的成立必须要以能证明具有结果避免可能性为前提,如果不能证明应认定为无罪。

我们认为,认定高某某构成过失致人死亡罪是比较困难的。首先,要确定高某某驾车左拐弯撞到朱某某存在一定的交通违章行为,使朱某某陷入生命危险境地。如果高某某没有任何交通违章行为,而是朱某某擅自闯红灯违章所致,朱某某应对交通事故负全责,不能赋予高某某救治朱某某的刑法上的作为义务,进而也就不具有构成过失致人死亡罪的前提。从这个角度看,"撞了白撞"的说法是成立的,法律不能要求守法者承担不应有的事故责任,特别是刑事责任。其次,要确定朱某某的死亡结果,确实是由于交通事故发生之后,因没有得到及时救治而导致的,并且与高某某离开现场(逃逸)、没有及时报警救助存在刑法上的因果关系。如果当时即使救护车及时赶到也不能挽救朱某某生命,高某某离开现场(逃逸)的行为没有使朱某某的生命法益风险进一步升高,或者说,高某某离开现场(逃逸)与朱某某的死亡不存在刑法上的因果关系,因而不构成过失致人死亡罪。

(张勇)

李某过失致人死亡案

轻微暴力致人死亡的认定

案情介绍

2019年2月8日凌晨1时许，被告人李某酒后按错电梯楼层后误将1101室当作自己租住的1201室，用钥匙打不开门后，通过旁边天井栏杆爬进被害人张某租住的1101室内。被害人张某听到有人进入遂至厨房拿一锅铲用以防卫，见李某靠近后，张某呵斥其两声，随即退回卧室，将卧室门反锁。李某追至卧室猛砸卧室门，破门过程中，张某一边大声呼救，一边爬到卧室飘窗外面，手抓窗框，脚踏砖沿。后李某砸破卧室门，进入房间对准张某边骂边向前接近飘窗位置，被害人张某惊恐交加，失足坠楼身亡，李某随即至卧室休息，直至民警到现场，李某仍处于昏睡状态，并称不记得之前所发生的事情。经鉴定，被害人张某高坠导致颅脑严重损伤而死亡。[1]

理论争议

对于李某的行为如何认定？存在以下四种不同观点。

第一种观点认为，李某的行为构成故意伤害（致人死亡）罪，原因是李某醉酒后，踹踩防盗门不开后，跳窗入屋，虽然李某跳窗入屋是产生了认识错误，误以为进入的是自己家中。李某进入房屋后，房屋居住人张某并未直接与李某产生冲突，而是基于恐惧躲入卧室，此时张某没有与李某产生冲突的故意。但李某进入屋后，对张某一路追至卧室，后又将卧室门砸开的行为具有明显的攻击性，属于攻击行为，客观行为具有伤害性；主观上，李某明知自己的逼迫和攻击行为，会造成张某坠楼的伤害后果，仍实施，故李某具有伤害的故意。综上，李某的行为符合故意伤害（致人死亡）罪。

第二种观点认为，李某的行为构成故意杀人罪，李某跳入他人住宅后，在

〔1〕 案例来源：刑事裁判文书，（2020）桂0921刑初23号。

被害人张某躲入卧室后,仍砸坏卧室房门,冲进卧室,张某为躲避李某的袭击爬至窗台,张某所在的楼层为11楼,坠楼下去必死无疑。李某明知其攻击行为会对张某生命安全的法益造成迫近的危险,仍然继续咒骂、逼近,致使张某惊恐加剧失足坠楼身亡。李某明知自己的行为可能造成他人死亡的结果,仍放任这种结果的发生,其对张某的死亡结果存在间接故意,应当认定为故意杀人罪。

第三种观点认为,张某坠楼的行为存在"被害人自陷风险"的因素,对于李某应当免于归责。李某饮酒后,认识能力和辨认能力降低,其只有砸门而入的行为,并没有对张某造成紧迫的不法侵害,其行为并不足以导致张某必须选择爬窗而出;张某为了躲避李某的追赶而自行爬窗的,这种在雨天爬上湿漉漉的窗台本身就是一种"被害人自我答责"的自陷风险行为;因此不应当追究李某的责任。

第四种观点认为,李某的行为构成过失致人死亡罪。首先,李某醉酒后辨认能力降低,发生了事实认识错误,误以为被害人的房屋是自己的住处,但醉酒状态不影响其刑事责任的认定;其次,李某砸开卧室房门,致使被害人被迫爬至阳台后坠楼身亡,李某的逼迫、攻击行为虽然是故意而为之,但这种故意是建立在对客观事实的主观认识错误的基础之上,但李某主观上的认识错误并非不可避免,李某只需稍加注意即可弄清楚不法侵害是否存在,可以采取其他的适当措施避免危害结果的发生,但由于李某应当注意而未注意,使本可避免的危害结果未能避免,所以李某主观上存在刑法意义上犯罪的过失,应当以过失犯罪论处。综上,李某的行为应当认定为过失致人死亡罪。

■ 法理分析

本案定性的主要争议在于厘清,李某醉酒后进入他人住宅,继而对被害人实施相对较轻的伤害行为,最终导致被害人坠楼身亡,这种轻微伤害行为导致的被害人死亡如何认定?我们倾向于认为李某的行为构成过失致人死亡罪,而不宜认定为故意伤害致死罪。理由如下:

Ⅰ 根据原因自由行为原理,李某醉酒后实施的行为应当负刑事责任

首先,李某醉酒跳窗进入被害人住宅的行为,缺乏非法侵入他人住宅的主观故意,不构成非法侵入住宅罪。从案情来看,李某因醉酒后辨认能力严重降低,明显发生了事实认识错误,误以为被害人的房屋是自己的住处而进入,其

在一开始并不具有非法进他人住宅的主观故意，虽然有趁醉酒闯入他人住宅的行为，但因缺乏非法侵入他人住宅的主观故意，而不能认定其构成非法侵入住宅罪。其次，李某当时虽然醉酒，事后也回忆不起当时发生的情形，但从其踹踩防盗门、跳窗进入房屋、砸卧室门、与被害人对峙等一系列行为、语言来判断，其还不属于昏醉状态，对自己实施的行为是有认识的，具备实施犯罪的认识能力，只不过存在误将他人住宅当作自己住处的事实认识错误，这种认识错误会影响其主观罪过是否存在及罪过形式的判断，但不能排除其刑事责任能力的认定。原因自由行为也称为可控制之原因行为，可理解为行为人因故意或过失而导致自己陷入无责任能力或限制责任能力状态，在这种状态下实施了符合犯罪构成要件的行为。[2]

该理论认为，行为人先行为中醉酒状态的意志决定对后行为，即结果行为的危险实现有一定的控制和支配力，并且基于该意志，对结果行为的发生也有一定的预见能力和避免义务，是主观心理见之于客观行为的具体表现。[3] 李某虽然辩称其饮酒后对于自己的行为没有记忆，但是其在饮酒之前对自己的行为以及将要发生的行为结果是具有一定的支配力的；同时在本案中，李某的行为虽然产生一定程度上的认识错误，但是其本身对于陷入这种状态下具有一定的自由决定意志，所以李某应当承担刑事责任。

Ⅱ 根据结果加重犯的理论，本案中李某的行为无法认定为故意伤害致人死亡罪

结果加重犯的理论学说有下列三种：

第一种学说是单一形态论，该学说认为结果加重犯中加重结果的发生只是一个客观的加重条件，并不需要考虑行为人是否有认识到加重结果的可能性或者是否对加重结果有认识。这种理解其实违背了刑法主客观相统一的原则，这种学说忽略加重结果部分主观罪过的认定，在具体案例分析中无法准确区分此罪与彼罪。如在故意伤害致人死亡罪中，此罪的基本犯为故意伤害，加重结果部分为致人死亡，如果不考虑行为人对加重结果部分的主观认知，就无法将故意伤害致人死亡与故意杀人罪作出区分，因为故意伤害致人死亡罪中对加重结果只能是过失，如果认为对加重的死亡结果可以是故意的话，那么将

---

〔2〕 林山田：《刑法通论》，台北，台湾三民书局1994年版，第176页。

〔3〕 顾彧：《醉酒犯罪中过失原因自由行为的类型化分析》，载《司法警官职业教育研究》2021年第2期。

会产生故意伤害致人死亡罪与故意杀人罪的混同。

第二种学说是复合形态论,该观点认为:结果加重犯是基本犯的故意犯罪与加重犯的过失犯罪的复合,结果加重犯成立之后,基本犯罪的性质发生变化,成为新罪,因此基本犯与结果加重犯的构成存在不同。[4] 该学说未能厘清复合形态下的结果加重犯的犯罪构成与基本犯犯罪构成有何不同,在轻微暴力致人死亡的案件中,如行为人的行为并没有达到故意伤害罪中致人轻伤的程度,但行为人主观上存有伤害的故意,客观上亦造成了加重结果,这种情形下,复合形态论的观点是:加重结果发生时,自然构成既遂,无须考虑基本犯的既遂或未遂形态。[5] 复合形态论一定程度上强调了结果加重犯以构成基本犯为前提,导致在轻微伤害行为致人死亡的案件中,忽略了故意伤害致人死亡罪的可能性,导致故意伤害致人死亡罪与过失致人死亡罪定性的争议。

第三种学说是危险性说,这种观点认为结果加重犯是故意实施的,具有基本犯实现高度危险性的行为,由于与行为人过失导致的加重结果存在内在联系,从而构成结果加重犯。与复合形态说相较,危险性说是将行为定性时不确定的部分,由复合形态的犯罪构成转移至发生危害结果盖然性的确定,这种盖然性的确定要结合案发当时的客观情况以及行为人对当时情况的认识来推定其主观恶性。

在本案中,单一形态论和复合形态论都无法准确定性李某的行为究竟属于故意伤害致人死亡罪还是过失致人死亡罪。从主观上来看,李某误以为被害人张某的住宅是自己的住处,可能存在一定的防卫目的;但在其跳窗进入张某的住宅后,并未受到张某的攻击,张某退却至卧室将房门锁住,处于惊慌恐惧、躲避防御的状态,而李某将卧室房门砸坏,进入卧室并逼近张某,此时,李某的行为处于主动攻击状态,无论其是否具有"防卫"目的,都无法否定其主观上存在将张某打伤的意图。即使一开始是出于防卫目的,在其追赶张某至卧室并破门而入的时候,也存在由防卫心理转化为伤害故意的可能性;从客观上来看,李某砸坏卧室房门,冲进卧室,对张某的生命安全法益造成迫近的危险,虽然其所采取的暴力手段没有直接作用于张某的身体,但这种逼迫行为可以视为已经开始着手实施故意伤害行为。在李某冲进卧室之前,张某因恐惧害怕爬出飘窗外躲避侵害,这就使故意伤害过程介入了被害人自身行为的因素;由于张某失足坠楼,使李某未及实施实际侵害行为,因此李某的故意伤害

---

〔4〕 参见黄祥青:《轻微暴力致人死亡案件定性研究》,载《刑事审判参考》(总第103集)。

〔5〕 参见马克昌:《犯罪通论》,武汉大学出版社1997年版,第168~170页。

罪的基本犯罪行为是没有达成的。但在单一形态论和复合形态理论中，结果加重犯结果发生时，自然构成既遂，无须考虑基本犯的既遂或未遂形态。本案中，李某想要实施的故意伤害是未达成的状态，破门而入的追赶、逼迫行为并未给张某的身体造成实际伤害。如果只从结果来判断，认定李某构成故意伤害致人死亡罪，显然无法罚当其罪。

但根据危险性说认为，认定构成结果加重犯，行为人要实施能够使基本犯实现的高度危险性的行为，这种行为与加重结果之间存在内在联系，也就是高度盖然性的联系。而本案中，李某的追赶、逼迫行为一般情况下是无法危害到张某的生命安全的，但是李某是基于伤害的故意而实施的破门追赶行为，其追赶、逼迫的行为已经创设了法所不允许的风险，且这种风险的状态最终造成了张某的跳窗坠楼，但这种风险的创设并不必然导致张某的人身安全遭受威胁。事实上，张某是为了躲避李某的追赶而自行爬窗的，这就需要判断的是能否因为“被害人自我答责”的自陷风险而排除归责的关联性。自我答责的自陷风险前提是，被害人在具备决定能力的情况下，对自己所面临的风险作出了充分估计，自愿地进入到风险之中。在本案中，李某尽管并没有对张某施加绝对的强制，但其追赶行为给张某造成了心理上的压力，在这种压力下张某无法就自己所处的情境作出理性判断，不符合自我答责的自陷风险，因而不能否认李某的行为对死亡结果的归责。

Ⅲ 李某对张某的死亡结果存在应当预见的可能性

本案中，李某的追赶、逼迫行为已经创设了法所不允许的风险，且这种风险的状态最终造成了张某的跳窗坠楼。李某虽然饮酒后认识能力和辨认能力降低，但是其仍具备判断其行为创设了何种风险的义务。李某的行为给张某造成了心理上的压力，在这种压力下张某将自己置身险境，李某的前行为为其创设了应当预见其攻击行为会对张某生命安全的法益造成迫近的危险的义务，同时也具有预见该行为可能造成张某身亡的可能性，但仍然继续咒骂、逼近，致使张某惊恐加剧失足坠楼身亡。综上，李某主观上对张某坠楼死亡的结果存在疏忽大意的过失，应当认定为其构成过失致人死亡罪。

（王丽珂）

陈某某故意杀人案

犯罪的着手与犯罪未遂的认定

案情介绍

被告人陈某某与被害人陈某系父子关系，陈某出生于2012年2月5日。被告人陈某某与妻子因琐事发生争执，其妻子离家。2019年3月3日19时许，在被告人陈某某家中，被告人陈某某将门窗锁上，用含有“百草枯”成分的农药煮了一碗面条，并将煮面条的过程用手机拍摄，将视频通过微信发给其妻子，还让陈某食用，陈某因看见面条里有农药而未食用。其间，陈某某母亲因害怕陈某有危险，而与陈某某沟通，欲让陈某离开，陈某某拒绝，陈某某母亲遂让他人报警。警察赶到现场后，陈某某持菜刀和斧子与警察对峙，拒绝让陈某离开房间。在与陈某某沟通无效后，警察破门窗进入屋内，陈某某又将面条给陈某吃，被警察制止，并将被告人陈某某制服。[1] 本案在审理过程中，被害人陈某对被告人陈某某表示谅解，请求法院对被告人减轻处罚。

理论争议

本案中，被告人陈某某故意非法剥夺他人生命，其行为已构成故意杀人罪。在被害人死亡结果没有发生的情况下，关于被告人陈某的行为是构成犯罪预备还是犯罪未遂，存在不同的观点。

第一种观点认为，被告人陈某某将门窗锁上，用含有“百草枯”成分的农药煮了一碗面条，属于为犯罪准备工具、制造条件的情形，应当构成故意杀人罪的犯罪预备。

第二种观点认为，被告人陈某某的行为除了锁上门窗、用含有“百草枯”成分的农药煮了一碗面条这些准备工具、创造条件的行为外，还拒绝让陈某离开房间，并让陈某某吃有毒的面条，其行为已经着手实施故意杀人的构成要件

〔1〕 案例来源：刑事裁判文书，(2020)辽14刑终94号。

行为,在被警察制伏后停止,其行为应当构成故意杀人罪的犯罪未遂。

■ 法理分析

关于本案,其争议在于被告人陈某某构成犯罪预备还是犯罪未遂。根据我国《刑法》第 22 条的规定,所谓犯罪预备是指为了实行犯罪,准备工具、制造条件,但由于行为人意志以外的原因而未能着手实行犯罪的特殊形态。犯罪预备具有以下四个方面的特征:第一,行为人客观上实施了犯罪预备行为。预备行为是为犯罪的实行创造便利条件,以利于发生结果的行为,这种行为是整个犯罪行为的一部分,如果不是由于某种原因停顿下来,预备行为就会进一步发展为实行行为,从而造成犯罪结果。预备行为往往包括两类行为:一是准备工具,如通过购买、制造、改装、租借、盗窃等行为准备犯罪工具;二是制造条件,即指除准备犯罪工具以外的一切为实行犯罪制造条件的预备行为,如调查犯罪场所与被害人行踪、出发前往犯罪场所或守候被害人的到来、诱骗被害人前往犯罪场所、商议犯罪实行计划等。第二,行为人主观上为了实行犯罪,即行为人基于确定的犯罪故意,为具体犯罪的实行行为准备工具、制造条件。第三,行为人未能着手实行犯罪。未能着手实行犯罪包括两种情况:一是行为人没有完成预备行为,因而也不可能着手实行行为;二是行为人已经完成了预备行为,但未能着手实行行为。第四,行为人未能着手实行犯罪是由于行为人意志以外的原因造成的,即行为人本欲继续实施预备行为,进而着手实行犯罪,但基于违背行为人意志的原因,行为人客观上不可能继续实施预备行为或着手实行犯罪。符合上述特征的就是犯罪预备。

根据我国《刑法》第 23 条的规定,犯罪未遂是指行为人已经着手实行犯罪,但由于行为人意志以外的原因而未得逞。犯罪未遂具有以下三个方面的特征:第一,行为人已经着手实行犯罪,即行为人开始实行某一犯罪构成客观要件的行为。第二,行为人犯罪未得逞,即犯罪行为没有具备《刑法》分则规定的某一犯罪构成的要件,或者说犯罪行为没有齐备具体犯罪构成的全部要件。犯罪未得逞是犯罪未遂与犯罪既遂相区别的基本标志。第三,行为人犯罪未得逞是由于犯罪人意志以外的原因。犯罪人意志以外的原因是指违背犯罪人意志的,客观上使犯罪不可能既遂,或者使犯罪人认为不可能既遂从而被迫停止犯罪的原因。符合上述特征的就是犯罪未遂。

根据上述对于犯罪预备与犯罪未遂的分析可知,两者区分的关键就在于行为人是否已经着手实行犯罪。可见,本案争议的焦点在于被告人陈某某的行为是否能认定为已经着手实行犯罪,如果其行为能认定为已经着手,则其行为应当认定为犯罪预备,若属于还未着手,则其行为应当认定为犯罪未遂。

着手是实行行为的起点,标志着犯罪行为进入了实行阶段,表明行为人所实施的行为是实行行为。我国刑法理论中,关于着手的传统观点认为,所谓着手是指开始实行《刑法》分则所规定的某一犯罪构成客观要件的行为。根据这一观点,着手是实行行为的开始,实行行为是《刑法》分则规定的构成要件的行为,只有开始实施符合构成要件的行为时才是着手。但这一观点对于什么行为才是符合《刑法》分则规定的构成要件的行为并没有作出解释。例如,如果在故意伤人行为中,行为人举起手枪,瞄准被害人,扣动扳机,根据传统观点,上述三个行为哪一个应当是故意杀人罪的构成要件行为这一问题依然无法解决。可见,这一观点表面上看似具有合理性,但只是流于形式,无法从实质上说明什么是着手。对此,有学者提出在着手的判断中应当采用实质的结果说,该观点认为,犯罪的本质是侵害法益,因此犯罪未遂应当是具有侵害法益的紧迫危险的行为。因此,当行为发生了作为未遂犯的结果的危险性(危险结果)时,即行为人的行为侵害法益的危险达到紧迫程度时,就是着手。也即只有当行为产生了侵害法益的具体危险状态时,才是着手。〔2〕 至于何种行为具有侵害法益的紧迫危险,则应根据不同犯罪、不同案件的具体情况综合判断。

在本案中,被告人陈某某实施了以下行为:锁上门窗,用含有“百草枯”成分的农药煮了一碗面条,拒绝让陈某离开房间,以及让陈某某吃有毒的面条。要判断陈某某的行为是否已经着手实行犯罪,可以通过其行为是具有法侵害的紧迫危险,即具有发生侵害结果的时间紧迫性。在陈某某的上述行为中,其锁上门窗,用含有“百草枯”成分的农药煮面条的行为属于典型的为犯罪制造条件和准备工具的行为,还不具有对被害人法益侵害的紧迫危险。如果行为人的行为由于某种原因而停止在这一阶段了,则可能构成犯罪预备或者预备阶段的犯罪中止。但本案中被告人陈某某的行为到此并未停止,而是拒绝让陈某离开并将煮好的含有农药成分的面条让陈某吃,这一让陈某吃含有农药成分的面条的行为显然属于利用其所制造的条件和准备的工具开始实行犯罪行为的情形,对被害人陈某造成法益侵害的危险性不仅已经存在,还具有危险的紧迫性,应当认定为属于故意杀人罪的着手行为。由于犯罪预备的成立条件必须是行为人尚未着手实行犯罪行为,因此在认定被告人陈某某的行为已

---

〔2〕 参见张明楷:《刑法学》(第6版),法律出版社2021年版,第440~441页。

经着手的情况下，即使未发生犯罪结果，被告人陈某某的行为也不可能成立故意杀人罪的犯罪预备，而只可能成立故意杀人罪的犯罪未遂或者犯罪中止。

要区分陈某某的行为是构成犯罪未遂还是犯罪中止，其区分的关键在于犯罪结果未发生是由被告人意志以外的原因造成的还是被告人自动放弃犯罪行为或者自动有效地防止犯罪结果发生。本案中，陈某某母亲因害怕陈某有危险，而与陈某某沟通，欲让陈某离开，遭到陈某某拒绝，陈某某并未因其母亲的劝说而自动放弃犯罪。在警察赶到现场后，警察与陈某某的沟通仍然无效，陈某某也并未因此自动放弃犯罪行为，而是持菜刀和斧子与警察对峙，依然拒绝让陈某离开房间，并再次让陈某吃含有农药成分的面条。最后是警察破门窗进入屋内强行将被告人陈某某制服。由此可见，陈某某犯罪未得逞是由其意志以外的原因导致的，而并非因其自动放弃犯罪。被告人陈某某不成立故意杀人罪的犯罪中止，而属于故意杀人罪的犯罪未遂。

关于被告人陈某某的刑罚，根据《刑法》第 23 条第 2 款的规定，对于未遂犯，可以比照既遂犯从轻或者减轻处罚。因此，对于陈某某的处罚可以比照故意伤人罪的既遂犯对被告人陈某某予以从宽处罚。同时，考虑到本案是由于家庭矛盾所引起，并且被害人也对被告人陈某某表示了谅解，因此，也可以进一步对被告人陈某某予以从宽处罚。

（龙敏）

宋某明、王某升、李某亮绑架罪案

犯罪预备、犯罪未遂、犯罪中止的区分

案情介绍

2019年3月，被告人宋某明因网络赌博欠高额赌债无力偿还，遂产生了绑架他人勒索钱财的想法，于是通过QQ聊天与被告人王某升、李某亮相识，并约二人来兰州共同绑架被害人牟某某，向其家人勒索钱财。当月31日，王某升、李某亮分别从湖北、深圳飞抵兰州。三被告人在兰州市七里河区郑家庄某招待所，商定趁被害人独自外出时将其劫持，并以威胁方法勒索赎金。2019年4月1日、2日，王某升、李某亮根据宋某明提供的被害人的照片及其相关信息，多次前往牟某某经营的兰州市七里河区金港城茶叶店和安宁区茶叶店，均未见到被害人（经查，这期间被害人并不在兰州）。4月2日晚，李某亮称其害怕，遂订了次日机票后返回深圳。王某升与宋某明商议后也订了机票准备返回。2019年4月4日，公安人员抓获宋某明，并在兰州中川机场抓获准备离开的王某升。2019年4月9日，公安人员在深圳抓获李某亮。[1]

理论争议

本案中三被告人以勒索财物为目的，试图以暴力方法劫持他人，其行为均已构成绑架罪。在犯罪结果没有发生的情况下，关于被告人的行为是构成犯罪预备、犯罪未遂还是犯罪中止，存在以下三种观点。

第一种观点认为，本案中的被告人构成绑架罪的犯罪预备。理由在于被告人主观上为了犯罪，客观上实施了商议绑架、前往被害人经营的茶叶店踩点等相关犯罪预备行为，但因被害人不在兰州而使其绑架犯罪行为未能着手实施，不应被认定为已经着手实施犯罪，其行为应当属于犯罪预备。

第二种观点认为，被告人的行为构成绑架罪的犯罪未遂。理由在于被告

---

〔1〕 案例来源：刑事裁判文书，（2020）甘01刑终20号。

人未能得逞的原因是没有找到被害人牟某某,无法继续实施犯罪,这是由被告人意志以外的原因造成的,因此其行为应当属于犯罪未遂。

第三种观点认为,被告人的行为构成绑架罪的犯罪中止。理由在于被告人在前往被害人牟某某经营的茶叶店未见到被害人后,便自动放弃继续寻找被害人进而实施绑架行为,因此其行为应当属于犯罪中止。

■ 法理分析

根据我国《刑法》第 22 条的规定,犯罪预备是指为了实行犯罪,准备工具、制造条件,但由于行为人意志以外的原因而未能着手实行犯罪的特殊形态。犯罪预备具有以下四个方面的特征:第一,行为人客观上实施了犯罪预备行为。预备行为是为犯罪的实行创造便利条件,以利于发生结果的行为,这种行为是整个犯罪行为的一部分,如果不是由于某种原因停顿下来,预备行为就会进一步发展为实行行为,从而造成犯罪结果。预备行为往往包括两类行为:一是准备工具,如通过购买、制造、改装、租借、盗窃等行为准备犯罪工具。二是制造条件,即指除准备犯罪工具以外的一切为实行犯罪制造条件的预备行为,如调查犯罪场所与被害人行踪、出发前往犯罪场所或守候被害人的到来、诱骗被害人前往犯罪场所、商议犯罪实行计划等。第二,行为人主观上为了实行犯罪,即行为人基于确定的犯罪故意,为具体犯罪的实行行为准备工具、制造条件。第三,行为人未能着手实行犯罪。未能着手实行犯罪包括两种情况:一是行为人没有完成预备行为,因而也不可能着手实行行为;二是行为人已经完成了预备行为,但未能着手实行行为。第四,行为人未能着手实行犯罪是由于行为人意志以外的原因造成的,即行为人本欲继续实施预备行为,进而着手实行犯罪,但基于违背行为人意志的原因,行为人客观上不可能继续实施预备行为或着手实行犯罪。符合上述特征的就是犯罪预备。

根据我国《刑法》第 23 条的规定,犯罪未遂是指行为人已经着手实行犯罪,但由于行为人意志以外的原因而未得逞。犯罪未遂具有以下三个方面的特征:第一,行为人已经着手实行犯罪,即行为人开始实行某一犯罪构成客观要件的行为。第二,行为人犯罪未得逞,即犯罪行为没有具备《刑法》分则规定的某一犯罪构成的要件,或者说犯罪行为没有齐备具体犯罪构成的全部要件。犯罪未得逞是犯罪未遂与犯罪既遂相区别的基本标志。第三,行为人犯罪未得逞是由于犯罪人意志以外的原因。犯罪人意志以外的原因是指违背犯罪人意志的,客观上使犯罪不可能既遂,或者使犯罪人认为不可能既遂从而被迫停止犯罪的原因。符合上述特征的就是犯罪未遂。

根据我国《刑法》第24条的规定,犯罪中止是指行为人在犯罪过程中,自动放弃犯罪或者自动有效地防止犯罪结果发生。犯罪中止的成立应当具备以下四个方面的条件:一是中止的及时性,也即中止的时间性。中止必须发生在犯罪的过程中,也即中止必须发生在行为人开始实施犯罪行为之后、犯罪结果发生之前的时间过程中。此处的犯罪过程中既包括犯罪的预备阶段也包括犯罪的实行阶段,只要犯罪尚未形成结局,还处于发展过程中都属于犯罪过程中。但如果犯罪已呈现出结局状态,如已经成立犯罪预备、犯罪未遂或犯罪既遂的状态,则不属于犯罪过程中,不能再成立犯罪中止。二是中止的自动性。成立犯罪中止,要求行为人主观上自愿放弃犯罪的故意,即必须是自动放弃犯罪或者自动有效地防止犯罪结果的发生,这也是犯罪中止与犯罪预备、犯罪未遂区分的重要标志。三是中止的客观性,犯罪中止不仅要求行为人主观上要有放弃犯罪的意图,客观上还应当有中止行为。在犯罪未实行终了的情形下,一般行为人只要不继续实行犯罪行为就不会发生犯罪结果,中止行为往往表现为行为人放弃继续实施犯罪行为。而在犯罪行为实行终了的情形下,行为人不采取有效的措施中会发生犯罪结果,中止行为一般表现为行为人采取积极的措施有效地防止犯罪结果的发生。四是中止的有效性。对于犯罪中止的两种情形实行终了的中止和未实行终了的中止,不管是哪一种情形,都必须没有发生行为人原本所希望或者放任的、由构成要件行为性质所决定的犯罪结果。如果行为人主观上具有放弃故意犯罪的意图,客观上也自动放弃或者自动采取措施防止犯罪结果发生,但犯罪结果依然发生了,则不能成立犯罪中止。

从上述分析可知,犯罪中止与犯罪预备、犯罪未遂区分的关键在于判断犯罪结果未发生是因为行为人自动放弃犯罪或自动有效地防止犯罪结果发生,还是因为行为人意志以外的原因导致的。判断本案被告人是否构成绑架罪的犯罪中止,关键在于判断被告人放弃劫持被害人是属于自动放弃还是被迫放弃。本案中,三被告人中李某亮称其害怕,遂订次日机票后返回深圳,王某升与宋某明商议后也订机票准备返回。他们离开兰州是自主决定且主动离开的,但并不能说明被告人是自动放弃犯罪行为。事实上,三被告人曾多次到被害人牟某某经营的茶叶店踩点,寻找被害人,试图作案,但由于均未找到被害人而不得已放弃犯罪行为,此后王某升与李某亮才决定离开兰州。可见,三被告人未造成犯罪结果并非因为自动放弃犯罪,而是因为被害人不在兰州逃过一劫,这属于被告人意志以外的原因导致的。因此,三被告人的行为不构成犯罪中止，只可能构成犯罪预备或者犯罪未遂。

从前述分析可知，犯罪预备与犯罪未遂区分的重点在于行为人是否着手实行犯罪。关于着手的认定，我国理论界包括形式客观说和实质客观说，形式客观说认为，所谓着手是指开始实行《刑法》分则所规定的某一犯罪构成客观要件的行为。这一观点的缺点在于流于形式，对于什么行为才是符合《刑法》分则规定的构成要件的行为并没有作出实质的解释，容易造成对着手的认定过于提前或者过于推迟的后果。对于着手的认定，应当采用实质客观说。该说认为，犯罪的本质是侵害法益，因此犯罪未遂应当是具有侵害法益的紧迫危险的行为。当行为发生了作为未遂犯的结果的危险性（危险结果）时，即行为人的行为侵害法益的危险达到紧迫程度时，才是着手。同时，我们应当明确着手不是犯罪行为的起点，而是犯罪实行行为的起点，着手标志着犯罪进入了实行阶段，且着手本身是实行行为的一部分。本案中，三被告人主观上具有绑架被害人的意图，客观上实施了商议如何绑架、前往被害人经营的茶叶店踩点等相关犯罪行为，但因被害人不在兰州而使其绑架犯罪行为未能着手实施。三被告人商议如何绑架以及前往被害人经营的茶叶店踩点行为还不具有侵犯法益的紧迫危险，不应被认定为已经着手实施犯罪，该行为依然属于犯罪的预备行为，不构成犯罪未遂，而应当属于犯罪预备。本案在一审中，法院认为三被告人的行为构成绑架罪的犯罪未遂并不合理。一审法院认定三被告人的行为构成犯罪未遂理由在于被告人未能得逞的原因是没有找到被害人牟某某而无法继续实施犯罪，是由被告人意志以外的原因造成的，因此其行为应当属于犯罪未遂。该判决仅从行为人未造成犯罪结果是由于意志以外的原因导致的这一理由判断三被告人的行为构成犯罪未遂有失妥当。在因意志以外的原因导致犯罪结果没有发生的情形下，既可能是犯罪未遂，也可能是犯罪预备，还应当进一步判断被告人是否已经着手实施犯罪实行行为。本案二审在此基础上认定三被告人所实施的商议绑架、前往被害人经营的茶叶店踩点等相关犯罪行为属于犯罪预备行为，不应被认定为已经着手实施犯罪，进而认定三被告人的行为属于犯罪预备。二审判决具有合理性。

（龙敏）

黄某某故意伤害案

共同犯罪中犯罪中止的认定

案情介绍

2000年6月初，刘某某（另案处理）被免去珠海市建安集团总经理职务及法人代表资格后，由珠海市兴城控股有限公司董事长朱某某兼任珠海市建安集团公司总经理。同年6月上旬，被告人黄某某找到刘某某商量，提出找人利用女色教训朱某某。随后，黄某某找到被告人洪某，商定由洪某负责具体实施。洪某提出要人民币4万元的报酬，先付人民币2万元，事成后再付人民币2万元。黄某某与刘某某商量后，决定由刘某某利用其任建源公司董事长的职务便利，先从公司挪用这笔钱。同年6月8日，刘某某写了一张人民币2万元的借据。次日由黄某某凭该借据到建源公司财务开具了现金支票，并到深圳发展银行珠海支行康宁分理处支取了人民币2万元，分两次支付给了洪某。洪某收钱后，即着手寻觅机会利用女色来引诱朱某某，但未能成功。于是，洪某打电话给黄某某，提出不如改为找人打朱某某一顿，黄某某表示同意。之后，洪某以人民币1万元雇佣被告人林某某去砍伤朱某某。后黄某某因害怕打伤朱某某可能会造成的法律后果，又于7月初，两次打电话给洪某，明确要求洪某取消殴打朱某某的计划，同时商定先期支付的2万元冲抵黄某某欠洪某所开饭店的餐费。但洪某应承后却并未及时通知林某某停止伤人计划。林某某在找来被告人谢某某、庞某某等人后，准备了两把菜刀，于7月24日晚，一起潜入朱某某住处楼下，等候朱某某开车回家。晚上9点50分左右，朱某某驾车回来，谢某某趁朱某某在住宅楼下开信箱之机，持菜刀朝朱某某的背部连砍2刀、臀部砍了1刀，庞某某则用菜刀往朱某某的前额面部砍了1刀，将朱某某砍致重伤。事后，洪某向黄某某索要未付的人民币2万元。7月25日，黄某某通过刘某某从建源公司再次借出人民币2万元交给洪某。洪某将其中的1万元交给林某某作报酬，林某某分给谢某某、庞某某等人共4500元，余款自己占有。[1]

■ 理论争议

本案关于被告人黄某某的行为是否成立犯罪中止存在两种观点。

第一种观点认为，黄某某的行为构成犯罪中止，理由在于黄某某因害怕打伤被害人可能会造成法律后果，所以主观上自动放弃了伤害被害人的犯罪故意，客观上也两次通知洪某取消实施伤害行为，并对先期支付的费用作出了相应的处理。被害人伤害结果的发生是由于其他共同犯罪参与人洪某在接到黄某某取消伤害计划的通知后，没有及时按黄某某的意思采取有效措施阻止其他人继续实施犯罪，该行为后果不应由黄某某承担。

第二种观点认为，黄某某的行为不构成犯罪中止，理由在于黄某某虽然主观故意发生了变化，客观上也实施了两次通知洪某取消实施伤害计划的行为。但其行并没有有效地阻止其他共同犯罪参与人继续实施犯罪，以致危害结果发生，不能成立犯罪中止。

■ 法理分析

本案的特殊之处在于黄某某属于共同犯罪，在共同犯罪中，行为人自愿停止犯罪后能否认定为犯罪中止存在争议。本案争议的焦点就在于共同犯罪中行为人犯罪中止应如何认定。共同犯罪中犯罪人犯罪中止的认定与单个人犯罪的犯罪中止的认定有所不同。由于共同犯罪中各共同犯罪人是犯罪结果发生的共同原因，其犯罪中止的认定相对于单独犯罪中犯罪中止的认定具有一定的复杂性。因此，不能仅从单个人的行为来认定犯罪中止，而应考虑行为人在全案发生、发展中的地位和作用来予以具体认定。

1. 犯罪中止的成立条件

根据我国《刑法》第 24 条的规定，所谓犯罪中止是指在犯罪过程中，自动放弃犯罪或者自动有效地防止犯罪结果发生。根据这一规定可知，犯罪中止存在两种类型。一是未实行终了的中止，包括在预备阶段或者开始实行行为但未实行终了的过程中自动放弃犯罪两种情形。在这种情形下，由于行为人的行为还处在预备阶段或者犯罪行为还未实行终了，往往只要行为人自动放

---

〔1〕 案例来源：北大法宝，法宝引证码：CLI. C. 238886，https://www. pkulaw. com/pfnl/a25051f3312b07f3f2891b7068fa90ab285344a28109af04bdfb. html。

弃犯罪就能够避免犯罪结果发生。二是实行终了的中止,即在行为人实行行为终了但犯罪结果还没有发生的情形下,行为人自动有效地防止危害结果发生。

在犯罪中止的认定中,应当判断行为具备以下四个方面的条件:一是中止的及时性,也即中止的时间性。中止必须发生在犯罪的过程中,也即中止必须发生在行为人开始实施犯罪行为之后,犯罪结果发生之前的时间过程中。此处的犯罪过程中既包括犯罪的预备阶段也包括犯罪的实行阶段,只要犯罪尚未形成结局,还处于发展过程中都属于犯罪过程中。但如果犯罪已呈现结局状态,如已经成立犯罪预备、犯罪未遂或犯罪既遂的状态,则不属于犯罪过程中,不能再成立犯罪中止。二是中止的自动性。成立犯罪中止,要求行为人主观上自愿放弃犯罪的故意,即必须是自动放弃犯罪或者自动有效地防止犯罪结果的发生,这也是犯罪中止与犯罪预备、犯罪未遂区分的重要标志。三是中止的客观性,犯罪中止不仅要求行为人主观上要有放弃犯罪的意图,客观上还应当有中止行为。在犯罪未实行终了的情形下,一般行为人只要不继续实行犯罪行为就不会发生犯罪结果,中止行为往往表现为行为人放弃继续实施犯罪行为。而在犯罪行为实行终了的情形下,行为人不采取有效的措施中会发生犯罪结果,中止行为一般表现为行为人采取积极的措施有效地防止犯罪结果的发生。四是中止的有效性。不管是哪一种犯罪中止的情形,都必须没有发生行为人原本所希望或者放任的、构成要件行为性质所决定的犯罪结果。如果行为人主观上具有放弃故意犯罪的意图,客观上也自动放弃或者自动采取措施防止犯罪结果发生,但犯罪结果依然发生了,则不能成立犯罪中止。

2. 共同犯罪中犯罪中止的认定

在共同犯罪中,各行为人是在共同故意的支配之下,由各自的行为所结成的有着内在联系的行为整体,即各共犯围绕同一目标,成为一个统一的犯罪活动整体,共同对危害结果的产生起原因力作用。因此,共同犯罪中犯罪中止的认定与单独犯罪中犯罪中止的认定有所不同,而更具有复杂性。在共同犯罪中,虽然每个具体的行为都是围绕共同的犯罪故意来进行的,但各行为人在具体犯罪中的地位和作用及其具体行为的表现可能有所不同,其行为对危害结果产生的原因力有所不同。同样,各不同参与人因其在共同犯罪中的地位与作用不同,其放弃犯罪意图,停止犯罪行为后对防止犯罪结果发生这一事实的支配力也有所不同。如果机械地以是否有效阻止犯罪结果发生作为判断行为人是否成立犯罪中止,难免会失去犯罪中止制度鼓励行为人放弃犯罪的功能。因此,对于共同犯罪中犯罪中止的认定,应当根据行为人在全案发生、发展中的地位和作用来予以具体认定。

根据共同犯罪人在共同犯罪中的分工不同,可以分为共同正犯、帮助犯和教唆犯。不同分工的犯罪人在不同阶段中犯罪中止的认定标准有所差异。共同正犯则根据不同阶段有不同的犯罪中止成立标准,如果共同正犯在预备阶段停止犯罪,则需要消除预备行为对共同犯罪产生的物理上、心理上的作用就可以成立犯罪中止;如果在犯罪实行阶段停止犯罪的,则共同正犯不仅需要自动放弃犯罪行为,还要有效阻止犯罪结果发生才可以成立犯罪中止。帮助犯因其在共同犯罪中的作用较小,对于犯罪结果产生的原因力往往也较小,所以在共同犯罪过程中只要能够有效地消除其帮助行为就能成立犯罪中止。而教唆犯则有所不同,因为教唆犯使其他人产生的犯罪的意图,其行为对于犯罪结果的发生往往难以排除因果关系,因此,教唆犯罪成立犯罪中止往往具有较为严格的标准。教唆犯成立犯罪中止,教唆者必须要对被教唆人实施积极的补救行为,如在被教唆人尚未实行犯罪或者在犯罪结果发生之前,及时有效地通知、说服、制止被教唆人停止犯罪预备或者实施犯罪行为,彻底放弃犯罪意图,使之没有发生犯罪结果,否则不能成立犯罪中止。

本案中,被告人黄某某与其他人构成共同犯罪,且属于教唆犯。黄某某先是找到洪某,商定由洪某寻觅机会用女色引诱朱某某,后洪某提出改为找人打朱某某一顿,被告人黄某某在同意洪某的提议时,就可以视为其教唆行为已实行完毕。其后,洪某又雇用了林某某等人,且黄某某对于洪某找人伤害朱某某是知情的。此后,被告人黄某某主观上因害怕打人可能会造成的法律后果,便决定放弃伤害计划,客观上也两次电话通知洪某放弃伤人行为,并对其先前支付的报酬作出了冲抵所欠餐费的处分。从表面上看,黄某某主观上放弃了伤害朱某某的意图,客观上也对其直接雇佣、教唆的人实施了积极的补救措施和为防止结果最终的实际发生的行为,犯罪结果的发生似乎是由于洪某的怠于通知所造成,黄某某似可成立犯罪中止。但综上所述,本案黄某某作为教唆人,必须要对被教唆人实施积极的补救行为,及时有效地通知、说服、制止被教唆人彻底放弃犯罪意图,并且停止犯罪行为。本案中,黄某某教唆洪某后,洪某又教唆其他人实施伤害行为,黄某某对此是知情的,因此其不仅要通知、说服和制止洪某,使其彻底放弃犯罪意图,停止犯罪行为,对其他被雇用、教唆人也应当采取积极采取相应补救措施,至少其要确保中间人洪某能及时有效地通知、说服、制止其他被雇用、教唆人彻底放弃犯罪意图,停止犯罪并有效地防止犯罪结果的发生。黄某某的行为未能做到这一点,从而导致犯罪行为和结果的实际发生。因此黄某某的行为不能认定构成犯罪中止。

黄某某的行为也不能成立共犯的脱离,共犯的脱离是指否认共犯的先前行为与正犯结果之间具有因果关系,从而只让共犯承担中止犯或预备犯、未遂犯的刑事责任。共犯的脱离实际上也是共犯的因果性问题。所谓共犯关系的脱离,实际上是同时消除已经实施的共犯行为与结果之间的物理的因果性与心理的因果性。[2] 本案中,虽然被告人黄某某主观上有放弃犯罪的意图,客观上也实施了相应通知洪某停止伤害活动的行为,但其教唆行为与犯罪结果的发生之间有明显的因果关系,不能成立共犯关系的脱离,也即不只承担中止犯的刑事责任。

在处罚方面,根据《刑法》第24条的规定,对于中止犯,没有造成损害的,应当免除处罚,造成损害的,应当减轻处罚。本案中,黄某某虽因没有有效阻止犯罪结果的发生,不成立犯罪中止,但其主观方面确实产生了放弃犯罪的意图,客观上也两次通知"下家"洪某停止伤害活动。从鼓励行为人自动放弃犯罪的角度而言,被告人张某的放弃行为应当得到刑法的肯定评价,因此可以对其酌情从轻处罚。

(龙敏)

---

〔2〕 张明楷:《刑法学》(第6版),法律出版社2021年版,第606页。

陆某某盗窃罪案

犯罪成立理论之争在共犯领域的展开

案情介绍

2012年3月5日下午，经同案行为人谢某某（已满15周岁，未满16周岁）提议，被告人陆某某跟随谢某某至苏州市清塘新村50幢某室盗窃。在谢某某的安排下，陆某某在外望风，谢某某则钻窗进入该室实施盗窃，共窃得人民币11万元。盗窃得手后，谢某某分给陆某某人民币6000元。案发后，公安机关从谢某某处追回赃款78,698元，陆某某退回分得的赃款6000元，剩余赃款已被谢某某挥霍。谢某某因未达到刑事责任年龄，被公安机关收容教养。陆某某对公安机关指控盗窃罪无异议，但辩称自己在本案共同盗窃过程中只是在旁望风，没有实施盗窃行为，自己在整个犯罪过程中只起了从犯的作用。法院认为，陆某某以非法占有为目的，伙同他人共同盗窃，数额特别巨大，构成盗窃罪。虽然同案人谢某某未达刑事责任年龄，但其已具备了关于盗窃罪的规范意识，并且在整个盗窃过程中处于绝对主导地位。之所以未将其作为犯罪人论处，只是从保护未成年人，以利于其将来成长的角度而给予的刑事政策考量，故本案并不具有将陆某某认定为间接实行犯的条件。陆某某在谢某某的安排下帮助望风，在盗窃中起辅助作用，对其应当按照共同犯罪的从犯论处，予以从轻或者减轻处罚。据此，人民法院依法以盗窃罪判处陆某某有期徒刑七年，并处罚金七千元，责令其对本案尚未追缴的赃款予以退赔。一审判决后，被告人陆某某未提出上诉，公诉机关也未抗诉，判决已经发生法律效力。[1]

理论争议

本案中，关于谢某某和陆某某是否成立共同犯罪以及如何定罪处罚，存在

---

〔1〕 张捷、姚军：《伙同未达刑事责任年龄人作案可构成共同犯罪》，载《人民司法》2013年第8期。

以下三种观点。

第一种观点认为,基于传统四要件理论,共同犯罪的成立须要具备共同的故意和共同的行为。因谢某某未达到刑事责任年龄,与陆某某不构成共同犯罪,所以不应认定陆某某构成盗窃罪。

第二种观点认为,根据间接正犯理论,陆某某系盗窃罪的间接正犯;而谢某某因未达到刑事责任年龄,只存在工具人属性,因而无须定罪处罚。

第三种观点认为,基于阶层理论,共同犯罪中的"罪"仅指不法层面。亦即,共同犯罪主要解决不法事实归属于哪些参与人的行为。因此,谢某某与陆某某在不法层面构成共同犯罪,只是因为谢某某未达到刑事责任年龄,没有刑事责任能力,而不予处罚;陆某某具有刑事责任能力,可以按盗窃罪从犯定罪量刑。

■ 法理分析

本案的争议焦点是:谢某某与陆某某是否属于共同犯罪?《刑法》第 25 条第 1 款中的共同犯罪,是指二人以上共同故意犯罪的"罪",到底是犯罪成立层面的?还是不法层面的?根据我国传统的"犯罪客体—犯罪客观方面—犯罪主体—犯罪主观方面"的四要件体系,只有四个要件全部具备了,才构成犯罪。欠缺其中任何一个要件,则行为不构成犯罪。同时,"不构成犯罪"被简单等同于"无罪",而无法再细分无罪的不同类型、不同评价,也不存在承认"违法意义上的犯罪"的理论空间。[2] 据此,阶层论者坚称,这种传统的一元评价模式,具有不合理性。在 15 周岁的人让 16 周岁的人为其望风,而自己进入他人室内盗窃的场合,因为 16 周岁的人对犯罪事实没有支配性,不能认定其为间接正犯。如果按照传统观点,陆某某与谢某某不能成立共同犯罪。如果说两人不成立共同犯罪,则对两人均无法处理。[3] 这种结论显然缺乏妥当性。有阶层论的学者认为:"只有废弃四要件的犯罪构成体系,改采三阶层的犯罪论体系,才能为共犯理论的发展提供足够的学术空间。"[4] 还有学者则认为,未必要适用三阶层的犯罪论体系,但必须采用区分违法与责任,才能区分

〔2〕 付立庆:《违法意义上犯罪概念的实践展开》,载《清华法学》2017 年第 5 期。

〔3〕 参见黎宏:《共同犯罪行为共同说的合理性及其应用》,载《法学》2012 年第 11 期。

〔4〕 陈兴良:《走向共犯的教义学——一个学术史的考察》,载陈兴良主编:《刑事法评论》(第 25 卷),北京大学出版社 2009 年版,第 461 页。

不法层面的犯罪概念,为刑法解释释放足够的空间。[5]

按照部分阶层论支持者的观点,"共同犯罪是不法形态。处理共同犯罪案件时,应当首先从不法层面判断是否成立共同犯罪或者说从不法层面判断结果应当归属于哪些人的行为,然后从责任层面个别地判断各参与人是否具有责任以及具有何种责任"。[6] 于本案而言,首先,谢某某实施盗窃,陆某某把风对财产损失的结果具有因果性。据此,应当将盗窃的财产损失结果归属于谢某某和陆某某,二人在不法层面构成共同犯罪。然后,在责任层面,由于谢某某没有达到刑事责任年龄,没有刑事责任能力,故对谢某某不能定罪处罚;而因为陆某某具有刑事责任能力,因此,应当承担刑事责任。通过区分不法与责任,阶层论似乎更能妥当地解决未达刑事责任年龄人的共同犯罪问题。相较之下,四要件体系是平面的耦合结构,没有区分不法与责任,不能得出谢某某和陆某某在不法层面成立共犯。亦即,无法解决伙同未达到刑事责任年龄人共同犯罪的问题。

面对阶层论者的尖锐批判,四要件理论的支持者们并未坐以待毙,提出了多种解决方案。例如,有学者认为,在我国现有的犯罪构成判断体系当中,就某些特定的犯罪而言,也应当提倡一种不以行为人具备刑事责任能力,而仅以行为人的行为大致符合了犯罪构成客观方面为内容的犯罪概念。[7] 但是,这种观点并不能彻底解决问题,也没有充足的理论根据。于是,有学者从"正犯·共犯区分体系"(区分制体系)与"单一正犯体系"(单一制体系)两种立法模式与理论出发,对以区分制体系为基础的阶层论的批评予以反驳,指出我国《刑法》条文中并未出现正犯、帮助犯等字眼,以正犯为中心的主张,极有可能因为核心对象的立法缺位而沦为一种单纯的学理上的解释观点。更何况在共犯人分类的具体规定上,我国与德国、日本刑法大相径庭、相去甚远,采用犯罪事实支配理论或者重要作用说等存在争议。[8] 四要件论者进一步以单一制体系为共同犯罪的理论基准,认为应当重点关注结果、行为以及它们之间引起与被引起的关系。以本案为例,司法机关应当寻找与财产法益受损的结果存在引起与被引起关系的行为和行为人,只要行为与法益侵害后果(基本结果和加重结果)存在因果关系,该参与人就是归责的对象,因此,陆某某与谢某

---

〔5〕 参见付立庆:《违法意义上犯罪概念的实践展开》,载《清华法学》2017 年第 5 期。

〔6〕 张明楷:《刑法学》(第 6 版),法律出版社 2021 年版,第 497 页。

〔7〕 参见黎宏:《我国犯罪构成体系不必重构》,载《法学研究》2006 年第 1 期。

〔8〕 参见钱叶六:《双层区分制下正犯与共犯的区分》,载《法学研究》2012 年第 1 期。

某需要共同对财产法益受损的结果负责。[9] 但是,因为我国《刑法》第 25 条明确规定共同犯罪的成立范围为“二人以上共同故意犯罪”,谢某某因不具备刑事责任能力而不能被追究刑事责任,两人不构成共同犯罪,只能追究陆某某的刑事责任。

需要特别说明的是,从近代以来,世界各国为了处理犯罪参与现象,在立法和理论上发展出了各种立法形式和犯罪参与体系,大致可以归纳为区分正犯与共犯的区分制体系,不区分参与形态的单一制体系两大类。所谓单一制体系是指,将所有共同参与犯罪实行的人均视为正犯,对各个参与者,根据其固有的不法和责任而承担责任的体系。与之相对应,所谓区分制体系是指,不仅就犯罪成立时区分正犯与共犯(教唆犯与帮助犯),而且在刑罚评价上进行区分的体系。[10] 单一制体系与区分制体系在是否属于行为人刑法、是否违反法治国以及是否导致处罚范围的不当扩大等诸多领域产生了正面交锋。但采用何种犯罪参与体系,与采用阶层论还是四要件理论并没有必然的关系。例如,采取阶层论的刘明祥教授即认为,我国《刑法》在犯罪参与体系的问题上,采取不区分正犯与共犯的单一制体系。并且认为,运用单一制体系,反而能更好地解决相关问题,还有诸如便于实践可操作等一系列的优点。[11]

有学者提到,即使四要件论者站在单一制体系的立场,也仍然需要说明,为什么没有实行行为的陆某某能够单独构成犯罪?我们认为,这已经不仅仅是四要件理论与阶层论的争议,更是区分制体系对单一制体系的诘问。对此,四要件理论的支持者进一步说明,我国《刑法》总则与分则采取的是一种二元的立法模式,即《刑法》分则对具体罪名罪状的描述都是以担任犯罪的既遂样态为模式(犯罪客观要件的实行行为),但是考虑到现实犯罪活动中,实行行为可能由一人或者数人完成,因此,1997 年《刑法》总则第 25 条对分则的规定进行了部分修正,在多人参与的场合,是所有参与人共同实施的“整体行为”满足了犯罪的客观要件。在这样的立法背景下,只要参与人对“整体行为”有所加功、具有因果关系,其犯罪客观要件就已经符合要求,就需要对法益受损的结果承担相应的刑事责任。这样一来,可以弥补阶层犯罪构成理论在处理

[9] 参见黄明儒:《为我国四要件犯罪构成理论辩护——以共犯论为视角》,载《法商研究》2021 年第 6 期。

[10] 参见江溯:《单一正犯体系研究》,载《刑事法评论》2009 年第 1 期。

[11] 参见刘明祥:《间接正犯概念之否定——单一正犯体系的视角》,载《法学研究》2015 年第 6 期。

多人共同侵害法益问题时的明显不足。[12] 当然,这种观点仍然值得商榷,正如前文所述,阶层论者也可能采用单一制体系,两者并不冲突。而单一制体系本就是将所有参与人均视为“正犯”,因此,非因构成要件行为,而因其固有的不法和责任受到刑罚,恰恰本是单一制体系的特点。由此可见,双方在该问题上的互相驳斥似乎并未触及对方的理论根基。在单一制体系的加持下,四要件理论能够解决伙同未达刑事责任年龄人的犯罪参与问题,阶层论者如果想要在该问题上继续做文章,恐怕需要转换战场,面临区分制体系与单一制体系的基本立场之争。

关于我国共同犯罪的刑事立法是区分制体系还是单一制体系,理论中存在较大争议。阮齐林教授、刘明祥教授等学者认为我国采取的是单一制体系;而陈兴良教授、陈家林教授等学者则认为我国采取的是区分制体系。[13] 认为我国采取的是区分制体系的主要理由在于,单一制正犯体系必须有《刑法》的明文规定,区分制体系不需要《刑法》的明文规定。在我国《刑法》中规定了教唆犯、帮助犯的情况下,就可以说刑法采取了区分制体系。[14] 认为我国采取的是单一制体系的主要理由在于,其一,我国《刑法》中教唆犯之规定没有共犯从属性的特征;其二,如果采取区别对待正犯与共犯的区分制,不可能对正犯和帮助犯的定罪处罚不作明确规定。[15] 正因为不作区别,所以可以证明我国刑法中的共同犯罪是单一制体系。在我们看来,单一制体系与区分制体系之间本来就是“总量不变、能量守恒”的关系。两者最大的差异是,将共犯(教唆犯与帮助犯)的刑罚问题通过解释论解决,还是放到量刑阶段由法官自由裁量解决。单一制体系的支持者认为区分制体系导致共犯理论过于杂乱无章,不能克服诸多理论难题,实属没有必要,且不利于司法适用;与之相反,区分制体系的赞成者则认为,把共犯的处罚问题完全交给法官裁量,容易导致刑罚的恣意。但实际上,目前立法上无论是采取单一制体系的国家,还是采取区分制体系的国家,在司法实践中均未产生明显的不适。但两者之间的对立,也并非完全没有意义。以单一制体系为例,从形式的单一制体系,到功能性的单一制体系,再到限缩的单一制体系。这种理论变化体现了单一制体系在发展

---

〔12〕 参见黄明儒:《为我国四要件犯罪构成理论辩护——以共犯论为视角》,载《法商研究》2021年第6期。

〔13〕 参见钱叶六:《中国犯罪参与体系的性质及其特色——一个比较法的分析》,载《法律科学(西北政法大学学报)》2013年第6期。

〔14〕 参见张明楷:《刑法学》(第6版),法律出版社2021年版,第509页。

〔15〕 参见刘明祥:《论中国特色的犯罪参与体系》,载《中国法学》2013年第6期。

中不断接受区分制体系的批评,并且逐渐融合了区分制体系的相关理论,而限缩的单一制体系其实与区分制体系的界限已经非常模糊。

令人惊奇的是,四要件理论和阶层论分别对本案的裁判理由作出似乎截然相反的解释。四要件论者认为自己的观点得到该案判决结果的支持与印证;[16]而阶层论者则认为,主审法官明显摒弃了传统理论之下的一元的形式化思维,他们的裁判思想明显就是近年来学界所宣扬的"阶层体系""客观意义上的犯罪概念"的实践表达。[17] 还有学者认为,此判决结果是法院采纳行为共同说与限制从属性,在否定间接正犯的情况下得出的必然结论。[18] 虽然采取不同的犯罪成立理论,可能基于不同的犯罪参与体系,但是对公平正义的追求却是一致的,都在为得到妥当结论寻找自身的理论根据。由此可见,陆某某盗窃罪案恰好印证了那一句成语——"殊途同归"。虽然四要件理论与阶层论在犯罪成立思维上有不少差异,但是相互之间的批驳与各自的不断修正,也为双方自身立场的完善提供了契机。

(刘杰)

---

〔16〕 参见黄明儒:《为我国四要件犯罪构成理论辩护——以共犯论为视角》,载《法商研究》2021年第6期。

〔17〕 参见付立庆:《违法意义上犯罪概念的实践展开》,载《清华法学》2017年第5期。

〔18〕 参见黎宏、姚培培:《间接正犯概念不必存在》,载《中国刑事法杂志》2014年第4期。

刘某某等绑架罪、故意杀人罪、非法拘禁罪案

共同正犯本质的判断

案情介绍

被告人刘某某在购买钢材过程中认识了许某甲之妹许某乙，并通过许某乙了解到许某甲的经济状况等基本情况。2007 年 7 月 26 日，刘某某决定通过绑架方法勒索许某甲钱财，遂谎称到河南要账，让被告人龚某某纠集人员。7 月 27 日，刘某某驾驶自己的红旗小轿车，同龚某某及龚某某纠集的刘某永和刘某海、吕某玉（均另案处理）等人一起从北京到河南省安阳市。7 月 28 日，刘某某经现场查看，将安阳市开发区兴国路南一排水管道井内作为拘禁被害人的地点。当日下午，刘某某等 5 人跟踪许某甲的本田轿车，欲劫持许某甲，因发觉非许某甲本人驾车，未实施劫持。7 月 29 日，刘某某来到许某甲在安阳市开发区原 107 国道的钢材市场经营处伺机作案，当其发现许某甲之妻被害人周某某后，遂决定劫持周某某勒索许某甲钱财。当日 18 时许，刘某某等 5 人在安阳市开发区玄鸟雕塑西侧文昌大道南辅路中段，由刘某某驾驶红旗小轿车将周某某驾驶的尼桑小轿车逼停后，刘某某等人进入尼桑车内，用麻绳、胶带将周某某双脚捆绑、双手反绑，并封住其口、眼。后由刘某某驾驶尼桑车，伙同龚某某等人将周某某带至安阳市开发区兴国路南头，弃于一麦秸垛处，用麦秸掩盖。刘某某将周某某的尼桑车弃于安阳市文昌大道丰田汽车专卖店门口西侧路边后，驾驶红旗车和龚某某一起返回兴国路南。二人打开排水管道井盖，将周某某置于井内，并盖上井盖。7 月 30 日上午，刘某某将被害人的尼桑车所处位置电话告知许某甲后，许某甲之子许某广将尼桑车取回。7 月 30 日至 31 日，刘某某多次通过电话向许某甲索要赎金 200 万元，龚某某在兴国路南守候。7 月 31 日，刘某某购买铁链、锁头等物，于当晚进入排水管道井内，将周某某手脚捆绑并加锁。7 月 31 日晚，刘某某、龚某某离开安阳，龚某某在途中冒充被害人朋友给被害人家属打电话探听被害人的情况，被害人家属怀疑其是作案人，遂称被害人在家无事。8 月 1 日，刘某某驾车和龚某某返回北京。刘某某返京后继续通过发送手机短信的方式向许某甲索要赎金，

直至8月10日被抓获。周某某因饥饿和呼吸、运动受阻等原因死亡。

人民法院以刘某某犯绑架罪,判处死刑,剥夺政治权利终身,并处没收个人全部财产;以龚某某犯故意杀人罪,判处死刑,剥夺政治权利终身;以刘某永犯非法拘禁罪,判处有期徒刑十年。最高人民法院复核认为,龚某某作用小于刘某某,且系间接故意致人死亡。故改判龚某某犯故意杀人罪,判处有期徒刑十五年,剥夺政治权利五年。[1]

■ 理论争议

关于刘某某、龚某某和刘某永三人如何分别定罪,存在以下两种观点。

第一种观点认为,基于犯罪共同说,刘某某、龚某某和刘某永的犯罪故意虽然不同,但由于各行为人的犯罪行为侵害的是同类法益,且绑架罪所侵害的法益包含非法拘禁罪侵害的法益,故可以在非法拘禁罪的范围内成立共同犯罪。根据主客观相统一的原则,刘某某构成绑架罪、龚某某构成故意杀人罪、刘某永构成非法拘禁罪。

第二种观点认为,基于行为共同说,认为刘某某、龚某某和刘某永在不法层面构成共同犯罪。由于行为共同说是从个体的视角出发,因此,即使三人主观故意不同,也不影响共同犯罪的成立。三人分别构成绑架罪、故意杀人罪和非法拘禁罪。

■ 法理分析

本案的争议焦点是:三被告人的犯罪故意并不相同,能否成立共同犯罪?分别构成何罪?如果采取犯罪共同说,在何种范围内成立共同犯罪?如果采取行为共同说,又是否具有充分的依据?犯意不同时,能否构成共同犯罪,涉及共同犯罪的本质问题。关于共同犯罪的本质,存在完全犯罪共同说、部分犯罪共同说、行为共同说等学说。其中,完全犯罪共同说因为不符合责任主义与罪刑关系的基本原理,已经没落,为学界所不采。目前,理论上主要存在部分犯罪共同说与行为共同说之争。有的学者认为,部分犯罪共同说与行为共同说之争,只涉及共同正犯的本质,也即"'共同'的含义,或者说共同正犯的'共同性'的实质内容。'共同'的含义,所要解决的问题是,两个以上的参与人在

---

〔1〕 参见朱和庆、刘静坤:《犯罪不同型共同犯罪的定罪量刑》,载《人民司法·案例》2010年第12期。

犯罪的哪些方面‘共同’,才能认定双方或者其中一方为‘共同正犯’”。〔2〕 而有的学者,也在狭义共犯(教唆犯与帮助犯)领域讨论犯罪共同说和行为共同说。〔3〕 虽然两种观点在适用范围上存在差异,但共同点主要是在共同正犯的领域中探讨。

我国《刑法》第25条规定:“共同犯罪是指二人以上共同故意犯罪。”据此,有观点认为,共同犯罪就是二人以上共同的犯罪故意实施共同的犯罪行为,即行为人在客观上必须具有共同的犯罪行为,同时主观上必须有共同的犯罪故意。按照这种观点,本案刘某某、龚某某和刘某永没有共同故意,不成立共同犯罪。但在类似案件中适用这种观点,显然结论难以为公众所接受。于是,“部分犯罪共同说”登上历史舞台。该说对结论进行了修正,认为二人以上虽然实施了不同的犯罪,但是具有不同犯罪故意的行为人共同实施特定的犯罪行为,如果侵害的是同类法益,且所侵害的法益之间存在重合关系,可以在相同的范围内成立共同犯罪。对于此类共同犯罪,因各被告人的犯罪故意不同,可以根据相应的犯罪构成确定具体的罪名。〔4〕 这种观点解决了犯意不同时的刑法适用困境。

不过,“由于‘部分犯罪共同说’在本质上还是属于‘犯罪共同说’,其缺陷似乎还是在所难免。‘犯罪共同说’的致命缺陷是忽视了共犯规定本身只是基于一个客观归因原则的事实,因而在共同关系的判断当中,混入了作为主观责任要素的故意内容,结果是将客观归因和主观归责混为一谈”〔5〕。在本案中,按照部分犯罪共同说的观点,如果认为三人是在非法拘禁罪(致人死亡)的范围内成立共犯,则又涉及过失共犯问题。我国持部分犯罪共同说的学者认为,共同犯罪以及共同正犯只限于故意犯罪。而刘某永非法拘禁(致人死亡)罪中的“致死”部分属于过失犯罪,既然共同犯罪以及共同正犯仅限于故意犯,那么三人就不可能就非法拘禁(致死)罪成立共同正犯。如果认为刘某某、龚某某和刘某永在非法拘禁罪的范围内成立共犯,结局是只能认定三人就非法拘禁罪成立共同正犯:一方面,不能适用“部分实行全部责任”的原则,而不能解决死亡结果的归属问题。另一方面,对于超出非法拘禁罪的部分罪行(过剩部分)无法妥当处理。如果将刘某某和龚某某在非法拘禁罪之外成立

---

〔2〕 张明楷:《刑法学》(第6版),法律出版社2021年版,第536页。

〔3〕 参见黎宏:《共同犯罪行为共同说的合理性及其应用》,载《法学》2012年第11期。

〔4〕 参见朱和庆、刘静坤:《犯罪不同型共同犯罪的定罪量刑》,载《人民司法·案例》2010年第12期。

〔5〕 黎宏:《共同犯罪行为共同说的合理性及其应用》,载《法学》2012年第11期。

绑架罪和故意杀人罪,则存在主观归罪、重复评价和同一主观内容分别进行不同评价等问题。[6]

为了避免部分犯罪共同说引发的问题,我们认为"行为共同说"的主张更符合共同犯罪的本质。共同犯罪的本质是要解决不法结果的归属问题,至于各行为人最终承担什么责任,则是处罚的问题。如果将共同犯罪限定在行为与责任的共同层面,难免将限制共同犯罪的规制范围。基于客观主义立场的"行为共同说"认为,共同犯罪通过共同实施行为来实施各自的犯罪,各个行为人只要具有利用他人行为实施犯罪的意思就够了,并不需要共同的意思联络,也不需要考虑各行为人故意内容、刑事责任能力等责任要素。概而言之,行为共同说将共犯认定与共犯处罚区别开来,并不需要确定在什么范围内成立共同犯罪,而是首先在不法层面解决结果的归属问题,再从个体层面解决具体行为人的责任问题。就本案而言,分别从刘某某、龚某某和刘某永的角度分析不法及责任,而不需要多此一举地认为三者在非法拘禁罪或者非法拘禁罪(致人死亡)的范围内成立共同犯罪。按照行为共同说的观点,首先,应当将被害人死亡的不法事实归结于刘某某、龚某某和刘某永三人;其次,从刘某某的个人责任层面认定为构成绑架罪,从龚某某的个人责任层面认定为构成故意杀人罪,从刘某永的个人责任层面认定为构成非法拘禁罪;最后,再根据三人的具体情节分别处以不同的刑罚。

然而,行为共同说并非没有遭受质疑。有观点认为,基于《刑法》第 25 条,行为共同说在我国面临着实定法障碍和刑法基本原则的障碍。[7] 具体而言,行为共同说试图通过将《刑法》第 25 条解释为"二人以上共同故意去犯罪",以求自圆其说,实是意图破解实定法的障碍。《刑法》第 14 条、第 15 条和第 16 条明确规定了我国犯罪的主观罪过要素。而《刑法》第 25 条第 2 款明确"二人以上共同过失犯罪,不以共同犯罪论处"也从反面论证第 1 款中的共同故意犯罪,包含的就是共同故意。而行为共同说这种从个体出发,不考虑责任要素的观点,与《刑法》第 25 条第 2 款否认"共同过失犯罪"相冲突,同时,导致我国《刑法》没有必要规定"共同犯罪"。[8] 针对违反实定法规定的批评,我们认为,可以从共犯成立和共犯处罚的角度来理解。亦即,按照行为共

---

〔6〕 参见张明楷:《共犯的本质——"共同"的含义》,载《政治与法律》2017 年第 4 期。

〔7〕 参见马荣春:《行为共同说的法教义学批判》,载《法律科学(西北政法大学学报)》2018 年第 5 期。

〔8〕 参见陆诗忠:《我国〈刑法〉中的"共同犯罪":"犯罪共同说"抑或"行为共同说"》,载《华东政法大学学报》2016 年第 1 期。

同说的观点，过失犯与过失犯，故意犯与过失犯，固然可以成立共同犯罪。但是，基于立法规定，只处罚故意犯与故意犯构成的共同犯罪。另外，对于行为共同说的批判，反而可能暴露部分犯罪共同说的缺陷。按照部分犯罪共同说，共同犯罪的成立需要考虑故意的内容。如果认为共同犯罪的成立需要共同的意思联络的话，那么，在片面共犯的场合，由于双方没有意思联络，又怎么能成立共同犯罪？〔9〕而如果否定片面共犯，又将会导致处罚漏洞的产生。显然，以行为共同说与肯定过失共同犯罪对应、以部分犯罪共同说与否定过失共同犯罪对应，未必正确。〔10〕

（刘杰）

---

〔9〕 郭研、贾宇：《行为共同理论之提倡》，载《国家检察官学院学报》2016 年第 2 期。

〔10〕 阎二鹏：《共犯本质论之我见——兼议行为共同说之提倡》，载《中国刑事法杂志》2010 年第 1 期。

李某某敲诈勒索罪案

承继的帮助犯的责任范围判断

案情介绍

2011年12月18日晚11时许，被告人张某获知其女朋友邓某与被害人任某某有男女关系后，即纠集被告人罗某、周某、贾某某并雇佣被告人张某俊驾驶BF××××号轿车结伙至本市兰江街道影城对面附近的路上，共同将被害人任某某和邓某强行拉上轿车，并让任某某交出其身上的手机、钱包等物，后开车至余姚市梁辉水库附近。被告人张某多次对任某某拳打脚踢，致其脸部受伤出血，并要求被告人张某俊提供纸和笔，强行让任某某写下人民币20万元的补偿协议，后用塑料袋罩住任某某头部带至余姚城区。次日凌晨，被告人张某、罗某又雇用被告人李某某驾驶浙BW××××号轿车，继续将脸上带血的被害人任某某拉上该车至余姚市城区、陆埠镇等地，被告人张某用言语威胁等方法多次让任某某打电话借钱给其补偿款。被告人李某某明知被告人张某等人在实施敲诈勒索行为，仍继续为其提供车辆运输服务等帮助行为，并且在被害人任某某被放回时，李某某为了掩饰自己身份，将机动车号牌进行遮挡。至同日下午2时许，因被害人任某某未能借到钱而未得逞。尔后，被告人张某、罗某将任某某钱包中的人民币5000元据为己有。人民法院以敲诈勒索罪分别判处张某有期徒刑四年，并处罚金一万元；判处被告人罗某有期徒刑两年，并处罚金五千元；判处被告人周某有期徒刑一年六个月，并处罚金五千元；判处被告人张某俊有期徒刑一年，并处罚金一千元；判处被告人李某某有期徒刑九个月，并处罚金三千元；责令被告人张某退赔被害人任某某违法所得五千元；追缴被告人张某俊违法所得二百元，追缴被告人李某某违法所得五百元，上缴国库。[1]

---

〔1〕 参见盛辉、陈卓见、胡兴汇：《承继的帮助犯之责任范围》，载《人民司法》2012年第22期。

■ 理论争议

关于李某某应当如何定罪,存在以下三种观点。

第一种观点认为,根据“部分实行全部责任”的原理,李某某虽然只参与部分行为,但应当承担全部责任,以20万元作为其量刑标准。

第二种观点认为,李某某只承担其介入之后的共同犯罪行为的责任,因敲诈勒索20万元的行为发生在被告人介入之前,所以对被告人李建国量刑时不能以20万元作为量刑标准。

第三种观点认为,全部肯定或者全部否定的观点都是不适当的,应当根据具体情况具体分析。因为李某某参与的行为属于单一犯,整个敲诈勒索犯罪并没有被李某某的介入行为而割裂,因此李某某需要对整个犯罪行为承担责任。

■ 法理分析

本案的争议焦点是:承继的帮助犯的责任范围判断。

首先,需要讨论的是李某某参与行为的性质。张某等人共同将被害人拉上轿车,并让其交出其身上的手机、钱包等物,并多次对被害人拳打脚踢,致其脸部受伤出血。应认定敲诈勒索罪还是抢劫罪?我国刑法理论往往是以是否当场使用暴力、是否当场取得财物(简称“两个当场”)作为敲诈勒索罪与抢劫罪区分的标志。但这种观点受到了诸多挑战。有学者即认为,“两个当场”虽然从形式上对于区分两罪有一定帮助,但是不足以从法理上说明两罪的本质界限。因而主张以两罪的本质区别,也即暴力程度和财物的取得方式上区分两罪。[2] 有学者认为,不应当区分两罪,两罪并非完全排斥的。[3] 还有学者认为,抢劫罪与敲诈勒索罪的本质区别在于被害人的处分自由。[4] 上述观点虽然判断标准有些差异,但是大体上还是围绕对被害人的压制程度进行的区分。

本案中,虽然张某等人使用言语威胁、轻微暴力手段,但是其主观故意内容与抢劫存在不同,针对被害人实施的暴力手段并没有达到足以压制被害人

[2] 参见陈兴良:《敲诈勒索罪与抢劫罪之界分——兼对“两个当场”观点的质疑》,载《法学》2011年第2期。

[3] 参见张明楷:《犯罪之间的界限与竞合》,载《中国法学》2008年第4期。

[4] 参见车浩:《抢劫罪与敲诈勒索罪之界分:基于被害人的处分自由》,载《中国法学》2017年第6期。

反抗的程度。从让任某某交出其身上的手机、钱包等物,写补偿协议,以及用言语威胁等方法多次让其打电话借钱给其补偿款,最后将其放回等行为来看,认定张某等人为敲诈勒索罪似乎更为合适。由于张某等人实施的是敲诈勒索行为,在实施的过程中,李某某明知道而加入,帮助张某等人开车的行为,对于张某等人实施敲诈勒索行为具有物理及心理的因果性,属于承继的帮助犯。因此,李某某也构成敲诈勒索罪。司法实践中,一些类似案例都作了相同的认定。例如,在王某抢劫罪案中,吕梁市离石区人民法院认为,被告人王某伙同他人以非法占有为目的,用女色为诱饵,当被害人与之发生性关系后,被告人等将被害人抓住,以其中一人是其"老公"为由,采用暴力、胁迫手段,在当场向被害人索要钱财未达到目的时,向被害人索要银行卡,或让被害人向家人索要银行卡,或要求被害人通知其家人、亲友往银行卡打钱,又用该银行卡从银行取款,其行为构成敲诈勒索罪。[5]

其次,需要讨论的是李某的责任范围。有观点认为,可以对作为承继的帮助犯的李某某,适用"部分行为全部责任"。我们不赞同这种观点。"部分行为全部责任"也被称为"部分实行全部责任"。如果对正犯与共犯的区分采取形式的标准,即只有至少实施了部分实行行为的参与人才能成为共同正犯者,那么,通常会表述为"部分实行全部责任"。然而,如果采取实质标准,承认共谋共同正犯,则表述为"部分行为全部责任"更合适。例如,张明楷教授对于区分共同正犯的定义采取重要作用说,意味着共同正犯并不需要实行行为即可构成。[6] 出于表述方便,我们采"部分行为全部责任"。

"部分行为全部责任"理论在我国刑法语境下,存在不同适用观点。有的学者认为,"部分行为全部责任"仅适用于共同正犯;[7]有的学者认为,"部分行为全部责任"适用于所有实施了犯罪构成要件的行为;[8]还有学者认为,"部分行为全部责任"适用于广义的共犯。[9] 虽然"部分行为全部责任"中的"部分行为",在采取实质标准时,并不意味着一定是实行行为,但我们仍然认为,"部分行为全部责任"主要适用于共同正犯,狭义共犯(教唆犯与帮助犯)

---

〔5〕 参见吕梁市离石区人民法院刑事判决书,(2017)晋1102刑初243号。

〔6〕 参见张明楷:《刑法学》(第6版),法律出版社2021年版,第533、546页。

〔7〕 参见张明楷:《刑法学》(第6版),法律出版社2021年版,第536~537页。

〔8〕 参见黎宏:《日本刑法精义》(第2版),法律出版社2008年版,第253页。

〔9〕 参见徐莎莎:《论"部分实行全部责任"在共同犯罪实行过限中的适用》,华东政法大学2014年硕士学位论文,第14页;参见胡衍彬:《归责视角下部分实行全部责任的适用》,苏州大学2020年硕士学位论文,第32页。

无须适用"部分行为全部责任"。具体理由是:其一,在共犯的处罚依据上,狭义共犯主要是基于责任共犯论和不法共犯论,而共同正犯则是基于因果共犯论。"部分行为全部责任"主要是从因果共犯论中为共同正犯寻找的处罚根据。[10] 其二,"部分行为全部责任"中的"责任"既不是指主观责任,也不是指作为法律后果的刑事责任,而是指对结果的客观归责。也即将全部结果归属于其行为。[11] 而对帮助犯,可以根据正犯确定责任范围。在本案中,李某某系承继的帮助犯,并不属于共同正犯,因而,不能适用"部分行为全部责任"。

既然不能以部分行为全部责任来认定,那么,如何判断李某某的责任范围呢?李某某需要对20万元的补偿协议承担责任吗?从共犯的认定路径来说,应当以正犯为中心,认定共犯的责任范围。而在承继的帮助犯中,需要讨论的是,行为人对参与之前已经产生的结果是否承担责任,在理论上存在肯定说与否定说两种观点。肯定说认为承继的帮助犯应当对参与前发生的结果也承担责任;与之相反,否定说则认为承继的帮助犯无须为参与前的结果负责。我们赞同否定说。亦即,对于在承继之前已经造成的结果,不能认为行为人与该结果具有物理的或者心理的因果关系,因此,行为人不能对承继之前的结果承担责任。但本案中,张某在李某某介入前,强行让任某某写下人民币20万元的补偿协议,并未达到既遂。而在李某某介入之后,被告人张某继续用言语威胁等方法多次让任某某打电话借钱给其补偿款,签署20万元的补偿协议的行为并不是一个法定的结果,可以认为,张某等人的敲诈勒索(20万元)始终处于持续状态,李某某在明知张某等人实施敲诈勒索行为,仍然为其开车提供帮助,具有心理及物理的因果性。因此,20万元的补偿协议的数额仍然属于李某某的责任范围。如果这20万元的补偿协议在李某某介入之前已经履行完毕,结果已经发生,则这20万元的数额不能归属于李某某。由于李某某实行的是帮助行为,可以认定为从犯,所以,原审法院判处被告人李某某有期徒刑九个月,并处罚金三千元,适用法律正确,量刑适当。

(刘杰)

〔10〕 参见罗世龙:《论"部分实行,全部责任"的实质根据》,载《中国刑事法杂志》2020年第1期。

〔11〕 参见张明楷:《刑法学》(第6版),法律出版社2021年版,第547页。

胡某等协助组织卖淫罪案

帮助行为正犯化的判断

案情介绍

2016年8月3日，余某某（另案处理）作为老板，承包使用某公司地下停车场，招募、雇佣人员利用该场所从事组织卖淫活动。后余某某招聘被告人胡某为执行经理负责日常管理，被告人龙某某负责看门、望风并核实确认嫖客身份等工作，被告人方某、李某、张某、严某某、吴某某等营销人员负责通过互联网、QQ、微信等方式发布招嫖信息，联系嫖客并带到房间后安排房间和卖淫女进行卖淫嫖娼活动。卖淫女按照自己价格的50%提成，营销人员按照剩余部分的30%提成，其余部分归公司。2016年8月30日23时许，公安人员对涉案场所进行清查，查获正在进行卖淫嫖娼违法活动人员5对10人，当场抓获协助组织卖淫活动的被告人胡某、龙某某、方某、李某、张某、严某某、夏某某、吴某某等人及其他卖淫女13人。人民法院认为，在共同犯罪中，各被告人分工不同，相互配合，地位、作用相当，不宜区分主从犯。最终以协助组织卖淫罪判处胡某有期徒刑一年六个月，并处罚金人民币一万五千元；判处龙某某等人一年至一年两个月不等的有期徒刑，并处罚金。宣判后，各方在法定期限内没有上诉、抗诉。判决已经发生法律效力。[1]

理论争议

关于胡某上述行为的定罪，存在以下两种观点。

第一种观点认为，胡某的行为构成协助组织卖淫罪。理由是：第一，老板余某某招募、雇佣人员从事组织卖淫嫖娼活动，胡某并未参与发起、建立卖淫团伙，胡某受雇担任执行经理之前，卖淫活动已经存在，胡某没有将分散的卖淫行为予以集中加以控制、操纵的行为，即并未实施“组织行为”。第二，胡某

---

〔1〕 案例来源：《刑事审判参考》（总第120集），法律出版社2020年版，第84页。

受余某某雇佣，按照余某某的指示负责管理停车场内的卖淫嫖娼活动，其在共同组织卖淫活动中地位、作用相比余某某明显要低，属于协助的从犯性质，应当认定为协助组织卖淫罪。

第二种观点认为，胡某的行为构成组织卖淫罪。虽然胡某并未参与发起、建立卖淫团伙，但其系卖淫活动的管理者，直接参与组织卖淫事项，其行为应当认定为组织卖淫罪的共犯。

■ 法理分析

上述争议的焦点在于，组织卖淫罪与协助组织卖淫罪的界限与认定。具体来说：其一，《刑法》第 358 条第 4 款的性质？是帮助行为的正犯化，还是单纯的量刑规制？其二，如果认为协助组织卖淫系帮助行为的正犯化，是否意味着组织卖淫罪就不存在主从犯的划分？其三，如何界定组织行为与协助组织行为？

有观点认为，《刑法》第 358 条第 4 款属于帮助犯的正犯化。协助行为本质上是组织卖淫罪的一种帮助行为，由于《刑法》将其作为独立犯罪加以规定，而成为一个独立的罪名。〔2〕 也有观点认为，《刑法》第 358 条第 4 款是量刑规则。协助组织卖淫属于组织卖淫罪的共犯，不应单独定罪。〔3〕 还有观点认为，协助组织卖淫罪既包括帮助犯的正犯化，也包括帮助犯的量刑规则；但是，只承认极小部分的招募、运送行为被完全正犯化。〔4〕 之所以有人认为，《刑法》第 358 条第 4 款是量刑规则，主要依据在于，根据共犯从属性原则，共犯行为正犯化之后，不再以之前的正犯是否构成犯罪为前提。而大多数情况下，协助组织卖淫罪都须依靠组织卖淫罪的成立为前提，据此，认为其并不符合正犯独立构罪的特征。

我们不同意这种观点，我们认为《刑法》第 358 条第 4 款是一个独立的罪名，而非帮助犯的量刑规则。理由在于：第一，认为共犯（教唆犯与帮助犯）以正犯成立为前提的观点，并不能构成对协助组织卖淫系帮助行为正犯化的实质批评。认为共犯以正犯为前提的观点，系基于共犯的从属性原理。亦即，“共犯的从属性，是指共犯成立犯罪至少要求正犯着手实行了犯罪的原

〔2〕 参见高铭暄、马克昌主编：《刑法学》（第 10 版），北京大学出版社 2022 年版，第 615 ~ 616 页。

〔3〕 参见郑兰先、董乐先：《协助组织卖淫不宜单独定罪》，载《人民检察》2004 年第 2 期。

〔4〕 参见张明楷：《协助组织卖淫罪的重要问题》，载《中国刑事法杂志》2021 年第 5 期。

理”。[5] 但实际上,共犯的从属性原理是在正犯·共犯区分制体系下讨论的理论,如果采用单一正犯体系,则不存在共犯要以正犯成立为前提的问题。事实上,确实也有不少学者主张,我国共同犯罪的刑事立法属于单一正犯体系。[6] 概言之,如果刑事立法只是为了解决帮助行为独立构罪问题,并不需要大费周章将帮助行为正犯化。

第二,不能以协助组织卖淫罪须以组织卖淫罪成立为前提,认定其不是正犯类型。我国《刑法》中存在不少罪名,都以存在其他犯罪为前提,按此逻辑,这些犯罪均属于量刑规则,这种逻辑显然是不能令人接受的。例如,《刑法》第241条收买被拐卖的妇女、儿童罪,其犯罪成立通常以存在《刑法》第240条拐卖妇女、儿童罪为前提,没有拐卖妇女、儿童,如何构成收买被拐卖的妇女、儿童罪?显然,不能将收买被拐卖的妇女、儿童罪作为单纯的量刑规则。

第三,认为《刑法》第358条第4款属于量刑规则的观点,与司法实践的通常做法不符。如果认为《刑法》第358条第4款在组织卖淫行为构罪的情况下是量刑规则,则不可能在依靠组织卖淫罪成立时,对协助组织卖淫罪再区分主从犯。但实践中对协助组织卖淫罪进行主从犯划分的案件比比皆是。例如,在杨某某协助组织卖淫罪案中,梧州市长洲区人民法院认为,被告人杨某某为组织卖淫的人员接送卖淫女、招揽接待嫖客及记账,其行为触犯了刑法,构成协助组织卖淫罪。并且,在共同犯罪中,杨某某起次要、辅助作用,属从犯。[7]

在承认协助组织卖淫罪系组织卖淫罪帮助行为正犯化的前提下,需要讨论的是,组织卖淫罪是否还存在主从犯的划分?我们认为,虽然协助组织卖淫罪在正犯化之前均是组织卖淫罪的帮助行为,但是组织卖淫罪仍然存在其他从犯类型。具体理由如下:

其一,从刑法原理的角度来看,从犯是起次要或者辅助作用的,与协助组织卖淫行为并不完全画等号。组织卖淫罪与协助组织卖淫罪的划分,肇始于全国人大常委会1991年9月4日通过的《关于严禁卖淫嫖娼的决定》。随后,最高人民法院与最高人民检察院于1992年12月11日印发的《关于执行〈全国人民代表大会常务委员会关于严禁卖淫嫖娼的决定〉的若干问题的解答》。上述文件均明确:“协助组织他人卖淫罪,是指在组织他人卖淫的共同犯罪中起帮助作用的行为。”尽管两份文件目前已经废止,但根据最高人民法院、最

[5] 张明楷:《刑法学》(第6版),法律出版社2021年版,第550页。

[6] 参见钱叶六:《中国犯罪参与体系的性质及其特色——一个比较法的分析》,载《法律科学(西北政法大学学报)》2013年第6期。

[7] 参见梧州市长洲区人民法院刑事判决书,(2021)桂0405刑初224号。

高人民检察院《关于废止1980年1月1日至1997年6月30日制发的部分司法解释和司法解释性质文件的决定》的内容,《关于执行〈全国人民代表大会常务委员会关于严禁卖淫嫖娼的决定〉的若干问题的解答》废止的原因系制定依据已被《刑法》吸收,《刑法》对相关问题已有规定。组织卖淫罪与协助组织卖淫罪是按分工所作的划分,而主从犯则是作用上的区别,组织卖淫行为的共犯并不完全等于协助组织卖淫行为,组织卖淫罪仍然存在起次要作用的从犯类型。

其二,从文理解释的角度来看,不能认为协助卖淫罪包含了组织卖淫罪的所有从犯。例如,教唆组织卖淫罪的行为显然不能解释为了协助组织卖淫的行为,不能以协助组织卖淫罪认定。而按照《刑法》第29条第1款的规定〔8〕,在教唆所起的作用仅为次要作用时,当然应当按照从犯的标准量刑。因此,组织卖淫罪中仍然存在主从犯的划分。

其三,从司法实践的角度来看,在同时认定组织卖淫罪与协助组织卖淫罪的场合下,仍然有不少案例对组织卖淫罪进行了主从犯的划分。例如,在邹某、曾某某等组织卖淫罪、协助组织卖淫罪案中,长沙市雨花区人民法院认为:"在组织卖淫共同犯罪中,被告人邹某起主要作用,系主犯,应按照其所参与的全部犯罪予以处罚;被告人曾某某起次要作用,系从犯,应当减轻处罚。在协助组织卖淫共同犯罪中,被告人黄某某、刘某某、汤某某均起主要作用,均系主犯,均应按照其所参与的全部犯罪予以处罚。"〔9〕

值得探讨的是,组织卖淫行为与协助组织卖淫罪的界限如何区分。最高人民法院、最高人民检察院《关于办理组织、强迫、引诱、容留、介绍卖淫刑事案件适用法律若干问题的解释》第1条第1款规定:"以招募、雇佣、纠集等手段,管理或者控制他人卖淫,卖淫人员在三人以上的,应当认定为刑法第三百五十八条规定的'组织他人卖淫'。"据此,我们认为"管理或者控制他人卖淫"是组织卖淫罪的主要行为特征。存在争议的是,受他人雇佣从事管理,特别是仅拿固定工资、主要从事日常管理的人员与主要投资人之间的作用大小,该如何认定?对于主要投资人而言,其实际上是卖淫场所的所有人或实际经营者,即使并不直接参与卖淫场所的日常经营管理,也是通过雇佣、指使管理人员的方式控制卖淫场所的经营运行。主要投资人在组织卖淫活动中具有绝对的支

〔8〕《刑法》第29条第1款规定:教唆他人犯罪的,应当按照他在共同犯罪中所起的作用处罚。教唆不满18周岁的人犯罪的,应当从重处罚。

〔9〕长沙市雨花区人民法院刑事判决书,(2022)湘0111刑初99号。

配和领导地位,其他参与组织卖淫的人员都受其指挥、领导,属于上下级关系。因此,主要投资人应当对组织卖淫活动承担全部责任,而受雇佣负责日常经营的人员,例如经理、领班等,相较而言则是次要作用。

我们认为,本案中胡某应当认定为组织卖淫罪。理由是:其一,胡某从事的是管理工作,符合最高人民法院、最高人民检察院《关于办理组织、强迫、引诱、容留、介绍卖淫刑事案件适用法律若干问题的解释》第1条第1款的规定,而不符合第4条第1款规定[10]的协助工作。因此,应对胡某以组织卖淫罪认定。其二,胡某并非出资人,也非主要获利人,是受余某某招聘从事日常管理工作,其作用与余某某存在差别。因此,应当认定胡某构成从犯。

(刘杰)

---

〔10〕 最高人民法院、最高人民检察院《关于办理组织、强迫、引诱、容留、介绍卖淫刑事案件适用法律若干问题的解释》第4条第1款规定:“明知他人实施组织卖淫犯罪活动而为其招募、运送人员或者充当保镖、打手、管账人等的,依照刑法第三百五十八条第四款的规定,以协助组织卖淫罪定罪处罚,不以组织卖淫罪的从犯论处。”

谢某某寻衅滋事案

疫情期间冲击检查点行为想象竞合的认定

案情介绍

2020年2月1日，兴国县长冈乡塘石村委会根据上级部署，派出村干部谢某乙与志愿者谢某丙、谢某丁、谢某戊四人在塘石村富胜组斧头脚路段设立防控新冠肺炎疫情临时检查点，对进出人员和车辆进行登记、劝返等。当日上午10时许，被告人谢某某驾驶皮卡车经过该检查点，在场值班的谢某乙等人要求谢某某下车进行登记。此时恰逢兴国电视台记者在检查点采访报道疫情防控工作，谢某某因自己没有佩戴口罩害怕被记者拍摄、录像，便拒绝下车接受检查。村干部谢某乙多次要求谢某某下车登记，谢某某不但不下车登记，还与谢某乙争吵，并依旧驾车慢慢前行。为迫使谢某某下车登记，谢某乙、谢某丙、谢某丁等人一起上前将谢某某车子拦住、逼停，谢某某才下车接受检查登记。为防止谢某某逃避检查，谢某乙便临时将自己所有的用于疫情防控宣传的白色小汽车驾驶至路中间，停放在谢某某车前用以拦截。谢某某见状后，便认为自己是本地人，谢某乙这样做没有给其面子，心里很窝火，为发泄心中不满，遂返回自己的皮卡车上，驾驶皮卡车连续三次撞击谢某乙的“防控宣传车”，导致该车严重受损。民警接警后，及时到达现场处置并将谢某某传唤到案。经鉴定，白色“防控宣传车”小汽车受损价值9623元。[1]

理论争议

关于被告人谢某某在疫情防控期间，拒不配合疫情防控工作，为发泄个人情绪，任意损毁他人财物，扰乱疫情防控秩序的行为如何定罪，有三种观点。

第一种观点认为，被告人谢某某的行为构成故意毁坏财物罪。被告人谢某某故意驾驶自己的车辆连续三次撞击村干部所有的用于防控宣传的车辆，

---

〔1〕 案例来源：阿尔法案例库，（2020）赣0732刑初29号。

导致车辆严重受损,经鉴定受损价值达 9623 元,谢某某的行为构成故意毁坏财物罪。

第二种观点认为,被告人谢某某的行为构成妨害公务罪。被告人谢某某与疫情防控人员争吵,驾车撞击他人用于疫情防控的宣传车辆,是以暴力方法阻碍国家机关工作人员依法履行为防控疫情而采取的防疫、检疫、强制隔离、隔离治疗等措施,扰乱了疫情防控工作秩序,造成了恶劣的社会影响,其行为侵犯的法益是国家机关的管理活动,构成妨害公务罪。

第三种观点认为,被告人谢某某的行为属于想象竞合,应以寻衅滋事罪定罪处罚。被告人谢某某驾车经过防疫检查点,没有按照要求下车登记,还与疫情防控工作人员争吵,为发泄心中不满,驾车连续三次撞击"防控宣传车",严重扰乱了防控工作秩序,所侵犯的法益是公共秩序。其动机是出于要威风、要面子的心理,其目的是发泄负面情绪,被告人谢某某的行为符合《刑法》第 293 条第 1 款第 3 项"任意损毁公私财物,情节严重的",应当以寻衅滋事处罚。谢某某的行为同时符合故意毁坏财物罪的犯罪构成,属于想象竞合犯,从一重应以寻衅滋事罪定罪处罚。

■ 法理分析

本案争议的焦点在于谢某某在疫情防控期间,拒不配合疫情防控工作,为发泄个人情绪,任意损毁他人财物,扰乱疫情防控秩序的行为,触犯何种罪名,以及一行为触犯多罪名的情况下应如何处断的问题。我们认为,谢某某的行为同时符合故意毁坏财物罪和寻衅滋事罪的构成要件,应从一重以寻衅滋事罪定罪量刑,具体分析如下。

1 谢某某的行为同时构成故意毁坏财物罪和寻衅滋事罪

第一,谢某某的行为符合故意毁坏财物罪的构成要件。《刑法》第 275 条的规定,故意毁坏公私财物,数额较大或者有其他严重情节的,构成故意毁坏财物罪。谢某某故意开车撞向"防控宣传车",致该车受损价值达 9623 元,根据 2008 年最高人民检察院、公安部发布的《关于公安机关管辖的刑事案件立案追诉标准的规定(一)》第 33 条第 1 项规定,故意毁坏公私财物,造成公私财物 5000 元以上的,应予立案追诉,所以被告人谢某某的行为构成故意毁坏财物罪。

第二,谢某某的行为符合寻衅滋事罪的构成要件。《刑法》第 293 条第 1

款对破坏社会秩序的寻衅滋事行为进行了列举,其中第3项规定,“任意损毁公私财物,情节严重的”。同时根据2017年最高人民检察院、公安局《关于公安机关管辖的刑事案件立案标准的规定(一)的补充规定》第8条的规定,“任意毁损公司财物价值2000元以上的”应立案追诉。本案中,谢某某故意毁坏“防控宣传车”的行为及造成的损失数额显然符合上述规定。

第三,谢某某的行为不构成妨害公务罪。根据《刑法》第277条的规定,以及根据最高人民法院、最高人民检察院《关于办理妨害预防、控制突发传染病疫情等灾害的刑事案件具体应用法律若干问题的解释》第8条规定的“以暴力、威胁方法阻碍国家机关工作人员依法履行为防控疫情而采取的防疫、检疫、强制隔离、隔离治疗等措施的”,应当以妨害公务罪处罚。妨害公务罪的行为对象必须是国家机关工作人员、人大代表、红十字会工作人员等依法执行公务的人员。妨害公务的行为表现为以暴力、威胁方法阻碍上述人员依法执行公务,或者故意阻碍国家安全机关、公安机关依法执行国家安全工作任务,使用暴力、威胁方法,造成严重后果的行为。本案中,虽然谢某某开车撞击“防控宣传车”的行为属于以暴力方法阻碍防疫工作,扰乱了防控工作秩序,但设立防控新冠肺炎疫情临时检查点的主体为村委会派出的村干部和志愿者,均不能认定属于“国家机关工作人员”,亦不属于人大代表和红十字会工作人员。2020年6月16日,为了加强防疫工作,最高人民法院、最高人民检察院、公安部、司法部联合发布的《关于依法惩治妨害新型冠状病毒感染肺炎疫情防控违法犯罪的意见》中,对将疫情防控中妨害公务的对象进行更加细化的规定,“国家机关工作人员包含在依照法律、法规规定行使国家有关疫情防控行政管理职权的组织中从事公务的人员,在受国家机关委托代表国家机关行使疫情防控职权的组织中从事公务的人员,虽未列入国家机关人员编制但在国家机关中从事疫情防控公务的人员”。该规定明显将防疫工作中妨害公务的犯罪对象进行了扩大解释,但本案中村委会根据上级指示,派出村干部进行疫情防控工作,并没有明确受国家机关委托,未代表任何“国家机关”从事公务(比如并未代表“县政府”“县防疫办”等),其行使的更多是基层组织的管理权能,故不能认为属于“受国家机关委托代表国家机关行使疫情防控职权的组织中从事公务的人员”,其由农村基层组织派出在农村从事防疫工作,亦不属于“虽未列入国家机关人员编制但在国家机关中从事疫情防控公务的人员”,故前述认为谢某某的行为构成妨害公务罪的观点不能成立。

Ⅱ 谢某某的行为构成想象竞合,应从一重以寻衅滋事罪定罪量刑

想象竞合犯也称想象的数罪、观念的竞合、一行为数法,是指一行为触犯了数个罪名、侵犯了数个法益的情况。从法条的规定可以看出,故意毁坏财物罪与寻衅滋事罪在“损毁公私财物”上存在一定交叉。但是,两罪所侵犯的法益,行为的动机、目的、对象均不同:故意毁坏财物罪所侵犯的法益是公私财产的所有权,寻衅滋事罪侵犯的法益是公共秩序;故意毁坏财物罪的动机一般是有现实的起因,而寻衅滋事罪的动机一般是某种扭曲的心理;故意毁坏财物罪的目的,一般是毁坏财物,寻衅滋事罪的目的一般是发泄某种负面情绪;故意毁坏财物罪的对象,一般是特定的财物,寻衅滋事罪的对象一般不特定。因此,虽然行为手段上均包含“损毁公私财物”,但这两个罪名却并非法条竞合,而是两个不同种罪名,分别保护两种不同的法益,故谢某某的行为属于一行为触犯数罪名,构成想象竞合犯。想象竞合犯的处断原则为“从一重”处断,根据被告人谢某某的犯罪事实、性质、情节和对于社会的危害程度,以及悔罪表现,如认定为寻衅滋事罪则应当适用第一个量刑档次,“处五年以下有期徒刑、拘役或者管制”。如适用故意毁坏财物罪,被告人造成经鉴定受损价值为人民币 9623 元,属于数额较大,应“处三年以下有期徒刑、拘役、管制或者罚金”,相比较之下,寻衅滋事罪的处罚较重,应对谢某某以寻衅滋事罪定罪量刑。此外,根据最高人民法院、最高人民检察院《关于办理妨害预防、控制突发传染病疫情等灾害的刑事案件具体应用法律若干问题的解释》第 11 条规定,在预防、控制突发传染病疫情等灾害期间,强拿硬要或者任意损毁、占用公私财物情节严重,或者在公共场所起哄闹事,造成公共场所秩序严重混乱的,依照《刑法》第 293 条的规定,以寻衅滋事罪定罪,依法从重处罚。谢某某疫情期间任意毁损财物,严重扰乱防疫秩序,根据此规定,对谢某某亦应以寻衅滋事罪从重处罚。

(戎静)

谢某某、张某某等销售伪劣产品、非法经营案

“依照处罚较重的规定”的判断标准

案情介绍

2018年6月至8月，被告人谢某某、张某某未经烟草专卖行政主管部门许可，无烟草专卖批发企业许可证、烟草专卖零售许可证等许可证明，向持有烟草专卖零售许可证的朱某某销售假冒卷烟。被告人谢某某先后多次向朱某某销售假冒“利群”“云烟”等品牌的卷烟共计人民币236,300元。被告人张某某向朱某某销售假冒“中华”“苏烟”等品牌的卷烟共计人民币168,440元。经鉴定，涉案卷烟均为假冒注册商标且伪劣卷烟。[1]

理论争议

对于张某某和谢某某的行为如何定罪，存在以下两种观点。

第一种观点认为，对谢某某应以销售伪劣产品罪定罪处罚，对张某某应当以非法经营罪定罪处罚。被告人谢某某未经烟草专卖行政主管部门许可销售假冒注册商标的伪劣卷烟，其行为同时构成销售伪劣产品罪、销售假冒注册商标的商品罪、非法经营罪。根据最高人民法院、最高人民检察院《关于办理非法生产、销售烟草专卖品等刑事案件具体应用法律若干问题的解释》第5条规定，行为人实施非法生产、销售烟草专卖品犯罪，同时构成生产、销售伪劣产品罪、侵犯知识产权犯罪、非法经营罪的，依照处罚较重的规定定罪处罚。根据谢某某基本犯罪构成事实，在销售伪劣产品罪中对应的法定刑幅度为二年以上七年以下有期徒刑，在销售假冒注册商标的商品罪中对应的法定刑幅度为三年以下有期徒刑或拘役，在非法经营罪中对应的法定刑幅度为五年以下有期徒刑或拘役。比较来看，销售伪劣产品罪的法定刑幅度为处罚较重的规

---

〔1〕 案例来源：裁判文书网，二审判决书（2019）苏04刑终290号；执行裁定书（2020）苏0411执3593号之一；阿尔法案例库，刑事抗诉书新检诉刑抗〔2019〕2号。

定,故应当以销售伪劣产品罪定罪处罚。被告人张某某的行为亦同时构成销售伪劣产品罪、销售假冒注册商标的商品罪、非法经营罪,根据其基本犯罪构成事实,在销售伪劣产品罪中对应的法定刑幅度为二年以下有期徒刑或拘役,在销售假冒注册商标的商品罪中对应的法定刑幅度为三年以下有期徒刑或拘役,在非法经营罪中对应的法定刑幅度为五年以下有期徒刑或拘役。相比之下,非法经营罪的法定刑幅度为处罚较重的规定,故应当以非法经营罪定罪处罚。

第二种观点认为,综合使用具体量刑情节后判断,张某某触犯的数罪名中仍是非法经营罪较重,应以非法经营罪定罪量刑,但对谢某某亦应以非法经营罪处罚。谢某某的销售金额为23.63万元,按照销售伪劣产品罪(20万元以上不满50万元)应在二年以上七年以下有期徒刑量刑;按照非法经营罪(5万元以上不满25万元)应在五年以下有期徒刑或者拘役量刑;按照销售假冒注册商标的商品罪(5万元以上不满25万元)应在三年以下有期徒刑或者拘役量刑。虽然在法定刑上,销售伪劣产品罪更重,但是谢某某销售伪劣卷烟的金额刚超过20万元,量刑幅度为二年有期徒刑至三年有期徒刑;而根据非法经营罪,其销售金额接近25万元,量刑幅度为四年有期徒刑至五年有期徒刑。因此,使用具体量刑情节后,处罚较重的应为非法经营罪,谢某某的行为应构成非法经营罪。

■ 法理分析

本案的分歧焦点在于"依照处罚较重的规定定罪处罚",即所谓的"从一重"处断应采取何种判断标准。前述第一种观点是依据法定刑幅度作为标准,而第二种观点则是依据司法官综合考量各种量刑情节之后的裁量刑作为判断标准。对于想象竞合犯、牵连犯等处断过程中,"依照处罚较重的规定定罪处罚"的司法判断标准我国并无法律或司法解释明确规定,司法实践中的争议亦时有发生。学者对该问题有以下不同学说:

1. 法定刑标准说。该学说认为,"从一重罪处断"应当"把法定刑作为判定数罪名中重罪与轻罪的标准,最终就以其中法定刑最重之罪判罪处罚,而对其他较轻之罪不再判刑"〔2〕。论证理由有:一是以法定刑为标准具有科学性。立法者对法定刑的设置必然是经过理论检测、论证和实践经验总结的,是目前

〔2〕 高铭暄主编:《刑法专论》(第2版),高等教育出版社2006年版,第588页;任彦君:《数罪并罚论》,中国检察出版社2010年版,第63页。

最符合实际，也相对科学的。二是使用法定刑作为判断标准更具操作性。与宣告刑需要综合考虑犯罪人和犯罪行为本身相比，法定刑是成文法中确定的，避免了繁琐的评价模式。三是从司法判断的阶段来看，定罪是量刑的前提，应忠实于客观的条文规定进行孰轻孰重的比较，其后才可再依该处罚较重条款所涉罪名定罪量刑。法定刑标准说虽然较为客观，但亦存在明显弊端：一是法定刑并不总是能够比较出轻重，在刑种、刑度重叠的情况下依据法定刑难以判断；二是机械以法定刑为准会产生轻重失衡的情况。以本案为例，法定刑为标准的判断事实上导致了对谢某某的宣告刑更轻。再如想象竞合犯中，如果法定刑更重的罪名具有未遂、从犯等量刑情节，会导致实际量刑轻于法定刑较低的罪名，如在进行轻重罪名选择时，一律不考虑量刑情节会使得处断结果明显违背从一重的本意，丧失实体上的正当性。

2. 裁量刑标准说。该学说认为所谓“依照处罚较重的规定定罪处罚”，应当理解为以最终对被告人课处刑罚较重的规定定罪处罚〔3〕，即将未遂、从犯等量刑情节均综合考量之后，判断何者为重罪何者为轻罪。理由为，在按照法定刑和裁量刑分别得出轻重不同的结论时，以裁量刑作为标准，更能够达到罪刑均衡。在行为构成数个犯罪时，机械地依据法律条文中的法定刑予以判断，而实际上减轻了对犯罪的惩罚并非立法的本意。与其他相同危害程度、相同罪名的犯罪行为横向对比，行为人就是因为同时触犯了其他罪名而获得了更轻的刑罚，会不当导致同类案件裁判失衡、放纵犯罪。但裁量刑标准说亦遭到批评，一是裁量刑加入了司法官的主观判断，不同的司法官得出的结论可能不同，缺少客观性，有司法恣意的风险；二是从判断阶段来看，以裁量刑为标准导致量刑和定罪环节倒置，最高人民法院在有关量刑指导意见的文件中对量刑步骤的第1点规定为“根据基本犯罪构成事实在相应的法定刑幅度内确定量刑起点”。申言之，根据案件的基本犯罪构成事实，确认与案情对应的法定刑幅度是先于确定量刑起点的最初环节。判断何为“处罚较重的规定”属于定罪环节，若将裁量因素置于该环节，则属本末倒置，嗣后量刑环节再次考虑量刑情节，实则将量刑情节作了二次评价，显有偏颇。

3. “以法定刑为主，以宣告刑为例外”的折中说。该学说认为重罪的确定在实践中应有两种方法：一种是根据法定刑的轻重予以确定，另一种是在数罪中依犯罪行为的性质、事实、情节及其危害程度，选择重罪论处。而通常适用前一种方法，后一种方法是在按犯罪的具体事实和情况在采用前一方法不能

〔3〕 顾万炎：《对“依照处罚较重的规定定罪处罚”的重新理解》，载《中国检察官》2011年第4期。

体现从一重论处时适用的例外情形。[4] 此种学说兼顾判断标准的客观性、确定性和判断结果的罪刑均衡性。但该学说对于运用裁量刑作为标准进行判断这一例外情形的适用条件论述较为模糊,易让人产生裁量刑与法定刑一致时以法定刑为准,而裁量刑与法定刑不一致时以裁量刑为准的误解,难以与裁量刑标准说进行实质的区分。

上述学说分歧的关键点在于"从一重"处断的轻重比较中,是应该仅仅考量法条针对类型化的犯罪事实设定的刑种和量刑幅度的轻重,还是应加入个案的具体量刑情节后进行裁量刑轻重的比较。综合考量上述学说的优势和不足,我们提出,"依照处罚较重的规定定罪处罚"的判断标准应"以法定刑为原则,以裁量刑为补充"。理由如下:

第一,主刑对比存在交叉和重叠的情况下,加入量刑情节综合考量可确保罪刑均衡。在实践中,不同罪名间,主刑的法定刑对比可能存在以下几种情况:刑种不同,如死刑与有期徒刑、有期徒刑与无期徒刑等;量刑幅度不重叠不交叉,如有期徒刑三年以下与有期徒刑三至七年;量刑幅度交叉,如有期徒刑三年以下和有期徒刑五年以下、有期徒刑三到七年与有期徒刑三到十年;量刑幅度重叠,如均为有期徒刑三年以下。在刑种不同和量刑幅度不重叠、不交叉的情况下,通常法定刑能够比较明显区分出处罚轻重,即便加入裁量刑的判断,亦不会产生轻重判断不一的情况。但法定量刑幅度交叉和重叠的情况下,仅通过法定刑难以确切分出量刑轻重,加之各个法定量刑幅度中,通常会根据量刑情节的不同在实践中对应不同的细分幅度,可能会导致以裁量刑为标准与法定刑标准得出的结论轻重不一,这种情况下,笼统地仅对比法定刑的上下限,难以真实反映处罚轻重的区别,就需要进一步对比裁量刑,以达到罪刑均衡的判断,见表1。

表1　主刑对比及判断标准

主刑对比情况	判断标准
刑种不同	法定刑
量刑幅度不重叠交叉	法定刑
量刑幅度交叉	"法定刑+裁量刑"
量刑幅度重叠	"法定刑+裁量刑"

本案中,谢某某构成的销售伪劣产品罪、销售假冒注册商标的商品罪和非

[4] 马克昌:《犯罪通论》,武汉大学出版社2006年版,第687~688页。

法经营罪,根据其基本犯罪构成事实,在销售伪劣产品罪中对应的法定刑幅度为二年以上七年以下有期徒刑,在销售假冒注册商标的商品罪中对应的法定刑幅度为三年以下有期徒刑或拘役,在非法经营罪中对应的法定刑幅度为五年以下有期徒刑或拘役。谢某某触犯的数个罪的主刑幅度之间均存在交叉关系,如不考虑具体量刑情节在各个罪名中的评价程度,仅考量类型化的法定刑上限和法定刑下限均难以真实反映刑事责任的轻重。认为根据法定刑对比销售伪劣产品罪更重的观点,简单以法定刑幅度上限作为标准,排除其余两个罪名的适用,但二至七年的量刑幅度较为宽泛,事实上谢某某的犯罪数额刚超过20万元的量刑起点,在销售伪劣产品罪中仅需判处二至三年有期徒刑,而在非法经营罪中,却能够量刑在四至五年,考虑了量刑情节后,量刑幅度上下限的差距有两年之多,轻重差别不可谓不大。此时依然机械地以法定量刑幅度上限为标准判断轻重罪名,显然有违背罪刑均衡原则。

第二,以竞合后从一重处断的规则机能来看,罪刑显著失衡将使从一重处断丧失正当性。"一行为符合数个构成要件,在不法和罪责内容上,要轻于数个独立行为实现这些构成要件。"〔5〕想象竞合犯中从一重处断的价值基础在于,行为人基于一个犯意实施一个犯罪行为,与基于数个不同的犯意分别独立实施数个犯罪行为相比,社会危害性和人身危险性均较低,同样采取数罪并罚会造成罪刑严重不均,故对行为人采取从一重处断的原则,在数个罪名中选择处罚最重的罪名予以定罪量刑,以达到既不额外加重行为人的刑事责任,亦不轻纵犯罪的目的。可见从一重处断之所以存在,价值基础就在于寻求罪刑均衡。而如果判断标准设定不合理,导致在数罪中选择实际量刑会较轻的罪名予以定处罚,则会打破罪刑平衡,使得从一重处断原则的适用本身丧失了正当性基础。以本案为例,谢某某非法经营数额为25万元,依法从非法经营罪判处四至五年有期徒刑;而如果以销售伪劣产品罪定罪处罚,就相当于因为他的行为同时触犯了其他罪名侵犯其他法益,反而得到更轻的定罪量刑,不仅导致本案量刑失衡,横向比较,与其他单独成立非法经营、仅侵犯了一个法益、犯罪数额亦相当的个案相比,侵犯数个法益的谢某某处罚反而更轻,亦产生严重的失衡。如果最终判断的结果违背了其价值基础,则一定需要反思是否是判断标准出现了偏颇。

第三,裁量刑本身以法定刑为前提和基础,不违反罪刑法定原则。刑罚裁

---

〔5〕 [德]乌尔斯·金德霍伊泽尔:《刑法总论教科书》(第6版),北京大学出版社2015年版,第485页。

量是在法定刑的基础上考虑量刑情节后作出的,依然受到法条预设的法定刑种和刑度的规范,且不论是法定量刑情节还是酌定量刑情节,均是量刑过程中依法必须要考量的,以裁量刑为标准不代表丧失客观性和可操作性。例如,若本案中谢某某已与买方联系,但尚未完成伪劣烟草交易时即被抓获,其犯销售伪劣产品罪,必然要同时认定其有未遂情节。由于非法经营罪为行为犯,一旦行为人实行了非法经营行为,即既遂,这也是司法实践中的一贯做法。因此,如果认定非法经营罪,则不存在未遂情节。未遂是重要的法定量刑情节,我国《刑法》第23条规定,对于未遂犯,可以比照既遂犯从轻或者减轻处罚。其中"减轻处罚"意味着低于既遂犯的法定刑幅度裁量,对这种可以调节法定量刑幅度下限的量刑情节不予考量,机械地比较类型化的、不加裁量的法定刑,直接导致轻重对比不存意义,得出的结果显然亦是错误的。而以"法定刑为原则,以裁量刑补充"的判断标准,可以在法定刑单独难以判断或判断结果明显不合理的情况下,起到修正的作用。

有观点认为,"适用法定刑标准后发现对同案犯量刑实质合理的疑惑,有赖于立法者或最高审判机关对基本犯罪构成事实或对应的法定刑幅度是否作出调整,而不宜由司法机关对法律适用的客观规则作出主观权宜"〔6〕,背后存在因裁量刑加入了司法官的主观判断,会存在不同司法官判断不一致的情况。我们认为,这不应成为否定裁量刑作为补充标准的理由,司法需要具有能动性,司法官的自由裁量是司法审判不可分割的一部分,对于处罚轻重的选择判断本身亦是裁量的过程,即便是适用法定刑标准,法定刑所对应的犯罪事实亦有赖于法官对证据的采信以及将事实与犯罪构成进行比对的过程,其中离不开司法官的判断,绝对明确的、不需要司法官判断的法定刑是不存在的,罪刑法定原则中所坚持的"明确性",亦不是在僵化的意义上去掌握和理解的,而是相对的明确。法官自由裁量带来的个案偏差在司法案件中客观存在,这是司法的特点决定的,如何平衡不同司法官作出的自由裁量则是量刑规范化改革所要解决的问题,不能以此为理由在本应合理运用自由裁量进行司法判断的情况下予以阻止。

至于"判断何为处罚较重的规定属于定罪环节,若将裁量因素置于该环节,则属本末倒置,嗣后量刑环节再次考虑量刑情节,实则将量刑情节作了二

---

〔6〕 刘颖:《优案评析:朱某甲等销售假冒注册商标的商品、销售伪劣产品、非法经营案》,载https://alphalawyer.cn/#/app/tool/excellentCase/detail/D97073862EC14CAD23ACC7777A742FF2?queryId=14828a2dd7b911eba5610c42a1474cae,最后访问日期:2022年2月28日。

次评价，显有偏颇”的观点，我们亦不赞同。构成想象竞合犯的前提是数罪名均成立，行为触犯罪名的判断阶段已经在“从一重”处断的前续阶段完成了。而“从一重”处断并非真正的“定罪阶段”，而是定罪完成后，对宣告罪名的“选择阶段”，是在触犯的数个罪名中，选择处罚最重的予以宣告，而通常判决书中对同时触犯的其他罪名亦予以载明，并说明处断缘由，因此，“依据处罚较重的规定处罚”是在定罪之后对各个罪名对应的刑罚予以对比、判断和裁量的阶段，在刑罚裁量过程中，先判断法定刑，再具体考虑量刑情节进行个案裁量，本身就是司法审判中应有之顺序，何来本末倒置。

综上所述，本案中综合考量谢某某、张某某侵犯数罪名的法定刑和量刑情节，数个罪名中非法经营罪属于“处罚较重”的罪名，应以非法经营罪对其定罪量刑。

（戎静）

林某、胡某某等侵犯公民个人信息、诈骗案

牵连犯中"牵连关系"的判断标准

案情介绍

2016年9月始，被告人林某、胡某某先后通过互联网在他人处购买电信手机用户的个人信息（包括电话号码、积分数、服务密码等），或通过聘请的人员利用电信官网的漏洞获取电信手机用户的个人信息，共获取33.8万余条信息。电信手机用户遍布全国十余省市。期间，被告人林某、胡某某先后聘请被告人姜某某等40余人作为话务员。话务员经过培训后上岗，根据胡某某分发的电信手机用户个人信息，事先设置好要拨打电话的相应归属地，拨打被害人电话，谎称是电信公司工作人员，以提供积分兑换礼品服务为名，用事先准备好的脚本为对话模版，向被害人咨询是否要兑换其手机积分，许诺提供相应礼品。被害人同意兑换后，话务员登录电信公司官方网站，输入被害人手机号码后点击"获取手机验证码"，索得验证码后便以被害人的名义登录电信官网账户。随即话务员再次索得验证码后便将被害人手机积分按照林某、胡某某的要求兑换成相应的虚拟商品，如QQ币、电子消费券、游戏点卡、网站会员券等。虚拟商品被林某、胡某某变卖获利。而许诺给被害人的礼品价值远低于在电信官网实际兑换的虚拟商品，甚至不履行承诺。在2016年11月至2017年3月，兑换电信积分数共计21277.84万，经核查和鉴定，1电信积分对应价值为人民币0.01元。[1]

理论争议

关于行为人的行为是否构成牵连犯，以及如何定罪，存在以下两种观点。

第一种观点认为，本案被告人非法获取公民信息进行诈骗构成牵连犯，应

[1] 案例来源：裁判文书网，一审判决书（2017）赣0103刑初946号；二审判决书（2018）赣01刑终476号。

以诈骗罪和侵犯公民个人信息罪从一重罪处罚。被告人骗取他人电信积分用以兑换财物变卖获利是目的行为,非法获取电信手机用户信息属于方法行为,目的行为与方法行为分别构成不同罪名且具有牵连关系,因此认定林某、胡某某成立牵连犯,从一重罪处罚。

第二种观点认为,本案被告人不构成牵连犯,应当以诈骗罪和侵犯公民个人信息罪数罪并罚。牵连犯的方法行为与目的行为、原因行为与结果行为应具有类型化的关系,故若不具有类型性的两个行为则不构成牵连犯。实践中,侵犯公民个人信息行为并不固定用于实施诈骗犯罪,也可能用来出售、篡改自己或他人的信息或者非法使用他人信息等。行为人实施诈骗犯罪也通常不使用侵犯公民个人信息手段,方法行为与目的行为不具有密切关联性。因此,应当对被告人实行数罪并罚。

■ 法理分析

本案争议焦点为非法获取公民信息进行诈骗应构成牵连犯择一重处罚,还是应数罪并罚。我们赞同第二种观点,即被告人的方法行为和目的行为间不具有类型化的牵连关系,应予数罪并罚。具体分析如下。

Ⅰ 非法获取公民信息进行诈骗不具有类型化的牵连关系

牵连犯属于处断的一罪,是指犯罪人的方法行为或结果行为触犯其他罪名的情况。构成牵连犯必须同时符合三个条件:第一,须有两个以上的行为,即原因行为与结果行为,或者方法行为与目的行为,都是各自独立的可罚行为。第二,两个以上的行为须触犯不同的罪名,即分别符合不同的犯罪构成,成立不同罪名。第三,两个以上犯罪行为须有牵连关系。[2] 关于牵连关系的判断,在理论上有不同的学说,主观说认为牵连关系的判断以行为人的主观意思为根据,行为人以继续的犯意实施方法行为或结果行为即构成牵连关系;客观说认为,目的行为与方法行为、原因行为与结果行为间客观上存在直接密切的关系,即为牵连犯;主客观一致说认为,牵连关系应以行为人主观意思和犯罪行为的客观事实为标准进行考察,主观上为了实施一种犯罪,客观上具有直接的不可分离关系,才认为有牵连关系;类型说认为,根据《刑法》规定与司法实践,只有具有类型化的方法与目的、原因与结果的关系时,才存在牵连关系,

---

〔2〕 马克昌:《犯罪通论》,武汉大学出版社2006年版,第681~685页。

即只有当某种方法行为通常用于实施某种目的行为，或者某种原因行为通常导致某种结果行为时，才认为具有牵连关系。目前，类型说的支持者占据主流，本书亦认为类型说相对更具合理性。牵连犯并非实质的一罪，而是两个独立的犯罪行为，背后侵害了两个不同的法益，适用两个不同的法律条文和罪名，本应评价为数罪。但由于两个行为之间通常具有密切关系，行为人这种行为的惯常性背后体现的主观恶性和人身危险性，比单独实施不具有牵连关系的数个犯罪要轻，对牵连犯数罪并罚会使得罪刑失衡，所以才在处断时认定为仅从一重处罚，这也是牵连犯设置的正当性所在。因此，牵连犯应属于数罪中的“例外”，其认定标准应相对严格、范围应相对固定，偶然结合在一起的方法和目的、原因和结果行为，难以认定行为人在主观恶性和人身危险性方面与普通数罪相异，否则认定牵连犯从一重处断将违反刑法平等原则，丧失牵连犯的正当性。

具体到本案，被告人林某、胡某某以非法方法获取电信手机用户的个人信息是方法行为，完全符合侵犯公民个人信息罪的犯罪构成。骗取他人电信积分，用以兑换财物变卖获利是目的行为，符合诈骗罪的犯罪构成。认定被告人是否构成牵连犯的关键就在于方法行为与目的行为之间是否可以认定具有“牵连关系”。我们认为，非法获取信息与骗取积分兑换财物变卖获利并不具有类型化的固定关系，即不具有搭配的“惯常性”。一方面，诈骗罪不是非法获取个人信息后的惯常目的。在当前网络灰黑色产业链条中，公民个人信息犯罪几乎是所有互联网供犯罪的上游犯罪，除网络诈骗外，公民个人信息亦大量被用于转卖、敲诈、盗窃、暗刷流量等诸多违法犯罪行为。非法获取公民个人信息不一定用于诈骗，如同非法获取枪支后不一定用于杀人，还可能是持有、转卖或者狩猎。因此非法获取枪支后杀人，显然不能认为构成牵连关系，而本案中的两个行为亦是同样的道理。另一方面，非法获取公民个人信息亦并非诈骗罪的惯常手段。诚然，信息网络犯罪愈演愈烈的今天，非法获取公民个人信息实施“精准诈骗”的行为人不在少数，但诈骗罪是一个古老的罪名，其行为方法和手段历来在实践中五花八门，受害对象多数情况下可以是随机的。而获取个人信息后拨打信息中的公民手机号码进而欺骗对方，使对方陷入错误认识处分财产，只是诈骗罪众多诈骗方式的一种。侵犯公民个人信息罪这一随着通信技术和互联网技术的迅猛发展而新增的犯罪，显然并不能够简单认为是诈骗罪的惯常手段。因此，非法获取公民个人信息后诈骗的行为，不具有方法和结果的惯常性，不是具有牵连关系的相对固定的类型，不构成牵连犯。

Ⅱ 非法获取公民个人信息实施诈骗的行为应数罪并罚

既然非法获取的公民个人信息诈骗不构成牵连犯,则不能作为处断的一罪从一重处罚,而应当实行数罪并罚。

第一,被告人的行为分别单独成立侵犯公民个人信息罪和诈骗罪。被告人林某、胡某某未经信息所有人同意,通过购买或雇用他人利用电信官网的管理漏洞等手段非法获取电信手机用户的个人信息达 20 余万条,其行为违反了国家保护公民信息的相关规定,且涉案的信息数量多、范围广、影响大,已经构成侵犯公民个人信息罪。之后,被告人林某、胡某某雇用他人谎称是中国电信积分兑换礼品中心,骗取客户验证码,骗取他人电信积分,用以兑换财物变卖获利共计价值 212 万余元的财物,符合诈骗罪的构成要件,故被告人林某、胡某某的行为分别单独成立侵犯公民个人信息罪和诈骗罪。

第二,数罪并罚能全面评价犯罪行为并达到罪刑相当。无论是从一重处断还是数罪并罚,其实要解决的都是行为人的量刑问题,力求做到罪责刑相适应。就本案而言,以侵犯公民个人信息罪一罪论处,则无法包含后续的诈骗行为,对于受侵犯的公民个人财产法益将无从保护;而以诈骗罪一罪论处,虽评价了其侵害他人财产权的刑事责任,却无法评价其非法获取公民个人信息的行为,对他人公民信息权和国家对公民信息的管理秩序法益则保护不周。单独评价亦均做不到罪责刑相适应,要全面评价被告人的全部犯罪行为应该数罪并罚,实现量刑合理化。

第三,对被告人实行数罪并罚更符合司法解释和司法实践。一方面,将非法获取公民个人信息后诈骗的行为进行数罪并罚符合司法解释的规定。2013年"两高"和公安部联合颁布的《关于依法惩处侵害公民个人信息犯罪活动的通知》指出,对同时构成侵犯公民个人信息罪和其他犯罪的应当数罪并罚。2016 年最高人民法院、最高人民检察院、公安部《关于办理电信网络诈骗等刑事案件适用法律若干问题的意见》第三点"全面惩处关联犯罪"中第 2 条第 2 款规定,使用非法获取的公民个人信息,实施电信网络诈骗犯罪行为,构成数罪的,应当依法予以并罚。可见,司法解释对非法获取公民个人信息用于诈骗的司法处断立场一以贯之,应数罪并罚。另一方面,本案的实际处理中,法院亦对两行为分别宣告构成诈骗罪和侵犯公民个人信息罪,进行了数罪并罚。裁判文书中专门对本案是否应数罪并罚进行了说理,法院认为"侵犯公民个人信息罪与诈骗罪侵犯的是两个不同的法益,司法解释明确了侵犯公民个人信息罪与实施该罪后再利用非法获取的公民个人信息实施电信诈骗的行为应该如何定罪量刑,关于侵犯公民个人信息罪和诈骗罪应从一重罪处罚的意见,没有事实与理由",可见,司法机关坚持了非法获取公民个人信息后诈骗的行为数罪并罚的司法观点。

(戎静)

易某某等非法生产制毒物品、污染环境案

非法生产制毒物品并排放废水的罪数认定

案情介绍

2014年4月,易某某伙同他人预谋从福建到贵阳加工生产麻黄碱牟利。2015年5月至2016年1月,被告人易某某伙同他人先后在贵阳市花溪区马洞村、龙里县谷脚镇等地非法生产麻黄碱,后组织将生产出的麻黄碱运至中国与缅甸边境交易。生产麻黄碱期间,为排放生产废水,被告人易某某等人在花溪区马洞村、龙里县谷脚镇厂房外修建排污池,并在马洞村生产点铺设排污管道,将生产废水通过排污管引至距厂房约70米外的溶洞排放。公安机关于2016年1月11日至1月24日在被告人易某某等租赁的厂房和仓库查获麻黄碱6.188千克、甲苯11,700千克、盐酸3080千克、溴代苯丙酮13,000千克。经鉴定,被告人易某某、刘勇金等人生产麻黄碱所产生、排放的废水属危险废物。案发后,公安机关、环保部门为消除对环境的影响和危害,集中处理上述厂房和仓库的危险废物、危险化学品及其他被污染的物资,共计花费2,539,222元。[1]

理论争议

关于易某某的行为应如何定罪,有以下两种观点:

第一种观点认为,易某某的行为虽同时构成非法生产制毒物品罪和污染环境罪,但易某某在实施非法生产制毒物品麻黄碱的过程中,必然要产生污水排放,排放污水与实施非法生产制毒物品属于方法行为和目的行为分别构成不同的犯罪,具有牵连关系,应择一重罪以非法生产制毒物品罪定罪处罚。

第二种观点认为,易某某的行为构成非法生产制毒物品罪和污染环境罪,

---

〔1〕 案例来源:裁判文书网,一审判决书(2017)黔0181刑初22号;二审裁定书(2017)黔01刑终913号。最高人民法院:《人民法院环境资源审判保障长江经济带高质量发展典型案例》,2018年11月28日,https://www.court.gov.cn/zixun-xiangqing-132681.html。

应对易某某数罪并罚。实施非法生产制毒物品,虽然会有污水排放,但并不必然导致污染环境行为的发生,实施非法生产制毒物品和生产过程中排放污染物,是两个独立的犯罪行为,应当分别定罪,按照数罪并罚的规定处以刑罚。

■ 法理分析

本案争议的焦点在于易某某在实施非法生产制毒物品犯罪过程中排放污水造成环境污染,是否构成牵连犯,对其应从一重处断还是数罪并罚。本书认为易某某的制毒行为与排污污染环境行为间存在牵连关系,但对牵连犯的处断方式并不唯一,对于本案基于罪刑均衡与刑事政策的考量,可以数罪并罚。具体分析如下。

1 易某某成立非法生产制毒物品罪与污染环境罪的牵连犯

牵连犯是指犯罪人的方法行为或结果行为触犯其他罪名的情况。构成牵连犯必须同时符合三个条件:第一,须有两个以上的行为,即原因行为与结果行为,或者方法行为与目的行为,都是各自独立的可罚行为;第二,两个以上的行为须触犯不同的罪名,即分别符合不同的犯罪构成,成立不同罪名;第三,两个以上犯罪行为须有牵连关系。本案中,易某某伙同他人非法生产麻黄碱,根据最高人民法院《关于审理毒品犯罪案件适用法律若干问题的解释》的规定,案发后查获的麻黄碱、甲苯等制毒物品的数量已达到"情节特别严重"的标准,其行为构成非法生产制毒物品罪。同时,易某某在生产制毒物品的过程中,在厂房外修建排污池,并在马洞村生产点铺设排污管道,将生产废水通过排污管引至距厂房约 70 米外的溶洞排放,对环境造成危害,案发后集中处理上述厂房和仓库的危险废物、危险化学品及其他被污染的物资,共计花费 2,539,222元,易某某的行为构成污染环境罪。从易某某的行为过程来看,其生产制毒物品一定会产生有毒性的废水,而对这些废水的排放是其生产制毒物品的犯罪行为的惯常后果,生产制毒物品是其原因行为,而排放污水污染环境是其结果行为。即便根据相对严格的牵连关系类型说进行判断,生产制毒物品和排污两个行为之间亦应认为具有相对的固定性和行为的惯常性,成立牵连关系。上述第二种观点认为"实施非法生产制毒物品,虽然会有污水排放,但并不必然导致污染环境行为的发生",将牵连关系限定在方法行为与目的行为、原因行为与结果行为间具有必然性上,无疑是不当限缩了牵连犯的成立条件。本案中,对于非法制毒的窝点来说,让其将有毒的污水进行降毒处理以达到国家规定的标准再加以排放的期待值极低，故虽然排污污染环境与生产制毒物品之间没有绝对的必然性，但应认定非法生产制毒物品与排放污水污染环境之间具有惯常性，进而认定易某某构成非法生产制毒物品罪和污染环境罪的牵连犯。

Ⅱ 对易某某应数罪并罚——兼论牵连犯的处断原则

牵连犯是实质上的数罪、处断的一罪，一般认为，成立牵连犯则应择一重罪处断，但事实上，立法上和实践中对牵连犯的处断方式并不唯一，在理论上对于牵连犯的处断亦存在不同学说：

1. 择一罪处断说。该学说认为对牵连犯应在数罪名中，选择处罚较重的罪名予以定罪量刑。这一学说还可细分为两个主要观点：一是从一重处断的观点，认为牵连犯是数行为触犯数个罪名，因为行为人在主观上出自犯一罪而在客观上行为间又表现为不可分离，在处罚上采取吸收主义，按数罪中的重罪论罪并处以重罪之刑。所以牵连犯的处罚原则是从一重处断，虽然是数个行为，但不实行数罪并罚。〔2〕二是从一重重处断的观点，认为牵连犯实际上是数罪，对社会具有较大的危害性，只按一罪处理，未免对犯罪有所轻纵。按照一重罪从重处罚，才能真正体现罪刑相适应的刑法基本原则。〔3〕

2. 数罪并罚说。该观点认为，牵连犯从形式和实质上来说均为数罪，对其从一重处罚原则缺乏法律根据和理论基础。根据犯罪构成要件理论和一罪一罚原则，应该对牵连犯实行数罪并罚。〔4〕

3. 一罪处断和数罪并罚结合说。该观点主张，对牵连犯既不能一律采取从一重处罚，也不能均采取数罪并罚，而应该依据一定的标准决定究竟采取何种原则予以处罚。〔5〕有人进一步主张以罪行轻重为标准确定采取的原则，主张在轻罪与轻罪或者轻罪与重罪相牵连的情形下实行从一重处断，而对社会危害程度较大或犯罪较重的牵连犯实行数罪并罚或从一重从重处断原则。〔6〕

学者对牵连犯的处断莫衷一是，从立法上来看，对具有牵连关系的两个犯罪行为处断存在一罪和数罪两种情况，亦未形成统一的标准和原则。比如，《刑法》第171条第3款规定，伪造货币并出售或者运输伪造货币的，依照本法

---

〔2〕 马克昌主编：《犯罪通论》，武汉大学出版社2006年版，第687页。

〔3〕 高铭暄、马克昌主编：《刑法学》，北京大学出版社、高等教育出版社2000年版，第202页。

〔4〕 黄京平：《牵连犯处断原则辨析》，载《中国人民大学学报》1993年第3期。

〔5〕 赵秉志主编：《刑法争议问题研究》（上），河南人民出版社1996年版，第487页。

〔6〕 郭毅：《牵连犯处罚原则探析》，载《法学》1999年第8期。

第170条的规定定罪并从重处罚;《刑法》第157条第2款规定,以暴力、威胁方法抗拒缉私的,以走私罪和本法第277条规定的阻碍国家机关工作人员依法执行职务罪,依照数罪并罚的规定处罚。在司法解释中,亦存在处断方式不同的规定,如最高人民法院《关于审理编造、故意传播虚假恐怖信息刑事案件适用法律若干问题的解释》第5条规定,"编造、故意传播虚假恐怖信息,严重扰乱社会秩序,同时又构成其他犯罪的,择一重罪处罚";最高人民法院、最高人民检察院《关于办理贪污贿赂刑事案件适用法律若干问题的解释》第17条规定,"国家工作人员利用职务上的便利,收受他人财物,为他人谋取利益,同时构成受贿罪和《刑法》分则部分第三章第三节、第九章规定的渎职犯罪的,除刑法另有规定外,以受贿罪和渎职犯罪数罪并罚。"而归纳立法和司法解释对具有牵连关系的情形采取不同的处断方式的规定,亦难以找到内在的逻辑和清晰的界分标准。这也导致在司法实践中对于牵连犯的处断亦不统一,对于牵连犯通常一罪处断(从一重或从一重重),但也有为数不少的案件,对具有牵连关系的两个犯罪数罪并罚,只不过数罪并罚的情况下,判决中一般不明确认定成立牵连犯。

从立法、司法解释和司法实践的情况来看,对牵连犯采取单一的处断原则,即一律以一罪处断或一律数罪并罚均难以实现。原因在于犯罪行为情况各异,牵连关系在不同的犯罪行为间、不同的案件中可能存在不同的样态,单纯运用一罪或数罪的处断原则难以在所有情况下均做到罪刑均衡。而对单一处断原则的过度追求又往往会反过来干扰牵连犯成立标准的构建。比如为了保持牵连犯均以一罪处断,有学者认为应将刑法明文规定实行数罪并罚的情形排除在牵连犯之外。[7] 这从表面上形成了一个逻辑,即牵连犯成立则以一罪处断,对于法律规定数罪并罚的案件,即便具有牵连关系,亦不成立牵连犯,这样就保持了牵连犯处断原则的表面一致性。但我们并不赞同此观点,因为司法解释和立法确有将具有紧密牵连关系的行为规定数罪并罚的先例(如受贿后渎职的数罪并罚),完全将其排除在牵连犯之外,会导致牵连犯的理论体系过于模糊,甚至导致牵连犯实质成立条件的虚无化。因此,我们的立场是,严格根据类型说划定一个相对固定、范围谨慎的牵连犯范畴,同时以罪刑均衡和犯罪预防为实质标准,以法律规定为依据,综合考量刑事政策,对牵连犯处断以从一重(重)处断为原则,以数罪并罚为例外,以此兼顾立法、司法实践与理论体系化。

---

〔7〕 张明楷:《刑法学》(第6版),法律出版社2016年版,第491页。

首先，应采用类型说从严判断牵连关系。很多被认为应数罪并罚的牵连犯案例，用类型说来判断，未必可以认定"牵连关系"，属于本应数罪并罚的案件。如前述侵犯个人信息罪与诈骗罪应数罪并罚的案例就属于此情形，应将这类案件排除出牵连犯的成立范围。如果将牵连关系的判断标准把握过于宽泛，则必然会有大量案件需要数罪并罚才能罚当其罪，则牵连犯这一概念的存在本身即丧失必要性。

其次，在类型化的牵连关系中，应以一罪（从一重或从一重重）处断为原则，数罪并罚为例外。以一罪处断为原则理由有三：其一，从牵连犯的存在价值来看，费尔巴哈创设牵连犯概念就是为了限制当时数罪并罚的适用范围，研究牵连犯这一犯罪形态的目的很大程度上是为其寻求不数罪并罚的根据。[8] 所以，"一旦牵连犯都实行并罚，牵连犯存在的法律意义也就丧失殆尽"[9]。其二，牵连犯是在一个终极目的的支配之下，由于犯罪行为之间牵连关系的存在，数个行为形成了一种有机联系的整体，相较于并罚数罪的情况，牵连犯的责任程度较轻。其三，一罪一罚固然是基于报应主义的要求，不过出于人道化的考量，刑罚应保持一种最小原则。这也是将牵连犯认定为科刑一罪的重要原因。[10] 所以，对于牵连犯应选择从一重处断为原则的处理方法。

体系化和个别化是辩证统一的，从一重（重）的处断原则存在例外。牵连犯貌似在解决定罪的问题，其实质是通过一罪、数罪的处断而解决量刑的问题。而刑罚的适用有报应和预防两个目的，报应内在要求罪刑均衡，犯罪预防需考量特殊预防和一般预防两个方面。在一罪处断不能体现罪刑均衡，或无法体现从犯罪预防角度出发从严打击的刑事政策时，则对牵连犯予以数罪并罚更具有合理性和必要性。但从维护牵连犯理论的体系性出发，数罪并罚应作为例外把握，仅将以下情况的牵连犯数罪并罚：一是法律、司法解释明确规定数罪并罚的。法律和司法解释规范的制定均有相对严格的程序，经过较为严密的论证，对存在牵连关系的情况从罪刑均衡和打击政策进行综合判断后，在规范中确定下来要数罪并罚的，自然应予以遵循。二是基于罪刑均衡和刑事政策的考量确有并罚之必要的。以本案为例，本案涉及制毒物品犯罪和污染环境犯罪，均是刑事政策上需要重点打击的犯罪。相较之下，非法生产制毒物品罪的量刑较污染环境罪重，如果从一重罪仅评价非法生产制毒物品一罪，

---

〔8〕 刘宪权.：《罪数形态理论正本清源》，载《法学研究》2009年第4期。

〔9〕 陈兴良：《从罪数论到竞合论：一个学术史的考察》，载《现代法学》2011年第3期。

〔10〕 李海滢、王延峰：《因受贿而渎职的罪数问题：处断原则与理论依据》，载《河南社会科学》2021年第29期。

则易某某行为造成的环境污染的后果将得不到全面评价。生态文明建设是关系中华民族永续发展的根本大计,党的十八大将生态文明纳入“五位一体”总体布局,上升至党和国家发展战略前所未有的高度加以推进。保护生态环境是关系民生的重大问题,在司法案件中,对于危害生态的违法犯罪行为应当依法从严惩处,加强对于污染环境犯罪的特殊预防和一般预防。因此对易某某的行为应予以数罪并罚,以体现罪刑均衡及从重打击毒品犯罪、污染环境犯罪的刑事政策。本案判决作出后被最高人民法院选入“人民法院环境资源审判保障长江经济带高质量发展典型案例”,其司法裁判价值受到肯定,对其他类案亦起到了示范作用,如江西省上栗县人民法院办理的蔡建东、蔡建东生产制毒物品、污染环境案,[11]亦予以数罪并罚。但本书亦建议以司法解释或立法的形式将实践中相对固定的牵连犯处断例外予以明文规定,以增加司法裁判依据的稳定性和明确性。

(戎静)

〔11〕 参见裁判文书网,一审判决书(2019)赣0322刑初19号;二审判决书(2019)赣03刑终90号。

李某某等破坏计算机信息系统案

计算机信息系统类犯罪法条竞合的认定

案情介绍

2015年9、10月，被告单位格某公司的主管负责人即被告人李某某，为达到公司盈利的目的，在明知违法的情况下，安排被告人李某乙开发了“模拟人操作在铁路售票系统上完成身份账号自动核验功能”软件（以下简称“VTOOL”软件），绕过12306网站的身份识别仪进行虚假实名认证，直接将被冻结的购票客户身份信息注册账户激活，使这些被激活的账户能够随意在12306网站购票。2015年10月下旬，被告人李某乙开发编写的“VTOOL”软件经格某公司的工作人员配合测试并完善后，将“VTOOL”软件拷贝在U盘中，交由被告单位格某公司的其他工作人员在长沙、株洲、广州、北京、武汉等地的火车票代售点进行推广。被告人傅某某明知“VTOOL”软件涉嫌违法，但为了公司业务发展予以默许，且在被告人李某甲不在公司时对该项旅客身份信息非法核验工作进行安排部署，并组织指挥了格某公司在案发后的转移涉案电脑隐匿罪证事宜。2015年11月1日至15日，被告公司在长沙、株洲、广州、北京、武汉五地的26台铁路售票主机内非法加装运行“VTOOL”软件，对被12306网站冻结的1295365条旅客身份信息进行非法核验，将其核验状态由“需线下核验—不能网上购票”修改为“正常—可以网上购票”，造成专司负责12306网站维护的中国铁道科学研究院电子计算技术研究所直接经济损失2.48万元。[1]

理论争议

本案争议的焦点在于，被告单位格某公司及3名被告人开发、运行软件，在铁路售票系统上对12306铁路购票网站存储冻结的旅客身份信息数据进行

---

〔1〕 案例来源：裁判文书网，(2017)湘8601刑初16号。

修改,并造成经济损失 2.48 万元的犯罪行为如何定罪?对此,有四种不同观点。

第一种观点认为,被告单位格某公司及 3 名被告人构成非法侵入计算机信息系统罪。根据《刑法》第 285 条第 1 款之规定,违反国家规定,侵入国家事务、国防建设、尖端科学技术领域(三大领域)的计算机信息系统的,构成非法侵入计算机信息系统罪。12306 网站作为中国铁路客户服务中心唯一网站,是国家铁路部门的计算机信息系统,关系到国计民生,应认定为涉及"国家事务"领域的计算机信息系统。被告单位格某公司及 3 名被告人,明知违反国家规定,侵入 12306 网站修改旅客身份信息数据,危害了国家铁路售票秩序,危害了"国家事务"领域的计算机信息系统安全,因此本案被告单位格某公司及 3 名被告人构成非法侵入计算机信息系统罪。

第二种观点认为,被告单位格某公司及 3 名被告人构成非法控制计算机信息系统罪。根据《刑法》第 285 条第 2 款之规定,违反国家规定,侵入国家事务、国防建设、尖端科学技术领域以外的计算机信息系统或者采用其他技术手段,对该计算机信息系统实施非法控制,情节严重的,构成非法控制计算机信息系统罪。12306 网站是铁路火车票网上订票网站,其计算机信息系统安全影响的是国家经济领域(铁路运输),而非国家事务、国防建设、尖端科学技术领域。被告单位格某公司及 3 名被告人明知违反国家规定,为牟取非法利益,自行开发"VTOOL"软件并在铁路售票系统上运行,绕开铁路网上订票需经身份证识别仪核验身份的必要流程,改变了铁路客票安全系统原有设置的正常流程,实现对 12306 网站的控制并对其后台旅客身份信息数据进行了修改,造成经济损失 2.48 万元。因此,被告单位格某公司及 3 名被告人构成非法控制计算机信息系统罪。

第三种观点认为,被告单位格某公司及 3 名被告人同时触犯非法侵入计算机信息系统罪与破坏计算机信息系统罪,因法条竞合应以破坏计算机信息系统罪论处。根据《刑法》第 286 条第 2 款之规定,被告单位格某公司及 3 名被告人违反国家规定,对计算机信息系统中存储、处理或者传输的数据和应用程序进行删除、修改、增加的操作,后果严重的,构成破坏计算机信息系统罪。被告人实施的危害行为侵入计算机信息系统(三大领域)并对计算机信息系统中存储、处理或者传输的数据和应用程序进行删除、修改、增加的操作,后果严重时,为非法侵入计算机信息系统罪与破坏计算机信息系统罪的法条竞合,根据法条竞合从一重处断的原则,被告单位格某公司及 3 名被告人应当按照破坏计算机信息系统罪进行处罚。

第四种观点认为，被告单位格某公司及3名被告人同时触犯非法控制计算机信息系统罪与破坏计算机信息系统罪，因法条竞合应以破坏计算机信息系统罪论处。被告单位和三被告人非法控制计算机信息系统（三大领域之外）并对计算机信息系统中存储、处理或者传输的数据和应用程序进行删除、修改、增加的操作，后果严重时，构成非法控制计算机信息系统罪与破坏计算机信息系统罪的法条竞合。根据法条竞合的处断的原则，被告单位格某公司及3名被告人应当按照破坏计算机信息系统罪进行处罚。

■ 法理分析

所谓法条竞合是指一个行为同时符合数个法条规定的犯罪构成，但从数个法条之间逻辑关系来看，只能适用其中一个法条，当然排除适用其他法条的情况。[2] 法条竞合是法条之间存在包容、交叉等竞合关系，而不是犯罪的竞合。本案分歧的焦点在于侵入12306网站能否认定为侵入“国家事务、国防建设、尖端科学技术领域的计算机信息系统”，以及计算机信息系统类犯罪间存在的法条竞合应如何认定的问题。我们赞同上述第四种观点，即因法条竞合的原因，被告单位和被告人行为同时触犯非法控制计算机信息系统罪和破坏计算机信息系统罪，应以破坏计算机信息系统定罪处罚。具体分析如下。

1 被告单位和被告人的行为不构成非法侵入计算机信息系统罪

根据2011年8月1日最高人民法院、最高人民检察院《关于办理危害计算机信息系统安全刑事案件应用法律若干问题的解释》（以下简称《解释》）第11条规定“计算机信息系统”，是指具备自动处理数据功能的系统，包括计算机、网络设备、通信设备、自动化控制设备等。12306网站为中国铁路客户服务中心网站，集成全路客货运输信息，为社会和铁路客户提供客货运输业务和公共信息查询服务。毋庸置疑，12306网站属于《解释》规定的“具备自动处理数据功能的系统”，是刑法意义上的“计算机信息系统”。根据《刑法》第285条第1款之规定，非法侵入计算机信息系统罪所侵犯的客体限于国家事务、国防建设、尖端科学技术领域的计算机信息系统。立法鉴于前述三大领域在国家安全与发展方面的重要性，特别予以绝对性的保护，非法入侵计算机信息系统罪为行为犯，只要行为人实施了违反国家规定侵入国家重要计算机信息系

---

〔2〕 张明楷：《刑法学》（第5版），法律出版社2016年版，第463页。

统的行为,即构成本罪。本案中,12306 网站为社会旅客提供互联网购票和查询业务,该信息系统直接关系到广大旅客信息和铁路售票秩序的安全,但该系统被侵入还未达到影响国家事务、国防建设、尖端科学技术领域的程度。根据《解释》第 10 条规定“对于是否属于刑法第二百八十五条、第二百八十六条规定的‘国家事务、国防建设、尖端科学技术领域的计算机信息系统’难以确定的,应当委托省级以上负责计算机信息系统安全保护管理工作的部门检验。司法机关根据检验结论,并结合案件具体情况认定”。从本案公开的判决书中可知,公诉机关并未提出相关检验结论,亦未提出相关指控认定,无法认定 12306 网站是否属于三大领域以外的普通计算机信息系统。

Ⅱ　被告单位和被告人的行为同时符合非法控制计算机信息系统罪与破坏计算机信息系统罪的犯罪构成

第一,被告单位和被告人的行为符合非法控制计算机信息系统罪犯罪构成。根据《刑法》第 285 条第 2 款的规定,非法控制计算机信息系统罪是指违反国家规定,侵入国家事务、国防建设、尖端科学技术领域以外的计算机信息系统或者采用其他技术手段,对该计算机信息系统实施非法控制,情节严重的行为。可见,非法控制计算机信息系统罪为情节犯,必须达到“情形严重的”程度才构成该罪。根据《解释》第 1 条规定:“非法获取计算机信息系统数据或者非法控制计算机信息系统,具有下列情形之一的,应当认定为刑法第二百八十五条第二款规定的‘情节严重’:(一)获取支付结算、证券交易、期货交易等网络金融服务的身份认证信息十组以上的;(二)获取第(一)项以外的身份认证信息五百组以上的;(三)非法控制计算机信息系统二十台以上的;(四)违法所得五千元以上或者造成经济损失一万元以上的;(五)其他情节严重的情形。”本案中,被告单位格某公司及三名被告人违反国家规定,利用自行开发的“VTOOL”软件(司法鉴定“VTOOL”软件源代码是一个利用某个程序木身漏洞,跨进程调用该程序进程进行绑架,从而使其按本程序的设计执行一定程序的操作的程序),绑架 12306 网站程序进程实现了对 12306 网站计算机信息系统的控制,违法所得为 2.48 万元,符合上述第 4 项,构成情节严重。

第二,被告单位和被告人的行为符合破坏计算机信息系统罪的犯罪构成。根据《刑法》第 286 条的规定,破坏计算机信息系统罪是指违反国家规定,对计算机信息系统功能进行删除、修改、增加、干扰,造成计算机信息系统不能正常运行,后果严重的行为。因此,破坏计算机信息系统罪为结果犯,必须达到

“后果严重”的程度才构成该罪。《解释》第 4 条第 1 款规定:“破坏计算机信息系统功能、数据或者应用程序,具有下列情形之一的,应当认定为刑法第二百八十六条第一款和第二款规定的‘后果严重’:(一)造成十台以上计算机信息系统的主要软件或者硬件不能正常运行的;(二)对二十台以上计算机信息系统中存储、处理或者传输的数据进行删除、修改、增加操作的;(三)违法所得五千元以上或者造成经济损失一万元以上的;(四)造成为一百台以上计算机信息系统提供域名解析、身份认证、计费等基础服务或者为一万以上用户提供服务的计算机信息系统不能正常运行累计一小时以上的;(五)造成其他严重后果的。”本案中,被告单位格某公司及三名被告人实现了对 12306 网站的控制后,对其后台冻结的 1295365 条旅客身份信息进行非法核验,将其核验状态由“需线下核验—不能网上购票”修改为“正常—可以网上购票”涉及售票主机 26 台,造成中国铁道科学研究院电子计算技术研究所为了消除“VTOOL”软件给售票系统带来的影响,组织专人进行数据修复和系统升级工作,造成了经济损失 2.48 万元,符合《解释》中“后果严重”的认定标准。

Ⅲ 非法控制计算机信息系统罪与破坏计算机信息系统罪存在法条竞合的处断

本案中,被告单位和被告人之所以同时触犯非法控制计算机信息系统罪和破坏计算机信息系统罪,是因为根据《刑法》的规定,这两个罪名本身存在法条竞合的关系。一方面,两个罪名在犯罪构成上存在相互交叉的关系。从行为方式来看,许多情况下对计算机信息系统中存储、处理或者传输的数据和应用程序进行删除、修改、增加的操作,是建立在对该计算机信息系统实施非法控制(抑或是部分、暂时控制)的基础上。两罪侵犯的法益也均为计算机信息系统的安全。另一方面,司法解释对于非法控制计算机信息系统罪“情节严重”和破坏计算机信息系统罪“后果严重”的列举性规定具有相互重合的内容。即均规定了“违法所得五千元以上或者造成经济损失一万元以上的”情形,而本案中的犯罪行为完全处于两罪的“竞合地带”。而对于法条竞合的处断原则,遵循特别法优于普通法、吸收法优于被吸收法、重法优于轻法原则。而非法控制计算机信息系统罪和破坏计算机信息系统罪属于刑法规定的两个并列的罪名,二者之间并不像诈骗罪与合同诈骗、贷款诈骗等诈骗类罪名之间所明显存在的普通与特别的关系。从犯罪构成考量也不存在吸收与被吸收的关系。对于本案中这种交叉重合关系的法条竞合,应适用重法优于轻法,对被告单位和被告人从一重论处。相较之下,非法控制计算机信息系统罪处罚对应三年以下有期徒刑,破坏计算机信息系统罪处罚对应五年以下有期徒刑,故应适用符合“后果严重”的罪名——破坏计算机信息系统罪,认定被告单位格某公司及3名被告人构成破坏计算机信息系统罪。

(戎静)

尹某某故意杀人案

刑罚的功能和目的

案情介绍

被告人尹某某(男,1938年2月12日生)与被害人吴某某(男,65岁)、被害人王某某(女,62岁)夫妇同住沈阳市苏家屯十里河镇柳三家子村,系邻居关系,两家因栅栏占道及堆放粪堆问题产生矛盾。2011年4月2日6时许,尹某某发现其栽种在吴某某家粪堆附近的两棵柳树被人拔掉,质问吴某某时发生口角,继而厮打。厮打中,尹某某用其栽种的柳树棒击打吴某某头面部数下,致吴某某因头面部损伤导致颅脑损伤当场死亡。嗣后,吴某某的妻子王某某发现后,与尹某某发生厮打,尹某某用柳树棒击打王某某头面部数下,致王某某头面部损伤导致颅脑损伤当场死亡。

一审法院认为,被告人尹某某的行为构成故意杀人罪。从尹某某使用的凶器类型、致伤部位、力度及造成的后果来看,尹某某客观上实施的行为反映其具备故意杀人的主观故意,其行为符合故意杀人罪的构成要件,以被告人尹某某犯故意杀人罪,判处死刑,剥夺政治权利终身。二审法院认为,上诉人尹某某的行为构成故意杀人罪。尹某某犯罪手段残忍,致二人死亡,犯罪后果和罪行极其严重,依法应当判处死刑。关于尹某某及其辩护人所提的自首情节、系初犯,并系老年犯罪等辩护意见,经查属实,但不足以对其从轻处罚。对一审量刑过重、被害人存在过错等辩护意见,没有法律依据和事实依据,不予采纳。综上,二审法院裁定驳回上诉,维持原判,并依法报请最高人民法院核准。

最高人民法院经核准认为,被告人尹某某故意非法剥夺他人生命,其行为构成故意杀人罪。尹某某仅因邻里纠纷,连续杀死二人,犯罪情节恶劣,后果和罪行极其严重,依法应当严惩。鉴于尹某某作案后委托他人报案,并在家中等候公安人员抓捕,到案后如实供认犯罪事实,有自首情节,且在本院复核期间已年满75周岁,依法对其可不判处死刑立即执行。第一审判决、第二审裁定认定的事实清楚,证据确实、充分,定罪准确,审判程序合法。最高人民法院裁定不核准并撤销二审法院维持第一审以故意杀人罪判处被告人尹某某死刑、剥夺政治权利终身的刑事裁定,发回二审法院重新审判。[1]

■ 理论争议

对尹某某判处死刑(死刑立即执行),是否符合我国《刑法》中所强调的刑罚功能和目的?以及在刑法及其刑罚适用中,对老年人犯罪的刑罚如何贯彻一般预防与特别预防目的论。例如,在审判的时候已年满75周岁的人,为什么一般不判处死刑?

第一种观点认为,被告人的行为应当被判处死刑。主要理由是,如本案中第一审人民法院的主办法官认为,本案被告人尹某某,犯罪后果特别严重(二人死亡),应予严惩,判处死刑,剥夺政治权利终身。在第二审程序中,主审法官认为上诉人尹某某因邻里纠纷而与被害人产生矛盾,持柳树棒连续击打二被害人头部,其行为构成故意杀人罪,尹某某犯罪手段残忍,致二人死亡,犯罪后果和罪行极其严重,依法应当判处死刑。

第二种观点认为,本案应依法对其可不判处死刑立即执行。最高人民法院裁判的主要理由是,被告人尹某某作案后委托他人报案,并在家中等候公安人员抓捕,到案后如实供认犯罪事实,有自首情节,且在本院复核期间已年满75周岁,依法对其可不判处死刑立即执行。

■ 法理分析

一般认为,刑罚,是刑法所规定的由国家审判机关对犯罪人所适用的限制或剥夺其某种权益的强制性制裁方法。马克思主义认为:"刑罚不外是社会对付违反它的生存条件——不管其性质如何——的行为的一种自卫手段。"[2]在本案中,上述争议焦点在于,《刑罚》及其司法解释,对老年人犯罪的刑罚,是否有所区别并予以特殊规定,报应论刑罚与目的论刑罚在本案适用中是否应当区别对待。从理论界来看,刑罚的功能与目的,与它的正当性根据密切相关。不论是报应论意义上的刑罚还是目的论意义上的刑罚,都直接影响着犯罪本体论的本质认识与刑罚的裁判与执行。在域外,大陆法系和英美法系国家,一般认为刑法的正当性理论主要涉及"报应"和"功利"。在我国,

[1] 案例来源:《中国刑事审判指导案例》编写组编:《中国刑事审判指导案例1:刑法总则》(增订本),法律出版社2021年版,第172页。

[2] 参见《马克思恩格斯全集》(第11卷),人民出版社1995年版,第618页。

则将刑罚的正当性理论概括为报应与预防结合的二元论、报应与特殊预防统一论以及分刑种分阶段综合论等理论学说。

而我国的通说为预防说。即在讨论刑法目的的时候，应当将刑法的任务与刑罚的目的区别开来，刑法的任务包括刑罚的目的，刑罚的目的是实现刑法任务的一项重要内容。因此，刑罚的目的是指人民法院代表国家对犯罪分子适用刑罚所要达到的目标或结果，即预防犯罪，包括已然之罪和未然之罪。[3]在本案中体现出来的，年满75周岁的老年人进行严重暴力犯罪的情况较为少见。一般来讲，年满75周岁的老年人，由于其体力和脑力的不支，他们重新犯罪的可能性比较小。适用刑罚，尤其是死刑，主要针对的是极少数罪行特别严重的犯罪分子，利用刑罚的制裁、教育和改造功能，促使犯罪分子重新做人，改过自新。而年满75周岁的老年人再次犯罪的可能性已经微乎其微，这种特殊预防功能和作用的发挥价值将降低，永远剥夺犯罪分子重新犯罪能力的要求似乎并不是那么强烈，这是由老年人犯罪所特有的性质和特征所决定的。

老年人犯罪[4]是个体因素和社会因素共同作用的结果。老年犯罪嫌疑人由于受到年龄、文化程度、家庭关系、生活环境、个体交际等方面因素的影响，思维定型化，自我中心意识较强，情绪稳定性差，对事物的感知性较迟钝，犯罪类型较为集中。[5] 在本案中，尹某某的二次杀人行为，就具有很典型的老年人思维定式化和老年人犯罪行为特征，情绪稳定性差等犯罪心理特性。在世界范围内，伴随世界“银色浪潮”的趋势，我国也已进入老龄化社会。虽然老年人犯罪在犯罪总数中所占比重较低，但却呈逐年上升的严峻形势。世界各国对于老年人犯罪都存在特殊的刑事政策，我国立法对于老年人犯罪有从轻或减轻处罚、限制适用死刑、从宽适用缓刑等具体规定。[6] 在对老年人犯罪分子进行刑罚时，需要注意刑罚正当化根据理论中的报应论与预防论如何融合和分配的问题。有学者认为，应以报应论确立的责任主义设定刑罚的

---

〔3〕 参见《刑法学》编写组：《刑法学》（上册·总论），高等教育出版社2019年版，第297页。

〔4〕 老年人犯罪是一个社会极不正常的现象，也是一个社会无法回避的现实问题，它往往涉及社会生活的各个领域，特别是整个犯罪学、刑法学和社会学研究的重要内容。社会生活中绝大多数的犯罪，老年人都可以涉及。但是就老年人犯罪的数量和突出表现而言，其中性犯罪、暴力侵害性犯罪和财产性犯罪是其主要的犯罪类型。参见杨兴培：《中国社会老年人犯罪的多维分析研究》，载《犯罪研究》2015年第3期。

〔5〕 参见毕惜茜、马麒：《老年犯罪嫌疑人心理及审讯研究》，载《山东警察学院学报》2018年第4期。

〔6〕 参见石玲：《论老年人犯罪及其刑事政策》，载《犯罪研究》2018年第2期。

上限,以一般预防论确立的公众容忍限度确定刑罚的下限,再在这一幅度内积极追求特殊预防的目的。[7] 也有学者认为,刑罚理论上的绝对主义(报应刑论)、相对主义(目的刑论)需要实行并合主义,即指出报应刑论与目的刑论的分歧不在于刑罚目的,而在于刑罚正当化的根据。并合主义是理想的刑罚观念。这种并合主义,有利于同时保护个人与社会利益,有利于适当处理刑罚积极主义与消极主义的关系,有利于协调罪刑均衡与刑罚个别化原则,有利于使刑罚整体程度适中。在并合主义中,刑罚须与社会危害性、人身危险性相适应,量刑时不宜过于重视一般预防的需要。在中国国情与公民的一般价值观念影响下,刑罚的本质不宜过于严厉,但也不能盲目地推崇轻刑化。[8] 在本案中,对犯罪分子尹某某的刑罚,判处死刑立即执行,还是缓期二年执行,需要妥善处理特殊预防中剥夺、惩罚与教育的关系。针对尹某某系年满 75 周岁的老年人犯罪,应当充分体现罪责刑相适应的基本原则,坚持刑罚裁量上的个别化原则,充分考量老年人犯罪分子的人身危险性和我国社会及公民的价值观念和法感情。

在本案中,作为老年人犯罪主体的尹某某,不具有我国刑法规定的刑罚一般预防特征,老年人犯罪的特殊性决定了其往往不会成为潜在的犯罪人。尹某某的自首情节,说明其人身危险性不大,也不是不稳定的分子,不具有私人复仇的倾向。换言之,本案中对尹某某所判处的刑罚,应当与其犯罪行为的严重程度和刑事责任的大小相互适应。对其判处刑罚的功能和目的,在于惩罚和改造。一方面,惩罚功能使犯罪分子受到法律上、道义上的谴责,进而感受到心理上和生理上的耻辱和痛苦。在本案中,不判处死刑立即执行,也同样可以产生这样的效果。另一方面,通过教育改造功能,促使尹某某等老年犯罪分子能够认识到自己的错误行为,进而洗心革面、重新做人。通过对老年人犯罪实行宽严相济的刑事政策,有利于尹某某等老年犯罪分子悔过自新,发自内心地进行自觉改造。

此外,本案中争议的焦点,还体现为在刑罚功能与目的指导下,如何理解和适用在审判时已满 75 周岁的人一般不判处死刑的规定。[9] 这条规定进一步体现了我国刑罚的人道主义传统和尊老的精神实质。这里需要注意重点理

---

[7] 参见刘晓山:《报应论与预防论的融合与分配——刑罚正当化根据新论》,载《法学评论》2011 年第 1 期。

[8] 参见张明楷:《新刑法与并合主义》,载《中国社会科学》2000 年第 1 期。

[9] 在 2011 年《刑法修正案(八)》中,《刑法》第 49 条增加了一款规定,即:“审判的时候已满七十五周岁的人,不适用死刑,但以特别残忍手段致人死亡的除外。”

解与掌握“审判的时候”和“特别残忍手段”两个核心判断要素。一般认为，“审判的时候”，主要指刑事诉讼法中的审判程序，包括一审程序（速裁程序、简易程序、普通程序等）、二审程序、再审程序、死刑复核程序等。而本案在死刑复核程序阶段，最高人民法院核准之后判决才发生效力，因此本案所处的死刑复核程序应当属于“审判的时候”。虽然本案被告人尹某某在犯罪的时候年龄是73周岁，但在最高人民法院复核时已满75周岁，理应适用本条规定。

有学者认为，手段残忍是司法实践中故意杀人罪死刑裁量的重要因素，并且独立于故意杀人罪的情节严重、情节恶劣以及后果严重等评价性用语。故意杀人罪的手段残忍是指，在杀人过程中，故意折磨被害人，致使被害人死亡之前处于肉体与精神的痛苦状态。[10] 有学者认为，“手段残忍”重在强调行为对善良风俗和人类恻隐心的挑战，它本来就是以社会一般观念作为判断基准的规范性概念，司法者应将其视作民意舆情中的合理成分予以采纳。[11] 也有学者认为，应当以结果无价值为基础，提倡客观说。即所谓故意杀人罪的手段残忍是指“杀人手段具有附加效果”，即杀人行为同时引起其他人身法益侵害效果。[12] 从刑法及其立法原意来看，“特别残忍手段”的认定，一般是给被害人肉体上带来了极大痛苦，给社会公众心理产生了非常难受的感受。[13] 而本案被告人尹某某的行为，审判的时候已满75周岁，除以特别残忍手段致人死亡外，不适用死刑。其中手段特别残忍不同于情节特别恶劣，犯罪人为达到犯罪目的，实施危害行为所采用的具体方式、方法，不包括主观预谋以及人身危

---

〔10〕 参见陈兴良：《故意杀人罪的手段残忍及其死刑裁量——以刑事指导案例为对象的研究》，载《法学研究》2013年第4期。

〔11〕 参见车浩：《从李昌奎案看“邻里纠纷”与“手段残忍”的涵义》，载《法学》2011年第8期。

〔12〕 参见王复春：《“手段残忍”裁判规则研究——以680件故意杀人案件为样本》，载《中国刑事法杂志》2018年第6期。

〔13〕 例如，全国人大常委会法制工作委员会刑法室编著的《中华人民共和国刑法释义》中，对“特别残忍手段”进行了明确：采用毁容、挖人眼睛、砍掉双脚等特别残忍的行为。在司法实践中，一般将出自冷酷坚决的犯意，给被害人的肉体和精神造成特别严重的痛苦、折磨、恐惧的，可视为特别残忍手段。又如，使用焚烧、冷冻、泼洒强酸强碱等强腐蚀物品致人死亡的；砍下被害人四肢或者挑断被害人筋脉的；以挖眼睛、割鼻耳等手段毁损被害人容颜的；砍击、刺扎被害人生殖部位的；用尖刀等利器捅刺被害人要害部位数十刀，或者用铁锤、砖块等钝器反复击打被害人头部致人死亡的；活埋被害人致人窒息死亡的；杀死被害人后肢解其尸体的；长时间暴力折磨被害人肉体的；等等。

险性等因素,[14]因此,综合从尹某某的打击的部位与方式、作案的手段与工具等方面进行判断,不能认定为“手段特别残忍”。

(杨继文)

〔14〕 参见聂昭伟、吴郁槐:《对并非以特别残忍手段致人死亡的满75周岁被告人不适用死刑》,载《人民司法》2012年第20期。

任某某受贿、巨额财产来源不明违法所得没收案

没收违法所得与刑罚的灭失

案情介绍

犯罪嫌疑人任某某,系山西省人民政府原副省长,曾任山西潞安矿业(集团)有限责任公司董事长、总经理,山西潞安环保能源开发股份有限公司董事长。2001 年至 2013 年,犯罪嫌疑人任某某利用担任山西潞安矿业(集团)有限责任公司董事长、山西潞安环保能源开发股份有限公司董事长、山西省人民政府副省长等职务上的便利,为相关请托人谋取利益非法收受财物,以及向下属单位有关人员和具有行政管理关系的被管理单位索要财物、要求报销个人费用,共计 223.505549 万元;非法侵吞公共财物,共计 44.16738 万元;任某某及其亲属对其名下财产 1265.562708 万元、部分外币、物品不能说明来源。2014 年 9 月 20 日,任某某因严重违纪被免职,同年 9 月 30 日因病死亡。经最高人民检察院指定管辖,江苏省人民检察院于 2016 年 7 月 11 日启动违法所得没收程序。2017 年 7 月 25 日,扬州市中级人民法院就扬州市人民检察院没收山西省人民政府原副省长任某某受贿、贪污、巨额财产来源不明违法所得申请一案公开宣判,裁定没收犯罪嫌疑人任某某违法所得人民币 1295.562708 万元、42.975768 万港元、104.294699 万美元、21.320057 万欧元、1 万加元及孳息,以及物品 135 件,上缴国库。[1]

理论争议

关于法院作出的没收犯罪嫌疑人任某某相关财产的裁定是否适当,有以下三种观点。

第一种观点认为,本案没收犯罪嫌疑人任某某相关财产的裁定有误。理

---

〔1〕 案例来源:《最高人民检察院第三十二批指导性案例》(检例第 130 号),载最高人民检察院网 https://www.spp.gov.cn/spp/jczdal/202112/t20211209_538468.shtml,最后访问日期:2021 年 12 月 9 日。

由是根据《刑事诉讼法》第16条第5款的规定,犯罪嫌疑人、被告人死亡的,免予追究刑事责任。本案中犯罪嫌疑人在移送审查起诉之前已经死亡,且本案并未进入审判程序,也未判决任某某构成犯罪。犯罪嫌疑人任某某既然未构成犯罪,不应当受到刑事处罚。裁定没收犯罪嫌疑人任某某相关财产的裁定存在错误。

第二种观点认为,本案没收犯罪嫌疑人任某某相关财产的裁定正确。理由是尽管犯罪嫌疑人在移送审查起诉之前已经死亡,但并不阻碍其行为已经构成受贿、贪污、巨额财产来源不明罪。根据《刑事诉讼法》第16条规定虽可免予追究犯罪嫌疑人任某某的刑事责任,但由于其行为已经侵害了国家工作人员的廉洁性,必须承当相应的法律责任。另外,根据《刑法》第34条的规定,附加刑也可以单独适用。尽管犯罪嫌疑人任某某已经死亡,导致刑罚的主刑无法适用,仍然可以单独适用附加刑,没收任某某的相关财产。

第三种观点认为,本案没收犯罪嫌疑人任某某相关财产的裁定正确。理由是本案没收的财产属于违法所得,不属于犯罪嫌疑人任某某的合法个人财产。法院作出裁定的法律依据是《刑事诉讼法》第四章犯罪嫌疑人、被告人逃匿、死亡案件违法所得的没收程序之规定,而非《刑法》与《刑事诉讼法》中刑罚适用的相关规定。即便《刑事诉讼法》第16条规定免于追究已死亡犯罪嫌疑人的刑事责任,但同时第289条规定:"对于贪污贿赂犯罪、恐怖活动犯罪等重大犯罪案件,犯罪嫌疑人、被告人逃匿,在通缉一年后不能到案,或者犯罪嫌疑人、被告人死亡,依照刑法规定应当追缴其违法所得及其他涉案财产的,人民检察院可以向人民法院提出没收违法所得的申请。"据此,法院依然可以裁定没收犯罪嫌疑人任某某的违法所得。

■ 法理分析

本案的争议焦点是犯罪嫌疑人死亡后是否应当继续追究其法律责任,以及没收违法所得是否属于没收财产刑?根据《刑法》与《刑事诉讼法》的相关规定,刑罚的消灭主要包括两种类型:一类是刑罚裁量权的消失,即在判决作出前,因出现法定事由,犯罪嫌疑人、被告人免于追究刑事责任。具体包括三种情况:犯罪人在判决前死亡;自诉案件的自诉人撤诉;犯罪人在判决前获赦免。另一类是刑罚处罚权的消失,即判决作出后,出现法定事由,导致刑罚无法执行或免于追究刑事责任。具体包括9种情形:(1)犯罪人在判决后或在刑罚执行过程中死亡;(2)犯罪人执行完毕人民法院判决的刑罚;(3)被判缓刑的犯罪人缓刑期限届满,依法宣告原判刑期不再执行;(4)犯罪分子获假释,假释考验期限届满,原判刑期执行完毕;(5)免予刑事处罚,犯罪人虽负有刑事责任,但因免予刑事处罚而无刑罚执行;(6)大赦,犯罪人在刑罚执行过程中被大赦,原判刑期终止执行;(7)特赦,犯罪人在刑罚执行过程中被宣告特赦;(8)超过刑罚执行时效,犯罪人被依法判处刑罚,但因某种原因超过法定的行刑时效而刑罚没有执行;(9)超过追诉时效,犯罪人犯罪后超过规定的追诉时效。本案中犯罪嫌疑人任某某于检察机关立案前死亡,属于犯罪人在判决前死亡的情形,依《刑事诉讼法》第16条第5款规定,属于符合法定不起诉条件,免于进入审判程序。对此,各方观点均无异议,但是对于犯罪嫌疑人任某某是否因此免予刑事处罚存在较大争议。因为,从司法机关掌握的证据情况来看,犯罪嫌疑人任某某利用国家工作人员职务之便贪污、收受他人财物及巨额财产无法说明来源的行为足以构成犯罪,已经严重侵害了正常的社会管理秩序和国家公职人员的廉洁性。仅因任某某于立案前死亡导致其免予刑事处罚,有违罪刑相适应原则与司法公正,容易引发社会质疑。由于《刑法》中规定的主刑对已经死亡的犯罪嫌疑人无法实现刑罚的惩戒作用,有人主张依据《刑法》第34条规定,单独适用附加刑对其遗留的相关财产予以没收,以体现刑法的公正性。这种观点固然具备一定的合理性,但却忽视了刑法中的罪刑法定原则。罪刑法定原则的基本含义是:法律明文规定为犯罪行为的,依照法律定罪处罚;法律没有规定为犯罪行为的,不得定罪处罚。这种规定同样包含了法律规定为犯罪行为的因法定事由免予刑事处罚或追究刑事责任的不能增设刑罚之内容。主张在法定处刑条款之外适用附加州追责的观点不仅忽视了罪刑法定原则,还混淆了没收财产与没收违法所得的概念。

没收违法所得是否属于没收财产刑,学界对此观点不一。目前,关于没收违法所得的性质有刑罚说、保安处分说、刑罚和保安处分混合说、刑法上的强制处理方法说等。"刑罚说"将没收违法所得视为一种附加刑。其理由是其他国家的刑法,如《日本刑法典》将没收规定为附加刑,用以"犯罪行为所产生或者因犯罪行为所获得之物,以及作为犯罪行为的报酬所得之物"。保安处分说认为没收违法所得属于保安处分措施。保安处分是基于社会防卫的需要而对具有人身危险性的人而采用的制裁、矫治的刑罚替代措施。根据刑法的罪刑法定原则,无犯罪即无刑罚,行为人不能仅因为具有犯罪的危险性而受到类似刑罚措施之处分。为了弥补刑罚预防的空缺,必须运用保安处分进行补充,而没收违法所得就属于刑罚之外的补充。刑罚和保安处分混合说则认为仅凭借刑罚或保安处分无法概括没收违法所得的法律性质,必须将两者结合起来。理由是《日本刑法典》虽将没收规定为附加刑,但同时1974年《日本改正刑法草案》中又同时设定了两种性质的没收,即划分为刑罚性质的没收(第75条)和保安处分的没收(第74条)两种。[2] 无论是刑罚说、保安处分说,还是刑罚和保安处分混合说,其出发点均以具有人身危险性的人为出发点的,是建立在道义非难价值判断上的。但没收违法所得不是以行为人的危险性为出发点,针对的是物。“没收作为刑法阻绝犯罪暨剥夺的手段,其所应对的对象,应为具体的行为事实,且对于该行为事实并不涉及任何评价的作用”。[3] 也即没收违法所得与行为人的刑事责任无关,自然也不是属于刑罚的范畴。没收违法所得依照《刑法》规定,属于刑事特别没收制度。《刑法》所规定的没收制度有两种:一种是第34条规定的附加刑——没收财产,被称为“一般没收”;另一种是《刑法》第64条规定的“特别没收”。尽管保安处分中也有没收违禁品、查封犯罪的企业等规定,但其针对的主要是具有人身危险性的人,而非物。刑事特别没收制度的理论基础理念是“任何人都不得从犯罪行为中获益”,其设立主要目的是对违法行为所获利益的剥夺、对刑事违法行为的遏止,基于犯罪事实本身成立的前提下,但凡与违法行为有关的人都必须承担相应的法律责任,并不局限于犯罪嫌疑人、被告人或罪犯。刑事特别没收制度具有国家强制性,是刑法中对物的一种强制处理方法。从刑法的公正角度考虑,行为人或关联人通过违法行为获得了不当收益,国家有权通过强制手段剥夺该不法利益。因此,没收违法所得属于刑法中的特别处罚制度,既不属于刑罚也不属于安保处分。

依照《刑事诉讼法》的规定,没收违法所得的适用具有严格的条件限制。首先,其适用的案件种类仅包括“贪污贿赂犯罪、恐怖活动犯罪等重大犯罪案件”。即《刑法》分则部分第八章“贪污贿赂罪”规定的所有罪名,以及“组织、领导、参加恐怖组织罪、资助恐怖活动组织罪,由恐怖组织及其成员实施的、意在制造恐怖的犯罪,比如以爆炸、放火、投放危险物质、故意杀人、故意伤害、绑架等为方式的恐怖活动犯罪”[4]。同时,最高人民法院、最高人民检察院《关于适用犯罪嫌疑人、被告人逃匿、死亡案件违法所得没收程序若干问题的规定》(以下简称《没收违法所得若干规定》)第1条列举的犯罪同样适用没收违

---

〔2〕 参见尹振国、方明:《我国刑事特别没收手段的反思与重构——兼论〈刑法〉第64条的完善》,载《法律适用》2019年第5期。

〔3〕 柯耀程:《犯罪不法利益剥夺手段的检讨与重建》,台北,一品文化出版社2015年版,第56页。

〔4〕 参见戴长林主编:《刑事案件涉案财物处理程序——以违法所得特别没收程序为重点的分析》,法律出版社2014年版,第68页。

法所得。其次,适用的对象为“犯罪嫌疑人、被告人逃匿,在通缉一年后不能到案;或者死亡”。犯罪嫌疑人、被告人逃匿的,可以是未被缉拿归案,也可以是到案后逃脱,且范围不局限于国内,也可以是国外。对于嫌疑人、被告人已逃往国外或无法获得其行踪线索的,只有在侦查机关全力追捕并通缉一年后仍无法到案的,检察机关才可以提出没收其违法所得的申请。对于犯罪嫌疑人、被告人死亡的,需要有权机构出具的死亡证明,如医院的死亡医学证明、公安机关出具的居民死亡确认书、户口注销证明等,检察机关才可以提出没收其违法所得的申请。再者,没收违法所得的财产范围必须是“违法所得及其他涉案财产”。依据最高人民法院《关于适用〈刑事诉讼法〉的解释》(以下简称《刑诉法解释》)的规定,涉案财物包括违法所得、违禁品和供犯罪所用的本人财物三种,以及最高人民法院、最高人民检察院《没收违法所得若干规定》第6条将规定的“通过实施犯罪直接或者间接产生、获得的任何财产”。

尽管没收违法所得制度的相关法律较为完善,但司法实践中,没收违法所得的适用依然面临以下问题:首先,对“重大犯罪案件”的理解不一致。依据《没收违法所得若干规定》第 2 条规定,“在省、自治区、直辖市或者全国范围内具有较大影响,或者嫌疑人、被告人逃匿境外的,应当认定为重大”。这个重大如何理解,《没收违法所得若干规定》并没有进一步说明。最高人民法院、最高人民检察院《关于办理贪污贿赂刑事案件适用法律若干问题的解释》(以下简称《贪污贿赂解释》)第 4 条规定:“贪污、受贿数额特别巨大,犯罪情节特别严重、社会影响特别恶劣、给国家和人民利益造成特别重大损失的,可以判处死刑。”这里的规定的“数额特别巨大,犯罪情节特别严重、社会影响特别恶劣、给国家和人民利益造成特别重大损失”是否符合《没收违法所得若干规定》第 2 条的解释?贪污贿赂罪是否必须满足“重大”的要求,才能适用没收违法所得?这些疑问无法在现有法律中找到明确解答。其次,适用对象存在疑问。“犯罪嫌疑人、被告人逃匿,在通缉一年后不能到案,或者犯罪嫌疑人、被告人死亡”这些规定要求被适用对象必须是刑事立案后的对象,因为只有在立案后,被适用人才能具备犯罪嫌疑人、被告人的身份。但是,实践中尚在监察机关初核阶段,被调查人死亡的情形是否能适用没收违法所得也存在一定的争议。此外,关于通缉令的适用也存在疑问。《没收违法所得若干规定》第 5 条只规定了“公安机关发布通缉令或者公安部通过国际刑警组织发布红色通报”两种情形,而实践中针对逃匿的犯罪嫌疑人、被告人,公安机关常用的是网上追逃、协查通报等措施,反而较少发布通缉令。那么,这种情况下,没收违法所得能否被适用也缺乏解释说明。死亡的认定也存在疑问。依据我国法律规定,死亡情况分为自然死亡与宣告死亡。自然死亡由于有死亡医学证明作为佐证较易获得认知共识,没收违法所得适用的意见较为统一。但宣告死亡则是否可以直接适用没收违法所得制度,实践界对此意见不一。由于现实中常常出现被宣告死亡的人并未自然死亡的情况,司法机关对宣告死亡适用没收违法所得的态度十分谨慎。再者,适用财产范围认识不一致。《没收违法所得若干规定》第6条对"违法所得"作了较为明确的界定,但对"其他涉案财产"却没有涉及。根据《刑法》第64条规定,涉案财产包括违法所得、违禁品和供犯罪所用的本人财物三种。其中供犯罪所用的"本人财物"在实践中的理解存在差异。由于实践中供犯罪所用的财物可能存在共有或为第三人所有,且犯罪嫌疑人、被告人经常在犯罪后转让、丢弃犯罪工具。此时应当如何认定"本人财物"？有人认为,"本人财物"仅限于罪犯是没收财物的唯一所有权主体。也有人认为,只要犯罪人实际控制犯罪所用的财物即可,而不论该物是犯罪人个人所有还是与他人共有,甚至系第三人单独所有都可予以没收。还有人认为,如果财物共有人或对财物由单独所有权的第三人,事前明知财物将供犯罪使用的,也应当予以没收。目前尚没有统一的指导性法律文件对此予以说明。

回到本案例,由于犯罪嫌疑人任某某属于自然死亡,不存在死亡类型适用的争议。但其死于监察委调查过程中,检察机关立案前。对其是否能适用没收违法所得,检察机关认为,与普通刑事诉讼程序旨在解决涉嫌犯罪人的定罪与量刑问题不同,违法所得没收作为特别程序主要解决涉嫌犯罪人的违法所得及其他涉案财产的追缴问题,不涉及对其刑事责任的追究。因此,涉嫌贪污贿赂犯罪行为人在立案前死亡的,虽然依法不再追究其刑事责任,但也应当通过违法所得没收程序追缴其违法所得。本案中,任某某涉嫌受贿、巨额财产来源不明等重大犯罪,虽然未被刑事立案即死亡,但其犯罪所得及其他涉案财产依法仍应予以追缴,应当通过违法所得没收程序进行处理。本案所涉罪名与涉案金额同时符合《没收违法所得若干规定》与《贪污贿赂解释》对"重大犯罪案件"的解释,因此没有产生适用争议。为了准确界定任某某的违法所得,检察机关在认真核查财产来源证据后,将任某某亲属能够说明合法来源的工资奖金、房租收入、卖房所得、投资盈利等共计1806万余元,以及手表、玉石、黄金制品等物品,依法在涉案财产总额中予以扣减。将犯罪嫌疑人及其亲属名下财产和家庭重大支出数额,减去家庭合法收入及其近亲属等利害关系人能说明合法来源的收入,作为任某某涉嫌巨额财产来源不明罪的违法所得,共计1265万余元、部分外币以及其他物品,并据此提出没收违法所得申请。同时,对依法应当申请没收的巨额财产来源不明犯罪所得冻结在案的任某某及其亲属名下财产为1800余万元存款产生的169万余元孳息,按照该笔存款总额中违法所得所占比例(1265/1800=70.2%)依法申请予以没收,其余部分返还给其近亲属。由于本案涉案财产没有被用于犯罪活动,从而避免了“本人财物”的争议。尽管上述申请得到了法院审判的肯定,但没收违法所得的适用问题依然需要更加明确的法律解释予以说明。唯一可以确定的是没收违法所得的既不属于主刑,也不属于附加刑,而是刑法中的特殊追缴制度。

(程凡卿)

王某某为牟取非法利益，销售有毒、有害食品案

附加刑执行的并罚问题

案情介绍

江苏省南京市雨花台区人民法院经审理查明：2016 年 6 月 20 日，被告人王某某在南京市雨花台区软件大道地铁站附近以 200 元的价格销售给朱奎一盒“伟哥”。经南京市雨花台区食品药品监督管理局鉴定，该保健品中检出西地那非成分，应当认定为有毒、有害食品。2016 年 7 月 20 日，被告人王某某在南京市栖霞区迈皋桥地铁站附近正准备销售给张某某一盒“伟哥”时，被民警现场抓获。民警在其随身携带的蓝色双肩包中搜查到蓝色圆形药片（两面有 vigour 字样）38 粒、黄色胶囊 21 粒、蓝色椭圆药片（两面有 homll 字样）26 粒。后民警又在被告人王某某位于栖霞区五福家园的住处内搜查到红色药片 25 粒、蓝色圆形药片（两面有 vigour 字样）20 粒。经南京市雨花台区食品药品监督管理局鉴定，上述各类保健食品共计 130 粒，均检出西地那非成分，应当认定为有毒、有害食品。

南京市雨花台区人民法院认为：被告人王某某为牟取非法利益，销售有毒、有害食品，其行为已构成销售有毒、有害食品罪。被告人王某某部分销售有毒、有害食品的行为，因意志以外的原因未能得逞，是犯罪未遂，可以比照既遂犯从轻处罚；归案后能够如实供述自己的犯罪事实，系坦白，依法予以从轻处罚。被告人王某某在假释考验期间内犯新罪，应当撤销假释。依照《刑法》第 23 条、第 52 条、第 53 条、第 67 条第 3 款、第 69 条、第 71 条、第 86 条第 1 款、第 144 条之规定，判决：（1）撤销云南省大理白族自治州中级人民法院（2014）大中刑执字第 150 号刑事裁定书[1]中对罪犯王某某准予假释的裁

---

[1] 2006 年 11 月 2 日，云南省德宏傣族景颇族自治州中级人民法院作出（2006）德刑初字第 1168 号刑事判决书，判决被告人王乐荣犯运输毒品罪，判处有期徒刑十五年，并处没收个人全部财产。刑期自 2006 年 5 月 14 日起至 2021 年 5 月 13 日止。该判决发生法律效力后，王乐荣至云南大理监狱服刑，刑期自 2006 年 5 月 14 日起至 2021 年 5 月 13 日止。王乐荣在服刑期间获减刑三次，共减去有期徒刑三年七个月，减刑后的刑期至 2017 年 10 月 13 日。2014 年 2 月

定。(2)被告人王某某犯销售有毒、有害食品罪，判处有期徒刑六个月，罚金两千元。与前罪未执行的剩余刑期一年两个月二十三天，没收个人全部财产合并，决定执行有期徒刑一年六个月，没收个人全部财产，罚金两千元。(3)查获的有毒有害食品予以没收销毁。

一审宣判后，南京市雨花台区人民检察院提出抗诉，认为：(1)一审判决前罪未执行的刑期认定错误。王某某前罪未执行的刑期应为假释考验期三年七个月二十九天。(2)合并执行的附加刑错误。王某某前罪判处没收个人全部财产，应当在核实该附加刑是否执行后再决定是否与罚金刑合并执行。如需要合并执行没收个人全部财产，应依据最高人民法院《关于适用财产刑若干问题的规定》的有关规定，只决定执行没收全部财产。〔2〕

■ 理论争议

关于判处王某的前后附加财产刑是否应当合并执行，有以下两种观点。

第一种观点认为，被告人王某某于2006年被判处附加刑没收个人全部财产。2016年又被判处罚金两千元，两种附加刑应当合并执行，且只执行没收个人全部财产的刑罚。主要理由是依据最高人民法院《关于适用财产刑若干问题的规定》第3条规定："依法对犯罪分子所犯数罪分别判处罚金的，应当实行并罚，将所判处的罚金数额相加，执行总和数额。一人犯数罪依法同时并处罚金和没收财产的，应当合并执行；但并处没收全部财产的，只执行没收财产刑。"

第二种观点认为，被告人王某某前罪与后罪的附加财产刑不必合并，应当分开执行。理由是依据最高人民法院《关于刑事裁判涉财产部分执行的若干规定》第9条规定："判处没收财产的，应当执行刑事裁判生效时被执行人合法所有的财产。"被告人王某某的没收财产刑只能是2006年判决生效时的全部财产，而不能包括之后的财产。2016年被告人王某某再次犯罪被判处附加刑罚金两千元是针对其2006年之后的财产。与之前的附加刑没有重合，不存在合并处罚的情况。

15日，大理中院作出(2014)大中刑执字第150号刑事裁定书，裁定对罪犯王乐荣准予假释，假释考验期至2017年10月13日。

〔2〕 王瑞琼：《财产刑前罪与后罪的执行》，载《人民司法(案例)》2017年第35期。

■ 法理分析

本案例争议的焦点问题是前罪判处的没收个人全部财产与新罪的罚金刑是否需要并罚以及如何并罚。实践中,各地司法机关对主刑的并罚问题没有太大争议,但对附加刑中既有罚金刑又有没收财产刑(包括没收全部财产)时,如何决定执行内容,存在较大争议。《刑法修正案(八)》将《刑法》第69条第2款修正为:"数罪中有判处附加刑的,附加刑仍须执行,其中附加刑种类相同的,合并执行,种类不同的,分别执行。"相较于原来的规定"如果数罪中有判处附加刑的,附加刑仍须执行",对附加刑的并罚有了更明确的解释。但是这种规定又带来了新的问题。即"种类相同"如何理解?目前的法律解释对此问题的解答不够明晰。依据最高人民法院《关于适用财产刑若干问题的意见》第3条规定"一人犯数罪依法同时并处罚金和没收财产的,应当合并执行;但并处没收全部财产的,只执行没收财产刑"。前半句将罚金与没收财产视为种类相同,实行并科执行。但后半句又规定没收全部财产应当吸收罚金,不用分别执行。另外,最高人民法院《关于刑事裁判涉财产部分执行的若干规定》第13条规定"被执行人在执行中同时承担刑事责任、民事责任,其财产不足以支付的,按照下列顺序执行:(一)人身损害赔偿中的医疗费用;(二)退赔被害人的损失;(三)其他民事债务;(四)罚金;(五)没收财产",这显然没有把罚金与没收财产视为"种类相同"的刑罚。这就导致司法实践中对罚金与没收财产是否"种类相同"产生了疑问。

我们认为本案不需要考虑前罪没收个人全部财产是否执行的问题,即使没有执行,也不应在本案中并罚。主要原因有如下几点:

第一,从法律位阶来看,《刑法》是由全国人民代表大会制定的基本法律。《关于适用财产刑若干问题的意见》是最高人民法院制定的司法解释。司法机关制定的法律文件效力低于立法机关制定的法律文件,当二者出现冲突时,应当以全国人民代表大会制定的《刑法》为优先适用。

第二,从法律文件生效的时间来看,最高人民法院《关于适用财产刑若干问题的规定》施行时间是2000年11月15日,《刑法修正案(八)》施行时间是2011年5月1日,最高人民法院《关于刑事裁判涉财产部分执行的若干规定》施行时间是2014年11月6日,且其第17条明确规定"最高人民法院此前发布的司法解释与本规定不一致的,以本规定为准"。按照新法优于旧法的原则,应当适用新规定,即适用《刑法修正案(八)》与《关于刑事裁判涉财产部分执行的若干规定》。

第三，从主刑和财产刑的执行机构来看，罚金与没收财产没有绝对并罚的必要。主刑的执行机关是唯一的，不存在由不同执行机关对同一被告人执行主刑的情况。而罚金与没收财产则可以由不同的执行机关对同一被告人执行。在同一罪犯出现新罪的情况下，旧罪与新罪的罚金与没收财产可由不同的法院执行。而且，从刑罚执行的便捷性与人权保障原则等角度来看，新罪与旧罪的主刑的并罚与执行由固定的执行机构执行，免去了被执行人在不同执行机构之间的周转。而新罪与旧罪的罚金与没收财产的执行则无并罚的必要，不并罚仍可以执行。

第四，刑事程序中执行完毕的刑罚和未执行完毕的刑罚仅指主刑。以累犯的规定为例。《刑法》第 65 条规定："被判处有期徒刑以上刑罚的犯罪分子，刑罚执行完毕或者赦免以后，在五年以内再犯应当判处有期徒刑以上刑罚之罪的，是累犯，应当从重处罚，但是过失犯罪和不满十八周岁的人犯罪的除外。"该规定中前罪刑罚执行完毕仅指主刑。这一点在最高人民法院研究室《关于如何理解刑法第六十一条中刑罚执行完毕问题的答复》中予以明确。若累犯的认定包括附加刑的执行，司法实践中就会导致存在大量因财产刑未执行完毕的罪犯不能构成累犯。而期间产生的犯罪都属于新罪，这显然脱离了《刑法》规定累犯制度的初衷。因此，再犯新罪或发现漏罪仅需并罚主刑即可，并不需要并罚前罪的财产刑。另外，从并罚的执行方式来看，主刑与附加刑的目标不同。依照《刑法》的相关规定，主刑的合并以限制加重为原则，以吸收为例外。总体的执行方向是减少总量为目标，即两个主刑的实际执行总量小于两个主刑量的直接相加。而附加刑则没有这种原则的约束。附加刑的并罚以合并为原则，吸收为例外。通常情况下，附加刑的合并执行与分开执行效果相同，分开执行也不会对被执行人产生负面影响。当新罪与旧罪都存在附件刑的情况下，二者的附加刑并无必须合并执行的必要。

第五，本案中对被告人所处罚的没收财产与罚金处于不同的时期，不能适用并罚。与罚金刑不同，没收财产的数额是不确定的，无法在事后通过确定的数额进行追缴。《刑事财产执行规定》中明确规定，执行刑事裁判生效时被执行人合法所有的财产。结合本案，被告人在第一起案件中被云南省德宏傣族景颇族自治州中级人民法院判处没收个人全部财产，应当没收其于 2006 年 11 月 2 日时的个人全部财产，而不应当扩张理解为被告人在此之后及有生之年的所有个人财产。况且南京市雨花台区人民法院的判决只是撤销被告人的假释裁定，不能理解为当然获得了云南省德宏傣族景颇族自治州中级人民法院没收财产罚的执行权。不同的执行机关不能将不同时期对同一被告人的附加刑进行并罚,不仅缺乏明确的法律依据,也会导致刑罚执行错综复杂、难以实施。一方面,如果将两个判决的附加刑合并执行,必然导致执行主体混乱。由于南京市雨花台区人民法院的判决并未撤销云南省德宏傣族景颇族自治州中级人民法院的判决,被告人前罪的判决依然有效。一旦合并执行将引发两家法院执行权的管辖冲突、判决书效力冲突。由哪家法院依照哪一份判决书进行执行?在现有法律文件中找不到相应的指引,从而引发执行混乱。另一方面,合并执行加剧案件侦查工作难度。在本案中,被告人的附加刑合并执行必须查明前罪附加刑的执行情况,这就增加了后罪判决执行的侦查工作量。如果遇到了被告人前罪数量较多的情况,其附加刑执行情况的核实将更加复杂,并导致执行工作随着犯罪次数的增加难度加剧,不利于执行工作的效率。

综合上述理由,南京市雨花台区人民法院的一审判决对被告人附加刑的合并执行存在适用法律错误的问题,应当予以纠正。南京市中级人民法院在接到南京雨花台区人民检察院抗诉后对案件进行了二审。南京市中级人民法院在二审过程中查明了被告人王某某在(2006)德刑初字第 1168 号刑事判决书中的刑罚执行情况,对南京雨花台区人民检察院关于原审判决在认定前罪没有执行的刑罚方面存在错误的相关抗诉意见予以支持。同时认为原审判决认定王某某销售有毒、有害食品犯罪的事实清楚,证据确实、充分,量刑适当,但撤销前罪假释后,认定前罪没有执行的刑罚有误,进而导致决定执行的刑罚错误。依照《刑事诉讼法》第 225 条第 1 款第 3 项,《刑法》第 23 条、第 52 条、第 53 条、第 64 条、第 67 条第 3 款、第 69 条、第 71 条、第 86 条第 1 款、第 144 条,最高人民法院《关于办理减刑、假释案件具体应用法律的规定》第 33 条的规定,作出判决:(1)维持一审判决第一项、第二项中新罪销售有毒、有害食品罪的定罪处罚部分以及第三项;(2)撤销一审判决第二项中前罪没有执行的刑罚认定以及决定执行的刑罚部分;(3)王某某犯销售有毒、有害食品罪,判处有期徒刑六个月,并处罚金两千元。与前罪没有执行的刑罚七年两个月二十九天合并,决定执行有期徒刑七年四个月,并处罚金两千元。由此可见,附加刑并不存在绝对的并罚必要性。

(程凡卿)

牛某非法拘禁案

附条件不起诉与考察帮教的适用

案情介绍

2015年年初，牛某（女，作案时17周岁，初中文化，无业）初中三年级辍学后打工，其间经人介绍加入某传销组织，后随该组织到某市进行传销活动。2016年4月21日，被害人瞿某（男，成年人）被其女友卢某（另案处理）骗至该传销组织。4月24日上午，瞿某在听课过程中发现自己进入的是传销组织，便要求卢某与其一同离开。乔某（传销组织负责人，到案前因意外事故死亡）得知情况后，安排牛某与卢某、孙某（另案处理）等人进行阻拦。次日上午，瞿某再次开门欲离开时，在乔某指使下，牛某积极参与对被害人瞿某实施堵门、言语威胁等行为，程某（另案处理）等人在客厅内以打牌名义进行看管。15时许，瞿某在其被拘禁的四楼房间窗户前探身欲呼救时不慎坠至一楼，致案发。经法医鉴定，瞿某为重伤二级。

因该案系8名成年人与1名未成年人共同犯罪，公安机关进行分案办理。公安机关对未成年犯罪嫌疑人牛某提请批准逮捕后，检察机关依法讯问牛某，听取其法定代理人、辩护人及被害人的意见。经审查，检察机关认为牛某因被骗加入传销组织后，积极参与实施了非法拘禁致被害人重伤的共同犯罪行为，已构成非法拘禁罪，但在犯罪中起次要作用，且归案后供述稳定，认罪悔罪态度好，愿意尽力赔偿被害人经济损失，采取取保候审足以防止社会危险性的发生，依法对牛某作出不批准逮捕决定。

8名成年人除乔某已死亡外，均被提起公诉，人民法院以非法拘禁罪分别判处被告人有期徒刑一年至三年不等。对于牛某，检察机关联合司法社工、家庭教育专家、心理咨询师及其法定代理人组成帮教小组，建立微信群，开展法治教育、心理疏导、就业指导等，预防其再犯。[1]

---

〔1〕 案例来源：最高人民检察院第二十七批指导性案例（检例第106号），载最高人民检察院网，https://www.spp.gov.cn/spp/jczdal/202103/t20210303_510511.shtml，最后访问日期：2021年3月3日。

■ 理论争议

关于牛某触犯非法拘禁罪,是否应当对其提起公诉并追究刑事责任,存在以下三种观点。

第一种观点认为,对牛某不应当作出不起诉决定。因为牛某作案时已满17周岁。根据《刑法》第17条规定:“已满十六周岁的人犯罪,应当负刑事责任。”同时牛某不属于《刑法》第18条中规定的“不能辨认或者不能控制自己行为”的精神病人,必须为自己的犯罪行为承担相应的法律责任。且从危害结果来看,被害人瞿某为重伤二级,情节严重,不符合《刑法》第37条免予刑事处罚的条件。

第二种观点认为,对牛某可以适用附条件不起诉,并采取非刑罚的处理方法进行考察帮教。理由是根据《刑事诉讼法》第282条的规定:“对于未成年人涉嫌刑法分则第四章、第五章、第六章规定的犯罪,可能判处一年有期徒刑以下刑罚,符合起诉条件,但有悔罪表现的,人民检察院可以作出附条件不起诉的决定。人民检察院在作出附条件不起诉的决定以前,应当听取公安机关、被害人的意见。”牛某虽年满17周岁,但仍然属于未成年人,且经过检察机关的讯问与调查发现,牛某因被骗加入传销组织,虽积极参与实施了非法拘禁致被害人重伤的共同犯罪行为,已构成非法拘禁罪,但在犯罪中起次要作用,且归案后供述稳定,认罪悔罪态度好,愿意尽力赔偿被害人经济损失。符合《刑事诉讼法》第282条的规定,可以适用附条件不起诉。

第三种观点认为,牛某虽然符合可以适用附条件不起诉的条件,但综合案情考虑,不应适用。理由是本案涉及传销,造成被害人重伤,社会关注度较高,且牛某在诉讼过程中已满18周岁,不符合未成年人考察帮教的对象条件。应当通过刑罚追究其刑事责任,并依据案情从轻或减轻处罚。

■ 法理分析

上述争议焦点在于牛某是否可以适用附条件不起诉,进而产生是否适用非刑罚处理方法的问题。根据《刑事诉讼法》第282条的规定:“对于未成年人涉嫌刑法分则第四章、第五章、第六章规定的犯罪,可能判处一年有期徒刑以下刑罚,符合起诉条件,但有悔罪表现的,人民检察院可以作出附条件不起诉的决定……”本案中,牛某犯罪时未满十八周岁,属于未成年人,且构成非法拘禁罪,属于刑法分则第四章的罪名,符合了附条件不起诉的基本年龄条件与罪名条件。但是,《刑事诉讼法》第282条对附条件不起诉的决定的适用是

"可以"而非"应当"即便犯罪嫌疑人符合附条件不起诉的基本法定条件，也不意味着必然会得到适用。未成年人犯罪是否适用附条件不起诉制度，应着重把握五个条件。

其一，适用的对象为未成年人。我国《刑事诉讼法》建立未成年人附条件不起诉制度，其目的是满足刑事法律对未成年人这一弱势群体进行特殊保护的要求，以在刑诉程序上给以特别的挽救措施。总体上看，这一制度采取了起诉便宜主义原则，既没有将附条件不起诉的适用对象限制为初犯、偶犯或共同犯罪的从犯，也没有对帮教条件作出限制。只要犯罪嫌疑人主体属于未成年人，即便是多次犯罪的未成年人以及外来流动人口中的未成年犯罪嫌疑人，只要同时符合附条件不起诉的法定条件，均可适用。但是，在2012年《刑事诉讼法》之前，各附条件不起诉改革试点检察机关在实践中几乎都将"具备有效监护条件或者社会帮教措施"作为附条件不起诉的前提，导致附条件不起诉制度的适用存在一定的阻碍。为了充分体现"对犯罪的未成年人实行教育、感化、挽救的方针，坚持教育为主、惩罚为辅的原则"，《刑事诉讼法》并未将实践中"谨慎"的适用条件纳入法条中，而是采取了更有利于避免未成年遭受刑罚追责的方式，放宽了附条件不起诉的法定适用条件，尽可能采取非刑罚处理方式预防未成年人再犯罪。

其二，可能适用的刑罚条件。附条件不起诉适用的犯罪种类被限定在《刑法》分则第四章、第五章、第六章规定的犯罪中，并且同时符合可能被判处一年有期徒刑以下刑罚之要求。具体可分为两个方面：一方面，犯罪种类属于《刑法》分则第四至六章规定的犯罪。这里的犯罪应当理解为罪名属于《刑法》分则第四至六章即可，而不是要求罪名所属的法条必须在《刑法》分则第四至六章的内容中。例如，《刑法》第210条第3款规定："盗窃增值税专用发票或者可以用于骗取出口退税、抵扣税款的其他发票的，依照本法第二百六十四条的规定定罪处罚。"该条文虽然属于《刑法》分则第三章，但同时规定依照第四章第264条规定的盗窃罪定罪处罚，因此盗窃发票的行为也应当属于符合附条件不起诉的犯罪行为。也即，罪名的法律条文虽然处于《刑法》法分则的其他章节，但是只要同时规定了应当按照《刑法》分则第四至六章的规定定罪处罚的，也属于可以适用附条件不起诉的罪名。此外，《刑法》分则第四至六章中明确规定应当"予以刑事处罚"的罪名是否排斥附条件不起诉？例如，《刑法》第347条第1款规定："走私、贩卖、运输、制造毒品，无论数量多少，都应当追究刑事责任，予以刑事处罚。"这样的规定主要是为了满足我国严厉打击走私、贩卖、运输、制造毒品犯罪的刑事政策，防止因毒品数量少而阻碍刑事责任的追究,放纵犯罪。但是这个规定并不排除“毒品数量少”之外的其他从宽情节的适用。同时,《刑事诉讼法》并未明文排除这四个罪名在附条件不起诉中的适用。因此,对未成年犯罪嫌疑人涉嫌走私、贩卖、运输、制造毒品犯罪的,仍然可以适用附条件不起诉。另一方面,刑罚的刑期必须符合可能被判处一年有期徒刑以下。对刑罚刑期的判断主要依据《刑法》与最高人民法院制定的《人民法院量刑指导意见(试行)》。在《刑法》分则第四章至第六章中,明文规定法定最高刑为一年以下有期徒刑的只有两条,即第 252 条规定的侵犯通信自由罪和第 322 条规定的偷越国(边)境罪。在《人民法院量刑指导意见(试行)》中,可能被判处一年有期徒刑以下刑罚的犯罪主要包括:抢夺罪、盗窃罪、诈骗罪、非法拘禁罪、职务侵占罪,敲诈勒索罪,妨害公务罪,寻衅滋事罪以及掩饰、隐瞒犯罪所得、犯罪所得收益罪。实践中,包含多个减刑情节的刑罚是否符合附条件不起诉的条件存在一定争议。《刑法修正案(八)》将《刑法》第 63 条第 1 款该款修改为:“具有减轻处罚情节的,应当在法定刑以下判处刑罚;有数个量刑幅度的,应当在法定量刑幅度的下一个量刑幅度内判处刑罚。”但该条文对于具有两个以上减轻情节的犯罪嫌疑人或被告人,能否降低两个量刑幅度判处刑罚的问题没有进行明确回答,导致实践适用产生争议。有人认为,当具有两个以上法定减轻情节的情形时,在遵守罪刑相适应的原则下可以考虑降低两个量刑幅度判处刑。[2] 这种观点在附条件不起诉制度的适用中并不合适。附条件不起诉的决定权属于检察机关,而非法院。检察机关降低两个量刑幅度来判断可能判处的刑罚,进而作出附条件不起诉决定,将产生终结刑事诉讼的法律后果。而法院降低两个量刑幅度判处刑罚,被告人仍然要被定罪量刑,无法回避刑事责任追究。两者存在本质区别,前者不仅免除了刑罚,更阻却了有罪判决的产生,等同于宣告无罪。为了避免严重罪行因减刑得不到应有的惩罚,全国人民代表大会在设计附条件不起诉制度时,将刑期限制规定为一年有期徒刑以下,而非司法实务界主张的三年以下,主要考虑的是减刑为三年以下的原刑罚多为七年有期徒刑以上。七年有期徒刑以上的刑罚对应多为社会危害性较为严重的罪行。对此类犯罪不进行起诉,难免引发社会对司法公正的质疑。[3] 由此可知,立法机关间接排除了七年有期徒刑以上刑罚适用附条件不起诉的可能。因此,对应法定刑在七年有期徒刑以上

---

〔2〕 黄祥青:《减轻处罚情节的理解与适用》,载《人民司法》2013 年第 11 期。

〔3〕 参见王尚新:《关于刑事诉讼法修改有关情况的介绍》,载《预防青少年犯罪研究》2012 年第 5 期。

的未成年人犯罪,即便存在减刑情形,也不能适用附条件不起诉制度。

其三,法定的适用前提是符合起诉标准。附条件不起诉是在检察机关认为未成年犯罪嫌疑人的行为构成犯罪,且符合起诉的条件时才有适用的可能。如果未成年犯罪嫌疑人的行为本身不具备可追诉性,例如,情节显著轻微、危害不大,不认为是犯罪的,犯罪已过追诉时效期限的,经特赦令免除刑罚的,依照《刑法》告诉才处理的犯罪,没有告诉或者撤回告诉的等符合《刑事诉讼法》第 16 条规定的情况。即使构成犯罪,但依法不需要判处刑罚,属于法定不起诉,不能适用附条件不起诉。此外,由于达不到检察机关的起诉标准,即不满足《人民检察院刑事诉讼规则(试行)》第 363 条规定的 12 项审查内容,存在事实不清、证据不足、违反法定程序、遗漏犯罪嫌疑人等情况,检察机关只能据此作出存疑不起诉决定,这种情况也同样不可适用附条件不起诉。

其四,存在悔改表现。"但有悔罪表现的"虽在《刑事诉讼法》第 283 条中所占文字比例不大,但是其依然是附条件不起诉的重要依据。"有悔罪表现"通常被理解为未成年犯罪嫌疑人认罪并如实供述犯罪事实,同时要有相应的悔改表现,例如主动投案自首、主动向被害人提供经济赔偿、赔礼道歉等。实践中,检察机关对于存在自首、立功、坦白等情节,或者积极向被害人赔礼道歉、退赃退赔的未成年犯罪嫌疑人,基本都给予认定为"有悔罪表现"。但也有意见认为,仅有上述行为仍不足以证明未成年犯罪嫌疑人的悔罪表现,必须在主观上满足"确有悔改"的条件。这种观点过于教条化、理想化。在现有的科技水平下,人的主观心态并不能直接读取,必须借助客观行为来推断。自首、立功、坦白、积极向被害人赔礼道歉、退赃退赔的行为本身就具有悔改的特征。而要求未成年犯罪嫌疑人必须达到主客观完全一致,显然超出了法律规定的范围,导致"有悔罪表现"认定苛刻,不利于对未成年犯罪嫌疑人教育、感化,更可能引发司法者主观臆断、滥用裁量权的问题。因此,只要未成年犯罪嫌疑人存在一定的悔罪表现,没有明显证据证明其存在欺骗心理,就可以认定其"有悔罪表现"。至于"悔罪"程度如何不是悔罪表现有无的评判标准。此外,《人民检察院刑事诉讼规则(试行)》第 498 条第 4 项规定,"向被害人赔偿损失、赔礼道歉等"是检察机关在考验期内对未成年犯罪嫌疑人设定的义务。因此也有人认为"向被害人赔偿损失、赔礼道歉等"不能作为附条件不起诉决定期的考虑因素。这种观点并不正确。上述规定并不排斥"向被害人赔偿损失、赔礼道歉等"成为"有悔罪表现"的参照。从缓和社会矛盾的角度考虑,未成年犯罪嫌疑人无论是在附条件不起诉决定前,还是在适用非刑罚处理的过程中,实施向被害人赔偿损失、赔礼道歉等行为都有利于附条件不起诉决定获得刑事诉讼当事人和社会的认同。《人民检察院刑事诉讼规则(试行)》第498条第4项规定应理解为对部分无法在附条件不起诉决定作出前对被害人赔偿损失、赔礼道歉的未成年犯罪嫌疑人,也可在决定作出后、适用非刑罚处理的过程中进行补充,其主要目的是补偿受害人,而非附条件不起诉的排除要件。

其五,必须获得当事人同意。《刑事诉讼法》第282条明确规定了"应当听取公安机关、被害人的意见"。"未成年犯罪嫌疑人及其法定代理人对人民检察院决定附条件不起诉有异议的,人民检察院应当作出起诉的决定。"这即表明检察机关作出附条件不起诉决定不是一家独断,公安机关、被害人、未成年犯罪嫌疑人及其法定代理人都可阻断附条件不起诉的适用。其中,有两点值得注意:第一,上述当事人意见不是必须完全具备。实践中,部分案件如贩卖毒品、贩卖淫秽物品等,不一定存在具体的被害人。仅以没有被害人导致缺乏被害人意见的理由来排斥附条件不起诉的适用,难以体现司法公正。检察机关应当在穷尽一切手段确定并联系被害人的基础上,结合实际情况来决定是否需要被害人的意见。对于未造成实际危害结果的行为(如犯罪未遂、中止等),即使没有被害人及其意见,也可以适用附条件不起诉。对于已经给予被害人足额赔偿或者能提供足够担保,综合考虑被害人意见的比重,酌情适用附条件不起诉。第二,犯罪嫌疑人及其法定代理人意见出现冲突时,如何判断。有观点认为应当以法定代理人的意见为准,因为法定代理人具有完全刑事责任能力;也有人认为应当尊重未成年人的意见,还有人认为犯罪嫌疑人及其法定代理人意见出现冲突等同于对附条件不起诉有异议,应直接排除适用。第三种观点明显违反了《刑事诉讼法》的法条规定。《刑事诉讼法》第282条规定"未成年犯罪嫌疑人及其法定代理人有异议"是指两者同时对附条件不起诉的适用有异议,才能排除其适用。如果仅是其中一方有异议就可排除附条件不起诉的适用,则《刑事诉讼法》第282条应当规定为:未成年犯罪嫌疑人或其法定代理人有异议。第一种观点与第二种观点的核心焦点在于未成年人或其法定代理人有一方赞同适用时,应当如何认定。根据《刑事诉讼法》第277条规定可知未成年人刑事案件的办理方针与原则以挽救、教育为主。司法机关在办理未成年人案件过程中出现争议时,应当遵守有利于挽救未成年人的原则。实践中,未成年人的法定代理人多会保护未成年人的权利,但也不能完全排除其损害未成年人权利的可能。因此,附条件不起诉的异议判断不可仅听取未成年犯罪嫌疑人或其法定代理人一方的意见,应当从保护未成年人的角度出发综合考量。只要未成年犯罪嫌疑人或其法定代理人一方同意适用,且不适用将损害未成年人合法权利的情况下,应当视为没有异议。此外,当出现未成年犯罪嫌疑人犯罪时未成年,进入诉讼程序后成年的情况,应当尊重其个人意见。此时法定代理人的意见不能无条件作为附条件不起诉适用的依据。法定代理人代为行使诉讼权利的前提,是犯罪嫌疑人未成年。而犯罪嫌疑人成年后,法定代理人的意见必须征得被代理人的同意才能成为附条件不起诉适用的依据。因此,犯罪时未成年、进入诉讼程序后成年的,应当以其本人意见作为是否适用附条件不起诉的依据。公安机关和被害人的意见由于不能直接阻碍检察机关作出附条件不起诉决定,涉及复议、提请复核、申诉程序,此处不做探讨。

综合来看,本案例中检察机关在牛某符合对象条件和刑罚条件的基础上,充分听取牛某及其法定代理人、辩护人及被害人的意见。同时结合案情调查,牛某认罪态度及积极赔偿被害人经济损失的悔罪表现,综合牛某的成长经历、犯罪原因、平时表现、社会交往、家庭监护条件、取保候审期间的表现等因素进行全面考量。通过举行不公开听证会,组织牛某及其法定代理人、辩护人和侦查人员、帮教人员等人员,针对牛某在诉讼过程中已满十八周岁是否适宜作附条件不起诉的问题发表意见,在取得一致赞同适用附条件不起诉的结果后依法对牛某作出附条件不起诉决定,并依照牛某及其家人请求,对牛某开展异地协作考察帮教。其办案过程完全符合《刑事诉讼法》第 282 条的规定,是正确适用法律采取非刑罚处理方法的典型案例。

（程凡卿）

冯某某、周某故意杀人案

行为人对其主观心态的辩解是否影响自首的成立

案情介绍

2011 年 6 月 17 日凌晨 2 时许,被告人周某驾驶牌号为“浙 A7226P”的雪佛兰轿车至浙江省杭州市余杭区崇贤镇众望街“星期八烧烤店”吃夜宵时遇到其熟悉的被害人祁某(殁年 27 岁)等人。祁某遂通知范某某(另案处理)过来持刀挑衅。周某驾车离开时打电话让被告人冯某某开车前来摆平此事。祁某听到周某打电话联系他人,遂打电话纠集被害人侯某某(殁年 19 岁)、祁某某(另案处理)等人前来,并持砍刀、木棍围住周某的轿车,祁某还持械砍砸周某的轿车。周某驾车冲出并赶到崇贤镇农业银行附近与驾驶凯迪拉克轿车前来的冯某某会合。此时,寻找周某的祁某驾驶摩托车搭载侯某某携带砍刀、木棍正好从周某、冯某某汇合处经过,周某即向冯某某指认祁某、侯某某系欺负他之人,并率先驾驶轿车顶上摩托车。祁某、侯某某驾乘摩托车转弯,冯某某即驾驶凯迪拉克轿车调头追赶,周某驾车紧随其后。追逐过程中,冯某某加速行驶,在崇贤镇众望街 94 号路段撞上摩托车,致摩托车倒地滑行数米,祁某、侯某某被撞倒在人行道上,撞击后冯某某又驾车行驶数十米,后因轮胎严重破损无法行驶而弃车换乘周某驾驶的轿车逃离现场。祁某、侯某某均因与地面撞击、摩擦致颅脑损伤死亡。

一审法院认定,冯某某、周某投案后能够如实供述本人实施的主要客观犯罪行为,符合自首条件。二审法院认定,原判认定二上诉人构成自首不当,应予更正。理由是:因周某一直否认纠集冯某某来现场摆平被害人,且否认指使冯某某驾车追赶被害人,周某的上述辩解已经否认了自己的客观犯罪事实,系未如实供述主要犯罪事实。而冯某某虽然一直如实供述其驾车撞死二被害人的客观犯罪事实,但始终否认其具有故意杀人的主观心态。[1]

---

〔1〕 案例来源:最高人民法院刑事审判庭编:《刑事审判参考》(总第 96 集),法律出版社 2014 年版,第 28 页。

■ 理论争议

由于一审、二审法院对冯某某仅从主观心态进行辩解是否影响自首的成立认识不一，故对冯某某是否构成自首存在不同认定。这涉及如何理解“如实供述自己的罪行（主要犯罪事实）”及“对行为性质的辩解不影响自首的成立”这两个与自首认定有关的重要问题，理论界和实务界对此均有不同意见。

一种意见认为，“如实供述自己的罪行（主要犯罪事实）”是指如实供述自己犯罪的客观行为，并不要求如实供述作案时的主观心态（罪过），行为人只要供述客观行为是其所为就应当认定其供述了主要犯罪事实；对主观心态的辩解属于对行为性质的辩解，这是行为人行使《刑事诉讼法》所赋予的辩护权的当然要求。

另一种意见则认为，“如实供述自己的罪行（主要犯罪事实）”是指如实供述自己的“主要犯罪构成事实”，犯罪构成事实不仅包括主体、客体和客观方面的事实，还包括主观方面的事实，是主客观方面的统一，因此，“如实供述自己的罪行（主要犯罪事实）”不仅要求行为人如实供述客观行为，还要求如实供述其犯罪时的主观心态，否则就不能认定为自首。

■ 法理分析

《刑法》第67条将自首界定为：“犯罪以后自动投案，如实供述自己的罪行”，最高人民法院司法解释将“如实供述自己的罪行”界定为“如实交代自己的主要犯罪事实”以及“姓名、年龄、职业、住址、前科等情况。犯罪嫌疑人供述的身份等情况与真实情况虽有差别，但不影响定罪量刑的，应认定为如实供述自己的罪行”，同时明确“犯罪嫌疑人自动投案后隐瞒自己的真实身份等情况，影响对其定罪量刑的，不能认定为如实供述自己的罪行”，除此之外，司法解释还对“自动投案”作了更为详细的解释。虽然如此，自首仍然是司法实践中争论不休的话题，其中对“如实供述自己的罪行”是否包括行为人对主观方面的供述存在激烈争议，有必要对此展开研讨。

在本案中，《刑事审判参考》支持后一种观点，认为“如实供述自己的罪行”包括供述主观方面的事实，我们对此并不赞同。

1 自首制度设立的初衷

对此学界存在诸多观点。我们认为，自首与累犯、坦白、缓刑、减刑、假释等制度一样，是刑事近代学派观点在刑事立法中的直接体现，行为人自动投案后向司法机关如实供述自己的罪行,在一定程度上体现了行为人人身危险性的降低,同时,从国家的角度出发,自首案件大大降低了国家司法资源的投入,可以保证将有限的司法资源投入到其他案件中,国家从中“得利”,应当给予自首行为人“奖赏”。因此,“国家刑罚权与犯罪人沉默权之间的妥协是自首制度的本质”[2]。从逻辑上说,自首的行为人动机多种多样,辩解五花八门,完全可以不给予“奖赏”,但这一做法将导致无人自首的后果,这自然会大大加重国家司法资源的负担。因此,对自首行为人予以从轻、减轻甚至免除处罚对双方都有利,是典型的“双赢”。

在这两个价值取向中,哪个更应占据优势呢?我们认为,应该是国家降低了司法成本,提高诉讼效率,毕竟行为人自首的动机各种各样,而动机又难以查明,因此,我们并不赞同自首的本质是悔罪这一观点。[3] “两高三部”《关于适用认罪认罚从宽制度的指导意见》明确规定:认罚是指“犯罪嫌疑人、被告人真诚悔罪,愿意接受处罚。‘认罚’,在侦查阶段表现为表示愿意接受处罚;在审查起诉阶段表现为接受人民检察院拟作出的起诉或不起诉决定,认可人民检察院的量刑建议,签署认罪认罚具结书;在审判阶段表现为当庭确认自愿签署具结书,愿意接受刑罚处罚”。如果将自首的本质认定为悔罪,会带来如下后果:(1)自动投案必须出于真诚悔罪;(2)自首行为人无权辩解,完全接受司法机关的指控,这必然导致难以区分自首与认罪认罚。另外,必须指出的是,悔罪是更深层次的主观层面的内容,难以通过客观行为予以确认,一旦司法实践中认可这一观点,对行为人是否“悔罪”必将产生“一案一议”的现象,这不利于司法实践,也不利于相同案件得到相同处理。

Ⅱ　自首与辩护权的关系

《宪法》和《刑事诉讼法》均明确规定:“被告人有权获得辩护”,中国的法律传统重控诉轻辩护,如何保障被告人辩护权的充分行使,不仅是刑事诉讼法研究的重要课题,也应该是刑法研究的重要课题。

---

〔2〕 刘环宇:《被告人辩解对自首制度中“如实供述”的影响》,载《江西警察学院学报》2018年第5期。

〔3〕 张明楷教授在其教科书中指出,自首旨在通过鼓励犯罪人自动投案,一方面促使犯罪人悔过自新,不再继续作案;另一方面使案件及时侦破与审判。在讨论自首成立条件时,这两者只要具备其中之一即可。据此,张明楷教授主张“如实供述自己的罪行”侧重于客观犯罪事实,隐瞒故意内容的,不影响自首的成立。张明楷:《刑法学》(第6版),法律出版社2021年版,第734页、第736页。

从构成要件上看，犯罪事实包括客体、客观要件、主体和主观要件。主张“主要犯罪事实”包括主观要件的观点认为因为“主要犯罪事实”包括这四大要件，所以主张“如实供述自己的罪行”是指对四大要件均应该如实陈述。我们认为：

第一，客体要件指的是行为对刑法所保护的利益造成的侵害，如果认为“主要犯罪事实”包括客体要件，得出的结论必然是被告人无权作无罪辩解，而无罪辩解是对行为性质辩解的组成部分，这实际在一定程度上要求行为人自证其罪，这一结论不仅有违刑事诉讼基本准则，还必将导致自首制度形同虚设。

第二，即便是主体要件，司法解释也强调指出“犯罪嫌疑人供述的身份等情况与真实情况虽有差别，但不影响定罪量刑的，应认定为如实供述自己的罪行”，由此可知，即便是对司法机关比较容易查明的主体要件，也并不要求自首行为人完全陈述，这也从一个侧面说明对自首行为人的要求并非像悔罪说要求得那么高。

或许有观点认为，该解释将是否影响定罪量刑作为区分“主要犯罪事实”的标准，因此，无论是对主体要件，还是对无争议的客观要件，区分标准就是“是否影响定罪量刑”。我们认为，这一要件并非如想象中容易把握，即便是对主体要件，如果严格按照这一标准最终得出的结论也难以接受。如司法实践中对行为人是否具有国家工作人员身份存在激烈争论，某行为人自动投案后始终辩解自己并非国家工作人员，因为其一直在私营企业任职，工资收入也来自该私营企业，但根据法律规定，如果其系受国有公司委派任职，则具有国家工作人员身份。坚持前述观点，在这一案例中，如果行为人陈述了其受国有企业委派这一事实，但其坚持不具有国家工作人员身份显然影响定罪，从而会得出不构成自首的结论，但这一结论显然值得讨论。我们认为，在该案中，行为人不构成自首的表现是：拒绝承认其被国有公司委派这一事实。由此可见，在身份犯这一特殊主体中，“主要犯罪事实”仍然表现为客观行为。

第三，即便是各方无争议的客观构成要件，也仍需展开细化讨论。客观要件包括行为、对象、结果以及因果关系，〔4〕行为又具体细化为时间、地点和方式方法。

首先，在对象认识错误和因果关系认识错误的情况下，行为人的陈述必然与客观查明的事实不符。如行为人开枪射击导致被害人乙死亡，行为人自动

〔4〕 前述讨论的身份犯，在四要件领域归属于主体要件，在三阶层归属于客观要件。

投案后坚称其射杀的是甲,该陈述必然影响定罪量刑。再如,行为人自动投案后供称其将被害人推入井中淹死,但因井中无水,被害人是被摔死的,在这种情况下,不认定为自首的结论显然不能接受。

其次,行为人导致了被害人重伤的结果,行为人自动投案后,承认其击打被害人,但坚持并未用尽全力,不可能导致重伤。在这种情况下,我们认为仍构成自首。

由此可见,"主要犯罪事实"并不必然包括四大构成要件,即便在各方无争议的客观要件领域,仍需要展开细化讨论。我们之所以主张"主要犯罪事实"不包括主观要件,除前述列举的认识错误外,主要有如下理由:

首先,主观方面的故意、过失以及目的、动机,隐藏于人的内心,看不见摸不着,大多数只能通过行为人的客观行为予以推断,但必然存在难以判断的少部分案件,从某种意义上说,判断行为人主观方面的基础是行为人的陈述,如果缺乏行为人的陈述,在绝大多数案件中很难判断这一核心问题,而行为人的陈述必然包含辩解,这也是《刑事诉讼法》将这一类证据称为"犯罪嫌疑人、被告人供述和辩解"的理由。我们也注意到,即便在占有行为人陈述的基础上,在司法实践中仍然会存在如何区分间接故意与过于自信的过失,疏忽大意的过失与意外事件的疑难案件。由此可见,即便在占有全案事实以及熟悉法律规定、刑法理论的基础上,司法工作人员在认定行为人的主观方面都会存在激烈争论,要求自首行为人作出符合司法工作人员最终判断的陈述,无疑是在"强人所难"。"法官对法律的理解,之所以有效力,从理论上说,源于法官的理解,是凭着对法律精神和社会价值取向的诚挚理解;从实践上说,源于法律赋予法官的权力。而这两点,被告人都没有。"〔5〕

其次,认定案件要遵循"以事实为根据,以法律为准绳",被告人的辩护也应遵循这一原则。绝大多数被告人并无法律常识,因此,其很难从法律方面展开,即便展开,也只是陈述观点,无力论述理由,如只能主张其行为构成正当防卫,其行为是私力救济,所以,被告人的辩护大都从事实方面展开,法律方面的辩护主要由辩护人完成。而事实分为客观事实和主观事实,司法机关可以通过证据印证客观事实,由此确定行为人是否如实供述,但对主观事实如果不通过行为人的陈述,则难以看到全貌,由此可见,被告人行使辩护权的切入点主要集中在主观事实,也即构成要件中的主观要素,在这种情况下,以被告人对

〔5〕 陆建红:《被告人对事实性质提出辩解能否认定为自首——姜方平故意伤害案分析》,载游伟主编:《华东刑事司法评论》(第4卷),法律出版社2003年版,第318页。

主观方面的辩解与通过客观事实推断出的主观方面不一致从而认定行为人没有供述“主要犯罪事实”，显然在很大程度上扼杀了被告人的辩护权，将导致本已陷于困境的辩护更加举步维艰。正是基于这个原因，最高人民法院《关于被告人对行为性质的辩解是否影响自首成立问题的批复》（以下简称《批复》）指出：“犯罪以后自动投案，如实供述自己的罪行的，是自首。被告人对行为性质的辩解不影响自首的成立。”最高人民法院法官在解读《批复》时曾指出：“被告人对行为性质的辩解，属于被告人主观方面的内容，与自首成立的上述客观要件无关，因此，不影响自首的成立。”〔6〕

我们注意到，“对行为性质的辩解不影响自首成立的”前提条件是“如实供述自己的罪行”，显然只有“如实供述自己的罪行”才可能提出“对行为性质的辩解”，也就是辩解是在如实陈述的基础上，但如果如实陈述包括所有要件，又何来辩解呢？另外，对行为性质的辩解自然包括将故意犯罪辩解为过失犯罪，将犯罪辩解为正当防卫，将集资诈骗辩解为非法吸收公众存款，这显然属于对主观方面的辩解。

基于此，行为人对目的的辩解属于对行为性质的辩解，在财产犯罪中，行为人只要如实陈述了客观行为，是否存在非法占有目的，是由司法机关基于客观事实以及其陈述、辩解进行的综合判断，最终的判断结果与其陈述不一致的，不影响“如实供述自己罪行”的判断。〔7〕

“两高三部”《关于适用认罪认罚从宽制度的指导意见》明确规定：“‘认罪’，是指犯罪嫌疑人、被告人自愿如实供述自己的罪行，对指控的犯罪事实没有异议。承认指控的主要犯罪事实，仅对个别事实情节提出异议，或者虽然对行为性质提出辩解但表示接受司法机关认定意见的，不影响‘认罪’的认定。”相较于认罪认罚，自首的要求更低，即便是认罪认罚，也允许行为人对行为性质提出辩解，由此可见，如果将自首的认定包括如实陈述所有要件，尤其包括如实陈述主观要件，将在一定程度上混淆自首与认罪认罚的界限。

---

〔6〕 转引自聂昭伟：《被告人针对主观心态的辩解不影响自首的成立》，载《人民法院报》2011年第12月8日，第7版。

〔7〕 徐燕、于晓萍：《行为人对犯罪目的的辩解影响自首的成立》，载《人民法院报》2018年12月5日，第6版。

Ⅲ 对质疑观点的回应〔8〕

第一,质疑观点认为:“罪过的形式和内容,直接反映出行为人主观上对危害行为及危害结果的态度。既然犯罪构成事实是主要犯罪事实,那么,行为人主观心态作为犯罪主观要件事实,当然属于‘主要犯罪事实’。”如前所述,将犯罪构成所涵盖的所有内容视为此处的“主要犯罪事实”,是“不可能完成的任务”,是对“主要犯罪事实”生搬硬套的解释,必将使自首制度形同虚设,有违设立该制度的初衷。

第二,质疑观点认为:“‘对行为性质的辩解’是对犯罪行为的定性,即犯罪行为在法律上是否应当被认定为犯罪所作的辩解,而不是对主观心态内容(是故意还是过失、是直接故意还是间接故意等)的辩解。”我们认为,这两者难以区分,如行为人将故意伤害行为辩解为过失致人重伤行为,这既是对行为定性所作的辩解,又是对主观方面的辩解。质疑观点在此处所举的例子“如果行为人自动投案后虽然承认从被害人处取得财物,但辩称是被害人归还给他的欠款,否认具有非法占有被害人财物的主观心态,则属于未如实供述主要犯罪事实,不能认定为自首”过于简单。如果行为人与被害人之间确实存在长期经济往来,被害人在将钱款交给行为人时确实有过将该笔钱款视为归还之前欠款的表达,行为人又以当时交流时的录音、聊天记录作为证据,在这种情况下,本案的基本事实就会发生极大的反转,行为人的行为都不会构成犯罪,如果将此处的辩解视为不是如实供述犯罪事实,那本案的犯罪事实难道不是不存在犯罪事实吗?如果将自动投案的行为人的主观方面的辩解视为不是“如实陈述犯罪事实”,司法机关又何从得知案件的真相呢?正如前文所强调的,确认案件事实离不开行为人的供述和辩解,而这必然包括对主观方面的供述和辩解——认为对主观方面的供述和辩解不是自首的“主要犯罪事实”在逻辑上存在极大问题,必将导致自首制度形同虚设。

第三,质疑观点认为:“以行为人对主观心态的辩解是否改变或者否定依照在案证据认定的案件事实为标准:如果行为人的辩解具有合理的根据能够成立,或者不能被在案证据排除的,就属于没有改变或者否定案件事实,不影响‘如实供述’的成立;反之,则影响‘如实供述’的成立。”这种观点貌似周延,但存在的问题是:如何判断行为人的辩解具有合理根据?在进行判断时,所依

〔8〕 如无特别说明,所引用的质疑观点均来源于本案例的“裁判理由”,载《刑事审判参考》(总第96集),法律出版社2014年版,第32~36页。

据的合理根据是否本身包括“行为人的辩解”？以行为人的辩解来判断行为人的辩解本身就值得讨论。

第四，质疑观点认为：“如果行为人在自动投案后，不如实供述主观心态，一方面增加司法机关查证案件事实的难度，自首制度设立的目的难以顺利实现；另一方面说明行为人不具有将自己交付国家审判的真实意图，不符合自首本质。”〔9〕我们认为，能否得出这一结论关键在于选取哪一个坐标予以比较，案发后立即自动投案并如实陈述所有主客观事实当然是自首，但这不是自首的常态，否则也没有必要先后下发数个司法解释对自首予以界定，与案发后潜逃拒不到案，或者到案后连客观事实都不供述的行为相比较，自动投案后如实陈述客观事实，对主观方面进行辩解的行为，已经在很大程度上降低了司法机关查证案件事实的难度，也体现了行为人将自己交付国家审判的意图。

第五，质疑观点认为：“主观心态与对主观心态的辩解是两个不同的问题。主观心态是犯罪构成要件事实中的主观要件事实，但主观心态具有客观性，它在行为人犯罪时就已经客观存在，是案件审理过程中需要通过证据审查进而作出认定的客观对象，并不是法庭辩论中的法律适用问题。对主观心态的辩解则是行为人事后对自己犯罪主观心态的认识和判断。两者不可能混为一谈。”〔10〕我们认为，这是将证据中的“犯罪嫌疑人、被告人供述和辩解”分解为“犯罪嫌疑人、被告人供述”与“犯罪嫌疑人、被告人辩解”了，诚如所言，主观心态是通过证据审查得出的对象，此处的证据是否包括“被告人供述与辩解”呢？在进行证据审查时，如果不考虑被告人的陈述，是不是客观归罪呢？

具体到本案而言，我们不赞同二审法院不认定构成自首的改判，只要被告人将驾车导致被害人死亡这一主要犯罪事实予以供述，就已经符合自首的要件，其“……辩称撞击前踩了刹车但没刹住，是不小心撞到了摩托车”，这一辩解虽然被其他证据所否认：“但同案被告人周某的供述、多名目击证人的证言及监控录像均证实，冯某某在看到二被害人后即驾车追赶，两次撞击被害人驾乘的摩托车；交通事故勘查笔录亦证实，冯某某作案时所驾凯迪拉克轿车的制动痕迹开始于撞击点（说明撞击前没有刹车），而技术验证报告证实，该凯迪拉克轿车的制动性能正常，证明冯某某所提‘撞击前踩了刹车但没刹住’的辩解不能成立，”但这并未否认其行为导致被害人死亡结果这一主要事实。正是基于这个原因，我们认为，下例构成自首。

---

〔9〕　陈攀：《对行为人主观心态与行为性质的辩解及自首的认定》，载《法律适用》2014年第4期。

〔10〕　陈攀：《对行为人主观心态与行为性质的辩解及自首的认定》，载《法律适用》2014年第4期。

姜某从香港乘机抵达上海虹桥机场,在明知自己携带有大量名贵手(怀)表和珠宝饰品的情况下,入境时走无申报通道,未向海关申报任何物品。海关当场从其携带的物品中将上述物品查获。之后,姜某向公安机关投案交代了自己涉嫌走私的行为,在一审开庭期间,否认自己有走私的犯罪故意,认为收藏品无需申报,并且自己是随旅行社导游进入无申报通道,随身携带的行李也接受了海关查验机的查验,并非故意选择走无申报通道。姜某并未否认自己携带贵重物品入境这一事实,其在庭审期间的陈述属于对行为性质的辩解,不影响自首的成立。〔11〕

综上所述,自动投案的行为人对主观方面的辩解应属于"对行为性质的辩解",理应予以尊重,只有这样,才能使自首制度得以正常运转,才能在实体法上充分保障行为人的辩护权,才能在国家权力和罪犯权利之间寻求平衡。〔12〕

(王恩海)

〔11〕 曹坚:《自首和立功的司法适用问题研究》,载《广州市公安管理干部学院学报》2005年第3期。

〔12〕 对自首是否包括如实陈述主观方面的内容,还可参见《刑事审判参考(总第113集)》,"许涛故意杀人案",本案基本事实是:行为人自动投案后将性质恶劣的故意杀人行为编造为与被害人相约自杀。本案一二审法院均认定构成自首,最高人民法院死刑复核时认为不成立自首。该案"裁判理由"认为,"主要犯罪事实"包括定罪事实和重大量刑事实两部分,我们对该理由并不赞同。我们认为,该裁判理由混淆了自首成立的条件和对自首的处罚原则这两个概念,但我们同样认为该行为不构成自首,理由在于行为人应当陈述双方如何约定相约自杀,也即在相约自杀时,行为人陈述的客观事实必然应包括该内容,但该事实为其杜撰,系行为人未如实陈述主要犯罪事实。

吴某邦故意伤害案

特别减轻处罚的刑罚适用

案情介绍

被告人吴某邦与被害人吴某云(殁年29岁)系父子关系,并共同居住生活。被害人吴某云长期酒后无端辱骂殴打其父吴某邦和母亲杨发兰,经村委、村干部多次调解、教育均无果。2016年1月30日10时许,被害人吴某云在家中再次因琐事辱骂、殴打其父吴某邦。双方厮打过程中,被害人吴某云跑到门口恶语辱骂其父吴某邦,被告人吴某邦持匕首追赶吴某云至大门口,捅刺吴某云左侧大腿一刀。被害人吴某云被闻讯赶来的吴某邦长子吴某光等人驾车送往青海省乌兰县人民医院救治。当日11时52分,吴某云经抢救无效死亡。经鉴定,死者吴某云系被单刃锐器刺伤左大腿致左股动脉断裂大量失血死亡。案发后,被害人吴某云亲属认为吴某云有重大过错,双方所在村200余名村民及村三委集体请求对被告人吴某邦宽大处理。[1]

理论争议

被告人吴某邦不存在法定减轻处罚的条件。但是,本案性质极其特殊,属于没有法定减轻情节但需要在法定刑以下量刑的案件,但在具体量刑上存在分歧。

第一种观点认为,被告人吴某邦犯故意伤害罪,依法在法定刑以下判处有期徒刑六年,即在法定刑以下降一档进行处罚。

第二种观点认为,为了平衡法律效果与社会效果,处以三年有期徒刑,不适用缓刑,比较合适。被告人吴某邦的行为虽说是伤害致死,但有些村民认为是父亲把儿子杀了,判处缓刑社会效果并不一定好。应当在法定刑以下降一

---

〔1〕 案例来源:张峻浩、徐留成、陈晓莉:《法定刑以下判处刑罚的适用》,载《人民司法》2019年第2期。

档,以最低刑进行处罚,判处有期徒刑三年。考虑到被告人吴某邦实际上羁押将满两年,判处有期徒刑不适用缓刑,能起到较好的社会效果。

第三种观点认为,本案属于没有法定减轻情节,但需要在法定刑以下量刑并可适用缓刑的案件。主要理由有二:一是被害人吴某云有严重过错,吴某云的行为与中华民族的传统美德和目前弘扬的社会主义核心价值观相悖。二是本案属于激情犯罪,一时冲动,犯罪情节和手段一般。虽然有追击这个情节,但是相关证人证实被告人吴某邦与被害人吴某云在门口反复争吵拉扯,吴某云有反复挑衅的情节。被告人吴某邦追出后虽有伤害行为,但从刺伤部位和刺击次数上看,吴某邦捅刺吴某云左侧大腿仅一刀,有明显克制,犯罪情节一般。考虑到被害人吴某云长期以来对父母不孝,而且在抢救过程当中,吴某邦虽然没有到医院,但到家里拿钱,积极参与救治,事后又得到了亲属和村民的谅解。从案件审判的法律效果、社会效果考虑,在当前依法治国、以德治国的大环境下,应当对被告人吴某邦判处有期徒刑三年,缓刑五年。

■ 法理分析

我国《刑法》第 5 条规定了罪刑均衡原则:刑罚的轻重,应当与犯罪分子所犯罪行和承担的刑事责任相适应,一般认为,刑罚的轻重应当与行为人实施行为的社会危害、行为人的主观恶性和人身危险性相均衡,这就需要综合考察行为的时间、地点、方式方法、对象、结果、目的、动机、事件的起因、行为人与被害人的关系、行为人的事后表现等因素,依据最为朴素的公平正义观念和《刑法》规定的法定刑,就会得出适用多重的刑罚即能实现刑罚目的的结论。虽然我国《刑法》规定的法定刑大多表现为相对确定的法定刑,已给法官提供了充足的裁量空间,但我国现在处于社会转型期,面对司法实践中极为纷繁复杂的案件,法律规定的有限与司法实践的无限这一不可调和的矛盾极容易导致个案量刑的失衡,冲击罪刑均衡原则。

基于此,我国《刑法》第 63 条第 2 款规定:“犯罪分子虽然不具有本法规定的减轻处罚情节,但是根据案件的特殊情况,经最高人民法院核准,也可以在法定刑以下判处刑罚……”理论上将该款称为特别减轻处罚制度。该制度的设立,有助于缓解普遍正义与个别正义的冲突,有助于实现法理情的融合,体现刑法的“温度”,有利于贯彻宽严相济刑事政策,在一定程度上缓和了罪刑法定原则,实现了罪刑均衡原则,因此具有重要的实践意义。从某种意义上说,特别减轻处罚制度是“润滑剂”,有效弥合了普遍正义与个别正义之间的裂痕。

但在实践中，适用该制度的案件相对而言较少，有数据显示，2003 年至 2011 年全国各级法院适用特别减轻处罚制度审理的案件只有 677 件，同期江苏省法院经报核在法定刑以下判处刑罚的案件仅有 1 件，[2] 2007～2009 年，最高人民法院复核的法定刑以下判处刑罚的案件共 199 件，其中 2007 年 36 件，核准率为 97.2%；2008 年 76 件，核准率为 92.11%；2009 年 87 件，核准率为 91.95%，年均核准率为 93.76%。案件类型主要集中在非法制造、买卖、运输爆炸物罪，绑架罪等罪名。[3] 该制度被冷落的原因除程序烦琐外，从刑事实体法角度，主要有两个原因："特殊情况"的范围不明以及核准后应如何适用刑罚尚存争议。

Ⅰ "特殊情况"的范围

2004 年广东省高级人民法院向最高人民法院报送法定刑以下判处刑罚的冯洲受贿案，最高人民法院征求了全国人大法工委的意见，全国人大法工委认为，《刑法》第 63 条第 2 款规定的"特殊情况"主要是针对涉及国防、外交、民族、宗教等极个别特殊案件的需要，不是对一般刑事案件的规定。[4] 因此，该案未被核准。但在司法实践中，最高人民法院逐渐扩大了"特殊情况"的适用范围，有学者统计了某省 94 起适用特别减轻处罚制度的案件，得出了如下主要结论：

故意伤害案件 28 件（其中致死 23 件），主要减轻理由是多因一果，尤其是被害人本身患有疾病以及被害人有过错，其他理由主要是赔偿经济损失、初犯、邻里纠纷、认罪悔罪、刑事和解。

贪污、挪用、诈骗、虚开增值税发票、盗窃等（涉案金额与刑罚档次直接相关）22 件，减轻理由主要是认罪悔罪、及时退赔、被害人有责任、被告人未实际获利。

非法制造、买卖、运输、储存爆炸物 15 件，主要减轻理由是主观恶性小，为生产、生活所需而非法运输、储存爆炸物；犯罪后果轻，未造成实际危害后果，其他减轻理由是认罪悔罪、被告人自身存在特殊情况（系残疾人或老年人）。

---

〔2〕 参见公丕祥：《完善法定刑以下判处刑罚的核准制度》，载《中国审判》2011 年第 4 期。

〔3〕 张军主编：《〈刑法修正案（八）〉条文及配套司法解释理解与适用》，人民法院出版社 2011 年版，第 63 页。

〔4〕 全国人大常委会法制工作委员会编：《法律询问答复（2000—2005）》，中国民主法制出版社 2006 年版，第 123～124 页。

走私、运输、贩卖野生动物11件,主要减轻理由是主观恶性小。

买卖、走私枪支5件,主要减轻理由是主观恶性小。

拐卖儿童3件,主要减轻理由是主观恶性小(如因家庭困难而送养亲生子女)。

除此之外,还有抢劫、非法行医、盗掘古墓、非法杀害野生动物、种植毒品原植物、伪造货币、故意杀人等,主要减轻理由集中在主观恶性小,未造成严重后果,被害人有过错等。[5]

由此可见,随着实践的发展,适用特别减轻处罚制度的案件虽然绝对数量并不多,但从罪名角度看,已经实现了"多点开花",最高人民法院已经不拘泥于"特殊情况"的表现形式,考察重点集中在针对上报的具体案件,是否有必要"在法定刑以下判处刑罚"。[6] 同时,处理具体案件的法官从中也应当认识到,《刑法》第63条第2款,至少从最高人民法院的角度看,不再是"睡眠条款",已经在切实有效地发挥实现个案正义的功能。"法官没有必要将《刑法》第63条第2款视为特殊的例外规定,而应看作一般性规定。换言之,法官应当具有只要符合条件就减轻处罚的意思,充分利用《刑法》第63条第2款……法官形成减轻处罚的动机,产生减轻处罚的想法,是减轻处罚的前提条件。"[7]

Ⅱ 无须对"法定刑以下判处"的范围设限

在明晰"特殊情况"的范围后,处理具体案件的法官需要考虑的问题是:在法定刑以下判处刑罚是否有范围限制?

根据最高人民法院《关于适用〈中华人民共和国刑事诉讼法〉的解释》第414条的规定,在法定刑以下判处的判决应当层报最高人民法院,上级人民法院有可能同意也有可能不同意该判决,因此,明确"以下"是否应当范围设限就显得至关重要。

本案的审理过程鲜明地体现了这一点。本案一审法院在法定刑以下判处有期徒刑六年,控辩双方未上诉、抗诉,层报至青海省高级人民法院后,青海省

〔5〕 程绍燕:《特别减轻处罚制度多维探析》,载《法商研究》2020年第5期。

〔6〕 对这一问题的详细论述,可参见金福、王志远:《刑法第63条第2款之"案件的特殊情况"解析》,载《中国刑事法杂志》2009年第2期。有文章列举了常见的情形,参见李德光:《论特殊情况减轻处罚的适用——以最高人民法院公布的案例为视角》,载《贵州警官职业学院学报》2012年第6期。

〔7〕 张明楷:《许霆案减轻处罚的思考》,载《法律适用》2008年第9期。

高级人民法院指令海西市中级人民法院重审。海西市中级人民法院重审后判处被告人有期徒刑三年,缓刑五年,控辩双方未上诉、控诉,该判决经逐级层报后被最高人民法院核准。

对这一问题,学界存在不同观点,有减一格说、减多格说、底线说的争议〔8〕,我们认为,考虑到特别减轻处罚制度的设立初衷和背景,该制度存在的理由就是为了弥补刑法规定“刚性有余,弹性不足”的缺陷,在这种情况下,再参考《刑法》第63条第1款的规定而设置“法定刑以下”的范围,将使该制度难以发挥其应有的作用,而且从最高人民法院核准的案例看,也并没有具体范围的限制。

除此之外,还需要讨论两个问题:

第一,在法定刑以下判处刑罚,能否判处该分则条文未规定的刑罚?1994年2月最高人民法院研究室曾答复上海市高级人民法院:“可以在法定刑以下判处刑罚,包括判处刑法分则条文没有规定的不同刑种的刑罚。例如,法定最低刑为三年有期徒刑的,可以判处不满三年有期徒刑、拘役或者管制。但是否判处附加刑,仍应遵守刑法分则的规定。”该批复虽然已废止,但该批复所针对的1979年《刑法》规定被1997年《刑法》所吸收,其解释精神仍可以参照,因此,我们认为,在法定刑以下判处的刑罚可以包括《刑法》分则条文未规定的刑罚。

第二,“法定刑以下判处刑罚”是否包括免除处罚?我们认为,立法者将其表述为“判处刑罚”,显然不能包括免除处罚,而且《刑法》第63条第2款系减轻处罚的组成部分,我国《刑法》严格区分从轻处罚、减轻处罚和免除处罚,不能将两者予以混淆。另外,从最高人民法院核准的案例看,不仅没有核准免除处罚的先例,而且对判决免予处罚的上报案件,明确表示:“免予刑事处罚不属于在法定刑以下判处刑罚,不应适用在法定刑以下判处刑罚的核准程序。”〔9〕

具体到本案而言,各级法院对吴某邦适用特别减轻处罚制度并无争议,争议焦点在于应当判处何种刑罚,一审判处有期徒刑六年,经青海省高级人民法院指令重审后改判缓刑,对类似“大义灭亲”的案件作如此处理显然兼顾了法理、情理,实现了法律效果与社会效果的统一,体现了特别减轻处罚制度的

〔8〕 王玉杰:《以案例为蓝本解读〈刑法〉第63条第2款之适用》,载《信阳师范学院学报(哲学社会科学版)》2010年第2期。

〔9〕 张峻浩、徐留成、陈晓莉:《法定刑以下判处刑罚的适用》,载《人民司法》2019年第2期。

意义。

当然,这一观点必须警惕法官的自由裁量权变成“脱缰的野马”[10],为此,应当强化程序公开,加强裁判文书的说理,如此方能作出经得起历史考验的裁判。

(王恩海)

〔10〕 陈瑞华:《脱缰的野马——从许霆案看法院的自由裁量权》,载《中外法学》2009 年第 1 期。

包某某危险驾驶案

被判处缓刑后在上诉期内又犯新罪能否数罪并罚

案情介绍

2013年3月24日21时许,被告人在江阴市澄山路600号阿妹便民超市内与被害人苏某某发生口角,即与苏某某及其丈夫李某某发生扭打,致两人轻伤。案发后,被告人赔偿两被害人九万元,并取得对方谅解。2013年9月27日,被告人被江阴市法院以故意伤害罪判处有期徒刑九个月,缓刑一年。

2013年10月1日22时许,被告人在前罪缓刑判决尚未生效时,醉酒后驾驶号牌为苏BDM869的小型轿车沿江阴市绮山路由南向北行驶至人民东路岔口地段左转弯处,车辆前部追尾撞击前方由沈晓炯驾驶、同向行驶的苏BF9755小型轿车尾部,后包某某驾驶苏BDM869的小型轿车继续向前行驶,车辆前部又与沿天鹤路由北向南行驶的杨建华驾驶的苏BDB720小型轿车前部相撞,造成三车损坏的交通事故。经江阴市公安局物证鉴定室鉴定,包某某血液中乙醇含量为2.30mg/ml。经江阴市公安局交通巡逻警察大队认定,包某某对此事故负全部责任。案发后,包某某分别与被害人沈某、杨某就本案民事赔偿问题达成协议,已由包某某赔偿沈某经济损失共计11,931元;赔偿杨某经济损失9086元,并补偿杨某10,000元。[1]

理论争议

我国《刑法》规定了缓刑考验期内再犯新罪、发现漏罪以及违反相关规定的处理方案,但对行为人在缓刑判决宣告后至生效前又犯新罪的情形应如何处理却不明晰,司法实践中有以下三种观点:

第一种观点认为,此时应当启动审判监督程序,撤销原判刑罚,将前后两

〔1〕 案例来源:最高人民法院刑事审判庭编:《刑事审判参考》(总第103集),法律出版社2016年版,第6页。

罪一并判决。

第二种观点认为,此种情形不应撤销原判缓刑,而应在对行为人新犯之罪量刑时适当考虑旧罪因素,酌情从重处罚,并适用实刑。

第三种观点认为,此种情形应当撤销缓刑,并实行数罪并罚。

■ 法理分析

我国《刑法》第 77 条规定了撤销缓刑的条件,结合第 73 条第 3 款关于缓刑考验期限的规定,[2]可以得出如下结论:从判决确定之日起至缓刑考验期满之日止,行为人在此期间内又犯新罪、发现漏罪或者违反相关规定达到一定程度时,应当撤销缓刑。本案的特殊之处在于,行为人所犯新罪发生于缓刑考验期生效之前,在本案中,《刑事审判参考》支持了最后一种观点,法院认为:"关于与前罪的并罚问题,就实质层面而言,包某某在缓刑确定前又犯新罪,其主观恶性明显深于缓刑考验期内又犯新罪时的情形。我国相关法律虽未明确规定本案情形的处罚方式,但结合《刑法》第 77 条关于缓刑撤销的规定及两种情形间危害性的比较,应当撤销包某某的缓刑,与本罪数罪并罚。"我们赞同这一观点,但认为尚需展开进一步论证。

I 对前两种观点的回应

第一,本案不存在适用审判监督程序的条件。根据《刑事诉讼法》第 252 ~ 254 条的规定,审判监督程序针对的是"已经发生法律效力的判决、裁定",本案特殊之处在于,我国实行两审终审制度,在前罪判决处于上诉、抗诉期时,行为人实施了后罪,此时前罪判决尚未生效,因此,不能启动审判监督程序。

或许有观点认为,随着后罪诉讼进程的发展,前罪的上诉、抗诉期届满,可以等待该期限届满后再启动审判监督程序,或者等前罪上诉、抗诉期届满后再对后罪立案侦查,由此即可回避不能启动审判监督程序遇到的障碍。这一问题涉及如何理解《刑法》第 77 条规定的"发现"。

"发现"在此处不具有法律意义,为日常生活用语之意。《现代汉语词典》有两个释义:"经过研究、探索等,看到或找到前人没有看到或找到的事物或规律""发觉"[3],此处关键在于确定发现的主体和时间。

这一问题之所以重要,关键在于刑事诉讼是一个经历侦查、审查起诉、审

---

〔2〕 缓刑考验期限,从判决确定之日起计算。

〔3〕 《现代汉语词典》(第 7 版),商务印书馆 2016 年版,第 352 页。

判甚至二审的过程，流程多，时间长，将发现的主体限定为公安机关还是一审法院，时间相差数月甚至数年，与此同时前罪的刑期也在不断缩短，如何并罚就会产生新的争议。[4]

对此，主要存在两种观点：第一种观点称为最早发现说，即以公安司法机关（包括刑罚执行机关）的任何一个机关最早发现为标志，第二种观点称为法院发现说，即以一审法院的接受起诉为标志。[5] 考虑到我国刑事诉讼期间的不确定性，如果采取法院发现说，将使行为人承受何种处罚取决于司法机关诉讼进程的速度，这必然会导致部分行为人满意而部分行为人不满意最终裁判，另外，将剥夺行为人重大权益的结果取决于司法进程这一偶然因素也不符合普通公众的认知。因此，此处的“发现”，应当是指公诉案件的侦查机关、自诉案件的自诉人发现。

据此，《刑法》第 77 条规定的“发现”的确定时间为侦查机关对漏罪或者新罪的立案时间，在自诉案件中，则表现为法院立案。[6]

由此可见，前述的等待前罪抗诉、上诉期过后再启动审判监督程序的观点值得讨论，因为这不仅有违司法机关职责，而且会使行为人的处罚取决于司法机关的操作进程，有违基本公平正义观念，实不足取。

第二，第二种意见认为，此种情形不应撤销原判缓刑，而应在对行为人新犯之罪量刑时适当考虑旧罪因素，酌情从重处罚，并适用实刑。我们认为，这一观点存在两个问题：

第一，该观点忽视了后罪实施时的特殊时期，将该种情形混同于一般的行为人在不同时间实施的数罪，而且忽视了《刑法》第 77 条规定背后蕴藏的理念和价值：在缓刑考验期内犯新罪都要撤销缓刑，数罪并罚，更何况缓刑还未生效，检察机关享有抗诉权的情形呢？

第二，该观点未进一步明确应如何操作。前罪判处缓刑，后罪判处实刑，缓刑的考验期必然与实刑的执行期相重合，刑法未明确规定在该种情况下应如何执行刑罚，显然需要进一步讨论。

---

〔4〕 许浩：《数罪并罚中时间差问题的处理》，载《人民司法》2019 年第 11 期。

〔5〕 张明楷：《数罪并罚的新问题——〈刑法修正案（九）〉第 4 条的适用》，载《法学评论》2016 年第 2 期。

〔6〕 对这一问题的讨论，还可参见最高人民法院刑事审判庭编：《刑事审判参考》（总第 100 集），法律出版社 2015 年版，第 52 ~ 60 页，“沈青鼠、王威盗窃案”“王雲盗窃案”。

Ⅱ 尊重检察机关和被告人的权利是处理本案的前提

如前所述,本案的特殊之处在于后罪发生在前罪的上诉、抗诉期内,该期限截止日为10月7日,后罪案发于10月1日,在案发后至7日期间,检察机关有权抗诉,行为人有上诉权,一旦二审程序被启动,二审法院可以行为人实施新罪为由裁定发回重审,此时,一审法院应当将两罪同时审理,此时并罚的依据是《刑法》第69条的规定,适用的是一般数罪并罚规则。

此处需要讨论的是在被告人上诉、检察院不抗诉的情况下,上诉不加刑原则的具体适用。最高人民法院《关于适用〈中华人民共和国刑事诉讼法〉的解释》第403条第1款规定:"被告人或者其法定代理人、辩护人、近亲属提出上诉,人民检察院未提出抗诉的案件,第二审人民法院发回重新审判后,除有新的犯罪事实且人民检察院补充起诉的以外,原审人民法院不得加重被告人的刑罚。"我们认为,在上诉期间新犯罪行即此处的"新的犯罪事实",人民法院可以撤销原罪的缓刑判决,与后罪数罪并罚。

因此,在后罪立案后,只要侦查机关明知前罪的存在,应及时告知行为人与检察机关,以保障上诉权和抗诉权的行使,如果侦查机关怠于行使,应将该情节纳入有利于被告人的量刑情节范畴,法院在量刑时应当予以考虑。

Ⅲ 二审程序未启动的,应撤销缓刑,数罪并罚

无论侦查机关及时告知还是怠于告知,在二审程序未启动时,此时法院应当依据《刑法》第77条的规定,撤销缓刑,数罪并罚。〔7〕

《刑法》第77条确定的撤销缓刑数罪并罚的前提条件是"在缓刑考验期限内发现判决宣告以前还有其他罪没有判决",从字面意思上看,本案不符合"在缓刑考验期内"这一表述,之所以仍然主张以第77条为依据撤销缓刑,数罪并罚,主要考虑了如下因素:

第一,撤销缓刑数罪并罚的法律依据只有第77条,或许基于立法者立法时的局限,或许基于语言表达的局限,第77条将起始时间限定于考验期确定之日。如果对发生在考验期确定之前的犯罪行为不依据该条规定处理,又不能启动审判监督程序,则会给社会公众带来"要犯罪,须趁早"的印象,这显然

---

〔7〕 在行为人向侦查机关隐瞒前罪尚处于上诉期这一事实,处理后罪的司法机关不清楚前罪存在时,等查明事实真相时已经超过上诉期,此时应当启动审判监督程序对前罪重新审判,与后罪数罪并罚。

不应该是法院裁判所传递的信息。

第二,将本案适用第 77 条遇到的最大挑战是有观点认为这是类推解释,违反了罪刑法定原则。《刑事审判参考》对此的回应是:“类推指的是法条没有明文规定为犯罪,但行为具有社会危害性,因而比照最相类似的刑法条文确定行为构成犯罪。而参照适用第七十七条指的是,缓刑判决必须撤销,但又找不到撤销的直接条文依据。其前提是行为人的几个行为均构成犯罪且均需要判处刑罚。因此,适用第七十七条撤销缓刑,符合适用法律的正当性原则。”但“比照”与“参照”的界限并不清晰,很难具有说服力。我们认为,本案适用第 77 条是扩大解释而非类推解释。

毋庸讳言,“如何区分类推解释与扩大解释,则是刑法学永恒的课题。”〔8〕也即两者之间的界限难以界定,但一般认为,解释结论有没有超出用语可能具有的含义,有没有在公民预测可能性之内是区分两者的标尺。必须指出的是,法院所主张的“就实质层面而言,包某某在缓刑确定前又犯新罪,其主观恶性明显深于缓刑考验期内又犯新罪时的情形”并非适用《刑法》第 77 条的当然或者唯一理由,这是“举轻以明重”的当然解释思路,但在适用该解释思路追究被告人刑事责任时,还必须考察是否能够通过解释将更重的行为纳入法律规定范畴内。

在刑事诉讼中,缓刑宣判后的上诉、抗诉期,法院对被告人一般采取取保候审强制措施,《刑事诉讼法》第 71 条规定了被取保候审人的义务,同时明确规定违反该义务的,采取的最重处罚措施是逮捕这一强制措施。当然这是为了保障刑事诉讼的顺利进行,但根据举轻以明重的当然解释思路,在取保候审期间又犯罪的,对其自然可以采取逮捕这一强制措施,而根据《刑法》第 77 条的规定,在缓刑考验期内犯罪的,应当撤销缓刑,数罪并罚,因此,在缓刑考验期之前的取保候审期,自然也应该作如此处理,我们认为,考虑到《刑事诉讼法》对违反取保候审义务法律后果的规定,作如此解释并未超越“缓刑考验期内”这一用语可能具有的含义,更重要的是,没有超越公民的可预测性范围。

Ⅳ 对数罪并罚的案件仍可判处缓刑

对数罪并罚的案件能否适用缓刑,理论界存在不同观点,〔9〕我们赞同肯

〔8〕 张明楷:《刑法学》(第 6 版),法律出版社 2021 年版,第 71 页。

〔9〕 吴平:《与缓刑有关的数罪并罚若干问题探讨》,载《安徽警官职业学院学报》2015 年第 4 期;骆惠华、付竹:《数罪并罚能否适用缓刑》,载《人民法院报》2012 年 5 月 23 日,第 6 版。

定说,主要理由在于是否判处缓刑的依据是《刑法》第 72 条的规定,与被告人犯一罪和数罪并无直接关联,当然,犯数罪在一定程度上说明行为危害大,行为人人身危险性大,但这并非意味着对并罚案件一律不能适用缓刑,仍需具体案件具体分析。需要指出的是,如果是在缓刑考验期内犯新罪或者发现漏罪的,无论前罪是否被判处缓刑,在数罪并罚后,都不能再判处缓刑,因为此种情况下数罪并罚的行为人因再犯新罪或发现漏罪而不符合"有悔罪表现""没有再犯罪的危险"的判处缓刑的实质条件。

因此,对本案数罪并罚不再适用缓刑并非意味着前罪判处缓刑不符合规定,也并非意味着对一般的数罪并罚案件不能适用缓刑。

(王恩海)

石某肆盗窃案

前罪后罪减刑执行的法律适用问题

案情介绍

被告人石某肆于2004年8月20日因犯盗窃罪被江苏省江阴市人民法院判处有期徒刑一年,并处罚金两千元;2005年10月25日,因犯盗窃罪被江苏省张家港市人民法院判处有期徒刑一年六个月,并处罚金两千元,2006年12月31日刑满释放。江阴市人民法院于2007年9月作出了(2007)澄刑初字第849号刑事判决,以盗窃罪判处石某发有期徒刑四年六个月,并处罚金五千元,继续追缴石某发犯罪所得交还被害人。交付执行后,江苏省镇江市中级人民法院于2010年4月作出(2010)镇刑执字第1121号刑事裁定,对石某发减去有期徒刑一年六个月十五日,石某发于2010年4月20日刑满释放。2014年7月,江苏省海门市人民检察院在审查海门市公安局移送审查起诉的犯罪嫌疑人龙杨良、龙洛根、石某发涉嫌盗窃罪时,发现2007年被江阴市人民法院判刑的"石某发"非真实的石某发,系他人冒名顶替。经审查,(2007)澄刑初字第849号刑事判决中石某发的真实身份为石某肆。

2014年2月至3月,被告人石某肆多次伙同龙某(已判刑)至江阴市云亭街道、青阳镇、徐霞客镇等地入户盗窃,窃得现金、摩托车、黄金首饰等财物,财物价值共计9800余元。江阴市人民检察院指控被告人石某肆犯盗窃罪,且系累犯,于2014年6月30日向江阴市人民法院提起公诉。同年9月9日,江阴市人民法院针对前罪作出(2014)澄刑监字第0004号再审决定书,决定对(2007)澄刑初字第849号提起再审,并于11月6日作出(2014)澄刑再初字第0005号刑事判决书:撤销本院(2007)澄刑初字第849号刑事判决;被告人石某肆犯盗窃罪,判处有期徒刑五年,并处罚金六千元;继续追缴被告人石某肆犯罪所得,交还被害人。12月18日,江阴市人民法院针对本罪作出(2014)澄刑初字第1259号刑事判决书,认为:被告人石某肆以非法占有为目的,多次伙同他人秘密入户窃取公私财物,其行为已构成盗窃罪,系共同犯罪。被告人石某肆在判决宣告以后、刑罚执行完毕以前又犯罪,应当对新犯的罪作出判决,把前罪没有执行的刑罚和后罪所判处的刑罚,依照《刑法》第 69 条的规定,决定执行的刑罚。被告人石某肆归案后如实供述自己的罪行,当庭自愿认罪,部分损失已挽回,依法予以从轻处罚。最终判定被告人犯盗窃罪,处有期徒刑一年,并处罚金三千元;与前罪尚未执行完毕的有期徒刑两年零十五天、并处罚金六千元并罚,决定执行有期徒刑两年三个月,并处罚金九千元。同时,责令被告人继续退赔违法所得 7186.4 元,交还相应被害人。[1]

■ 理论争议

本案几经辗转,引发了诸多案件评析中的争议,尤其聚焦在是否成立累犯以及后罪实施于前罪加重刑罚执行期间,两罪如何数罪并罚的问题上。归纳可得,有如下两种观点。

第一种观点认为,被告人石某肆前罪原审判决已经执行完毕,本罪应当构成累犯。同时,因被告人自身没有如实供述自己的身份信息,致使原审判决降低了其罪责,而再审判决并未执行,故减刑裁定减去的刑期不应计入已经执行的刑期。主要理由是,最高人民法院《关于办理减刑、假释案件具体应用法律若干问题的规定》通过后,最高人民法院收到一些地方高级人民法院关于判决宣告后、刑法执行完毕以前,罪犯因漏罪或者又犯新罪数罪并罚时,原减刑裁定应如何处理的请示。为统一法律适用,经研究,提出如下意见:罪犯被裁定减刑后,因被发现漏罪或者又犯新罪而依法进行数罪并罚时,经减刑裁定减去的刑期不计入已经执行的刑期。[2] 因此,被告人自身没有如实供述自己的身份信息,致使原审判决降低了其罪责,而再审判决并未执行,故减刑裁定减去的刑期不应计入已经执行的刑期。

第二种观点认为,被告人石某肆前罪原审判决并未执行完毕,本罪不应构成累犯。同时,减刑裁定减去的刑期应计入已经执行的刑期。主要理由是,最高人民法院《关于司法解释工作的规定》第 6 条规定,司法解释的形式分为"解释""规定""批复""决定"四种。根据立法精神对审判工作中需要制定的规范、意见等司法解释,采用"规定"的形式。最高人民法院《关于裁判文书引

---

〔1〕 案例来源:(2007)澄刑初字第 0849 号刑事判决书、(2014)澄刑再初字第 0005 号刑事判决书、(2014)澄刑初字第 1259 号刑事判决书。

〔2〕 最高人民法院《关于罪犯因漏罪、新罪数罪并罚时原减刑裁定应如何处理的意见》规定:罪犯被裁定减刑后,因被发现漏罪或者又犯新罪而依法进行数罪并罚时,经减刑裁定减去的刑期不计入已经执行的刑期。在此后对因漏罪数罪并罚的罪犯依法减刑,决定减刑的频次、幅度时,应当对其原经减刑裁定减去的刑期酌予考虑。

用法律、法规等规范性法律文件的规定》第6条规定，刑事裁判文书中，对于法律、法律解释、司法解释之外的规范性文件，根据审理案件的需要，经审查认为合法有效的，可以作为裁判说理的依据。根据该规定，其他规范性文件是“可以”适用，而非“应当”适用。因此，因被告人自身没有如实供述自己的身份信息，致使原审判决降低了其罪责，而再审判决并未执行，故减刑裁定减去的刑期应计入已经执行的刑期。

我们认为，以上观点由于论证逻辑混乱，背离客观事实与法律规定，得出了错误的结论。

■ 法理分析

1 关于是否构成累犯的问题

根据《刑法》第65条、第66条的规定和相关通说理论，累犯的成立前提必须是刑罚执行完毕或者赦免以后，本案中显然不属于赦免情形，故被告人的后罪是否发生于前罪刑罚执行完毕后便成为其是否构成累犯的焦点所在。本案一个特殊之处在于被告人在前罪审判过程中隐瞒了个人身份信息，导致原审判决未正确认定累犯情节，量刑不当。原审法院在审判后罪过程中发现了前罪判决的错误，根据《刑事诉讼法》及司法解释的有关规定，启动审判监督程序，撤销原审判决后加重了被告人的刑罚。本案的焦点在于原审判决刑罚执行完毕后又被依法撤销的情形是否属于《刑法》第65条和第66条规定的刑罚执行完毕情形。我们认为，两者不能简单等同。石某肆（冒用他人名义）因犯罪盗窃罪被判处四年六个月有期徒刑，2010年4月20日刑满释放，未满五年期限，于2014年2月至3月又犯盗窃罪（应判处有期徒刑以上刑罚），石某肆符合累犯成立的法定条件，成立累犯，此乃客观事实。裁判结果否定累犯的成立，理由是新犯的罪被江阴市人民法院处理时，先前的盗窃罪判决已经被江阴市人民法院撤销，且再审加重了原判刑罚，增量刑罚尚未执行完毕。故不能认定先前盗窃罪的刑罚执行完毕而否定成立累犯。我们认为，累犯作为特殊的犯罪形态，行为人实施犯罪行为时，累犯属性随之确定，且不以人的意志为转移。裁判者以先前的判决在犯新罪之后被撤销再审并被加重刑罚，加重的刑罚尚未被执行，进而以石某肆因刑罚尚未执行完毕为由，否定行为人成立累犯，与累犯立法规定不符，曲解了累犯的法定要件。

Ⅱ 关于前罪服刑期间的减刑是否应当计入已经执行的刑期之中的问题

探寻减刑的内涵与特性是讨论前罪减刑裁定减去的刑期是否应计入已经执行的刑期的前提性问题。根据我国《刑法》及相关司法解释规定,减刑定义为:被判处自由型的罪犯,因在刑罚执行期间表现良好,符合法律规定的条件,作为一种刑罚奖励措施,由刑罚执行机关提请,经中级以上人民法院依法裁定,减少罪犯服刑刑期,或者重刑种变更为轻刑种的刑罚变更执行制度。减刑的实质条件要具有法定的良好表现。有观点认为,根据我国《刑法》及相关司法解释规定,减刑适用的核心条件主要包括确有悔改或者立功表现的酌定减刑标准和具有重大立功表现的绝对减刑标准。不论何种标准,减刑均系对被告人服刑期间的行为、人格评价,其作出的基础系服刑期间的表现,且一经法定程序作出即具有法律效力,不应因漏罪或者新罪的裁判而撤销已经依法作出的减刑等裁定,否则将有损减刑的严肃性和权威性。对此,我们持有异议。

刑法理论界对于减刑的性质主要存在三种学说:恩惠说、奖励说、权利说。恩惠说的主要观点认为,减刑是国家基于对服刑人员的恩惠作出的,是国家主体自身基于善而积极的行为。由于系国家恩惠,则减刑是由决定的国家机关或者个人基于主观判断作出,决定时无须征求服刑人员的意见,其典型的特征便是具有单方性。在减刑过程中,国家是减刑权力的行使者,通过授权特定的机关行使减刑的权力。服刑人员是减刑权力的客体,不具有主体性,被减刑者甚至没有拒绝减刑的权利。奖励说与恩惠说特征相近,区别在于奖励说在单方行为的基础上增加了一些双向互动性,即要求服刑人员有一定的主动性,做出能得到奖励的积极行为。在奖励说的理解下,如果服刑人员表现不够积极,或者没有做出值得奖励的行为,则其不可能获得奖励。奖励说中服刑人员地位有所提高,服刑人员可以有自己的主观表示,比如通过积极的行为来争取获得减刑,或者在获得减刑的机会时候放弃这种机会。相对于恩惠说,其进步就在于这种积极的表态,但服刑人员仍然不是一个相对独立的主体,更不具有诉讼上的主体性。而我们支持的权利说强调服刑人员的主体性,认为服刑人员的犯罪行为已经受到了刑罚的处罚,此后在服刑过程中,服刑人员虽然是罪犯,但也是一国公民,作为一名公民,他应当享有一定的基本权利,故权利说的显著特征是强调服刑人员的主体性,强调服刑人员作为相对普通公民的特殊主体地位。这种思想是现代法治思想发展的结果,其根源是对刑罚认识上的改变,体现出服刑人员地位的改善。

实际上,减刑的深层动因在于人身危险性的良性变化。在本质上,减刑是对原判执行过程的改变,并非对原判判决的改变。刑罚执行虽以判决确定的刑罚为执行内容,但它并不仅仅是裁判权的附庸,刑罚执行本身具有相对独立性:刑罚执行过程中可以根据犯罪人的悔改表现或者立功表现,对判决所确定的刑罚依法加以调整。[3] 进入刑罚执行阶段,犯罪已成客观事实,犯罪性质不再发生变化,犯罪行为本身不存在使刑罚变更的原因;而犯罪人是鲜活的个体,其个体情况和改造程度的变化差异构成刑罚变更的基础。犯罪人从服刑初始被动接受法律制裁到为了缩短承受刑罚痛苦的时间而积极改造直至逐渐降低犯罪意愿并使自身行为符合社会利益的过程,根本上是其人身危险性趋向减弱的动态变化。人身危险性是行为人对社会、对他人的危险状态,是行为人反社会的趋向,[4] 即犯罪人再次犯罪的可能性与潜在犯罪人的初犯可能性。[5] 对处于刑罚执行阶段的罪犯而言,人身危险性即再犯可能性,它注重对未来行为的预测评价。而漏罪的发现或新罪的实施恰恰否认了被告人人身危险性弱化的可能性,与减刑的初衷背道而驰。相关意见也佐证了我们的上述观点。根据最高人民法院《关于罪犯因漏罪、新罪数罪并罚时原减刑裁定应如何处理的意见》的规定,罪犯被裁定减刑后,因被发现漏罪或者又犯新罪而依法进行数罪并罚时,经减刑裁定减去的刑期不计入已经执行的刑期。[6]

我们认为,在前罪处理中,石某肆隐瞒真实身份,规避累犯的认定。事情败露后,江阴市人民法院启动再审程序撤销原审判决,加重了其刑罚量(增加半年刑期)。但是,石某肆隐瞒累犯情节,既不属于刑罚执行期间发现漏罪,也不属于在刑罚执行期间再犯新罪。因此,江苏省镇江市中级人民法院于2010年4月作出(2010)减刑裁定,对罪犯石某肆(化名为石某发)减去有期徒刑一年六个月十五日。这个减刑裁定不能适用最高人民法院《关于罪犯因漏罪、新罪数罪并罚时原减刑裁定应如何处理的意见》。因此,本案中石某肆前罪尚未执行的刑期仅为新增加的半年刑期,已被裁定减刑的部分不应计算在内。因此,被告人在前罪服刑期间经减刑裁定减去的一年六个月十五日不能计入已经执行的刑期,即前罪实际执行的刑期为两年十一个月十五日(四年六个月减去一年六个月十五日)。

(徐宏)

---

[3] 陈兴良:《刑法哲学》,中国政法大学出版社2004年版,第790页。

[4] 赵秉志:《刑法总则要论》,中国法制出版社2010年版,第533页。

[5] 陈兴良:《刑法哲学》,中国政法大学出版社2004年版,第147页。

[6] 参见王星光:《前罪再审后执行期间又新犯罪的法律适用》,载《人民司法·案例》2016年第8期。

樊某抢劫杀人案

追诉时效终止日期的确定等法律适用问题

案情介绍

1996 年，樊某、郭某等四名嫌疑人按照事先协商的抢劫计划一起乘坐出租车（司机是李某，即被害人）。在一四下无人的路段，樊某从背后用手勒住李某脖子，郭某用事先准备好的水果刀刺李某的胸部，导致李某当场死亡。案发后，四名犯罪嫌疑人将该车抢走，下落不明。后 J 市公安局于 1996 年立案侦查，但未对樊某采取强制措施。1998 年，本案同案犯郭某被 J 市法院判处死刑。其余案犯或在逃或取保候审至今未追究刑事责任。2018 年，Y 市看守所因一起治安案件对樊某进行讯问过程中，樊某交代了 20 多年前发生的上述抢劫杀人案件。樊某于 2018 年 2 月 14 日被 J 市公安局刑事拘留，2018 年 3 月 20 日 J 市检察院以涉嫌抢劫罪批准逮捕犯罪嫌疑人樊某。[1]

理论争议

因樊某逃避侦查，导致此案件的时间跨度长达 20 多年，更是涉及 1979 年《刑法》和 1997 年《刑法》两部法律，从而引发了案件办理过程中的法律适用难题，整理归纳后可得以下三种观点。

第一种观点认为，本案未过 20 年的追诉时效。本案案发的时间为 1996 年，案发后公安机关随即启动了侦查程序，对到案的两名同案犯（张某、钟某）采取了强制措施。公安机关因技术侦查原因未将犯罪嫌疑人抓捕到案，但其逃避侦查的行为并没有使整个案件的追诉时效中断，故本案还未过 20 年的追诉时效。

第二种观点认为，本案已过 20 年的追诉时效，但还有追诉的必要，应该层

〔1〕 案例来源：华燕燕：《正义不会缺席　除夕前夜　玉环警方抓获 20 年前杀人嫌犯》，载浙江新闻客户端，https://baijiahao.baidu.com/s?id=1592551677886560918&wfr=spider&for=pc，最后访问日期：2018 年 2 月 16 日。

报最高人民检察院核准追诉。根据从旧兼从轻原则,对于1997年9月30日前实施的犯罪行为,追诉期限问题应当适用1979年《刑法》第77条规定。[2]此案虽已立案,但犯罪嫌疑人在抓捕过程中逃往外地,公安机关不能对其采取强制措施,根据1979年《刑法》规定,该案已过追诉时效。但因犯罪嫌疑人长期逃避侦查,且没有悔罪之意,也未通过赔礼道歉、赔偿损失等获得被害人亲属的谅解,其犯罪行为造成的社会影响没有消失,不对其追诉会影响社会稳定,因此,应当层报最高人民检察院核准追诉。

第三种观点认为,本案未过追诉时效。对于在1997年《刑法》实施以前已发生的犯罪行为,并在当时已启动立案侦查程序,犯罪嫌疑人是在1997年《刑法》实施以后到案的,其追诉时效应当依据1997年《刑法》关于追诉时效的规定确定停止期限。而过了追诉时效,只是终止审理程序,至于犯罪嫌疑人的犯罪定性、行为是否可罚则不予处理,因此,追诉时效是不涉及实体定性的程序性规定。根据"程序从新"原则,本案追诉时效在公安机关启动立案侦查时终止,因此本案未过追诉时效,应当予以追诉。但是,对犯罪嫌疑人的定罪量刑实体内容应当受到"从旧兼从轻"原则的制约。

■ 法理分析

针对追诉时效终止日期的确定,我们对第三种观点更为赞同,认为第一种与第二种观点存在释理不明、法律属性定性错误、法律适用错误等问题。

第一种观点主张,本案未超过追诉时效,主要由在于公安机关随即启动立案侦查程序、对犯罪嫌疑人未采取强制措施且其逃避侦查的行为未中断追诉时效。但这两个理由所依据的是1979年《刑法》还是1997年《刑法》并未阐明,如果是依据1979年《刑法》,则公安机关并未对犯罪嫌疑人采取强制措施,并不符合"……受追诉期限的限制"的前置条件;如果依据1997年《刑法》,则未阐明追诉时效何时终止,并且"逃避侦查的行为并未中断追诉时效"稍显画蛇添足。根据结论反推,其背后的逻辑起点是依据1997年《刑法》,但仍未将追诉时效的终止日期以及追诉时效适用溯及力原则的问题阐明清楚。第二种观点则是将追诉时效规定置于从旧兼从轻原则的制约之下,追诉期限

---

[2] 1979年《刑法》第77条规定:"在人民法院、人民检察院、公安机关采取强制措施以后,逃避侦查或审判的不受追诉期限的限制。"1997年《刑法》第88条对此进行了修改,将"采取强制措施"修改为"立案侦查或在人民法院受理以后"。由此可知,公诉案件追诉权的启动在于立案侦查,自诉案件则在于法院受理。

问题适用1979年《刑法》第77条的规定,间接承认了追诉时效是实体性规定。但是,这与现行《刑法》第12条规定的“如果当时的法律认为是犯罪的,依照本法总则第四章第八节的规定应当追诉的,按照当时的法律追究责任”相悖。因为依照此规定,追诉时效具有溯及力,也即是“从新原则”。但理论界对追诉时效的终止日期如何计算存在争议,并且追诉时效的法律属性及如何处理及效力原则适用问题也须明确。

追诉时效的终止日期如何计算关涉国家公权力何时介入、犯罪嫌疑人及被告人是否受到刑事追诉。1997年《刑法》中并没有对这一问题作出明确规定,以致争议至今,产生了两种对立的观点:一种观点认为,“追诉时效停止时点为进入立案程序。理由是追诉是指追查提起诉讼,只要行为人所犯之罪经过的时间到案件开始进入刑事诉讼程序尚未过追诉期限,对其就可以追诉,将追诉期限的终点时间确定在审判之日,有放纵犯罪之嫌”〔3〕。相反的观点认为,“追诉不只是起诉的含义,而是包括了侦查、起诉、审判的全过程,因此,追诉期限应从犯罪之日计算到审之日为止。换言之,只有在审判之日还没有超过追诉期限的,才能追诉。”〔4〕

追诉时效的立法目的就在于促使公权与私权(权力与权利)的及时行使,而不是让权力和权利“沉睡”。〔5〕 追诉时效停止在立案或者审判,并不存在放纵犯罪的问题,只是体现刑罚不同的严厉程度而已,这也是立法者综合考虑不同的法律价值之后作出的选择。“时效制度就其本质而言,不过是在这种对立的秩序和相互的利益中做出的在立法者看来是适当的选择。”〔6〕所以,以“有放纵犯罪之嫌”作为第一种观点支持理由并不充分,有主观猜测之嫌。

当然,第二种观点通常会认为以立案作为追诉时效的停止时间点,虽然有利于打击犯罪,但是由于各种原因,会导致“立而不侦”“侦而不破”的问题,此时即使犯罪人没有逃避侦查,也受不到诉时效的保护。〔7〕 其实,“侦而不破”的问题并不是仅仅出现在追诉时效终止时间点计算的问题上,可以说这是我国刑事诉讼领域先天就存在且直到现在仍未解决的问题。原因在于,我国《刑事诉讼法》并没有对公安机关的办案期限作明确的规定(侦查羁押期限有

---

〔3〕 高铭暄、马克昌主编:《刑法学》,北京大学出版社、高等教育出版社2010年版,第346页。

〔4〕 张明楷:《刑法学》(第4版),法律出版社2011年版,第568页。

〔5〕 参见曲新久:《追诉时效制度若干问题研究》,载《人民检察》2014年第17期。

〔6〕 柳经纬:《关于时效制度的若干理论问题》,载《比较法学》2004年第5期。

〔7〕 参见黄国盛、林莉莉:《刑事案件追诉时效应在一审判决作出时停止》,载《福建法学》2013年第5期。

明确限制),由于案情各异、事实复杂程度、困难程度不同及其他客观障碍的出现,公安机关立案后,为查明犯罪事实的办案期限没有作出统一限定。但这并不能证明就失去了救济途径,可以适用《刑事诉讼法》第 16 条撤销立案。因此,以侦查机关怠于侦查、长期不移送的问题作为观点支持理由并不充分,这是一个价值选择的问题,也是立法遗留的风险。

需要说明的是,“追诉”是一个程序性概念,与“追究刑事责任”实体性概念存在差异。“追诉”是启动刑事追诉程序,而“追究刑事责任”在程序上则表现为立案侦查、审查起诉、审判、执行等多个程序。现行《刑法》第 87 条中“不再追诉”,就是指不再立案侦查及起诉。这在事实上就表现为不再追究刑事责任,但是这并不意味着犯罪嫌疑人的行为不是犯罪行为、不具有可罚性,这只是立法者对犯罪嫌疑人是否承担刑事法律后果作出的价值选择。

因此,根据文义解释的方法,将“追诉”解释为开始刑事追诉活动(立案)是符合国民认知的。相关联的“追诉时效”就是指公安司法机关在追诉时期间内开始发动刑事追诉活动(立案)即可,并不要求在追诉时效期间内完成追究刑事责任的全部程序,也即是说,追诉时效的终止时间点在立案,此时追诉时效停止计算。

此外,从刑事规范体系解释、现行司法解释佐证、有利于司法实践等视角均能得出追诉时效在立案时停止计算的结论,具体论证如下:

第一,根据《刑法》第 88 条第 1 款的规定,在人民检察院、公安机关、国家安全机关立案侦查或者人民法院受理案件后,逃避侦查或者审判的,不受追诉期限的限制。此规定是提示性规定,意在对第 87 条中“追诉”作出进一步的说明解释。由此可知,公安机关立案即启动追诉程序,是国家追诉权行使的标志,立案后追诉期限没有限制。

第二,2017 年 2 月 23 日,最高人民法院作出的《关于被告人林少钦受请示一案的答复》明确“应当依据司法机关立案侦查时的法律规定认定追诉时效”,虽然此规定在形式上说明了根据何时的法律认定追诉时效,但实际上明确了追诉时效终止时间的计算问题。换言之,只要在立案侦查阶段没有超过诉讼时效,即使在审判阶段超过诉讼时效,依然要追究刑事责任。此外,2013 年 1 月 1 日,最高人民法院、最高人民检察院发布的《关于办理行贿刑事案件具体应用法律若干问题的解释》第 13 条将《刑法》第 390 条第 2 款规定的“追诉前”,解释为检察机关在对行贿行为刑事立案前。根据体系解释的规则,在同一部法律中,除明确规定外,同一的术语应当具有基本相同的含义,因此,对追诉时效中“追诉”的理解具有重大参照意义。

第三,如果追诉时效终止时间点是提起公诉之日或者审判之日,则有滋长司法恣意的风险。[8] 因为在移送检察院提起公诉之前,侦查人员事先就知道在审判前过了追诉时效,犯罪嫌疑人将不再追诉。这样在徇私枉法、钱权交易的诱惑下极有可能借口案情复杂、补充侦查、精神病鉴定等事由拖延而不移送审查起诉,最终导致案件因超过追诉时效而终止审理。所以,将追诉时效的终止日期定在立案,能够最大限度地避免司法恣意行为。

第四,追诉时效制度的设立目的就在于督促公权、私权及时行使。而刑法之所以能够在追诉时效经过之后不再追诉,其根据在于刑法自身的宽恕。[9] 实质上是立法者在价值冲突中衡平考虑作出的选择,从某种程度上或可以称为对犯罪嫌疑人的一种特殊“奖励”,当然称为宽恕更为恰当。将立案侦查阶段作为追诉时效终止的时间节点正是实现追诉时效目的体现。

罪刑法定原则从本质上禁止溯及既往,而禁止溯及既往主要适用于实体性规定而不适用程序性规定。[10] 所谓实体性规定,就是指犯罪与刑罚的规定,虽然《刑法》是实体法,但是其中也包括一些程序性规定。

时效的规定属于程序性规定,因为时效的规定不属于犯罪构成要件、刑罚效果的内容,不影响刑事禁止与命令的具体内容,只是影响司法机关在怎样的时间范围内追究行为人的刑事责任,不受从旧兼从轻原则限制。即使看起来对于被告人不利(或者说不便)的程序规定,原则上也应当采取从新的原则。[11] 所以,《刑法》中关于追诉时效的规定在法律属性上应当属于程序性规定,在溯及力适用上应当采用从新原则。然而,对于案件中的实体问题仍然要遵循从旧兼从轻的原则。当一个案件跨越新旧两部刑法时,应当按照新法规定的追诉时效制度判断是否已过追诉时效,然后再比较新旧刑法的轻重,适用溯及力原则。[12]

追诉时效是刑法给予犯罪行为人的宽恕,是立法者基于衡平考虑作出的选择。同样,对追诉时效的规定作出修改,除了考虑各种客观因素外,同样要基于衡平考虑作出价值选择。新刑法将追诉时效终止的时间点提前至立案,取消了必须采取强制措施的限定,也昭示了对逃避侦查的犯罪行为人的权利

[8] 参见阮能文:《追诉时效终止日期的认定》,载《中国检察官》2017年第2期。

[9] 参见孙强:《追诉时效的正当化根据》,载《国家检察官学院学报》2013年第5期。

[10] 参见曲新久:《刑法的精神与范畴》,中国政法大学出版社2000年版,第397页。

[11] 参见曲新久:《论从旧兼从轻原则》,载《人民检察》2012年第1期。

[12] 参见韩光:《刑法追诉时效的法律适用问题研析——以樊某抢劫杀人案为例》,载《刑事法判解》2020年第20卷。

(免予追诉)的合理剥夺,也可以称为特殊“奖励”的收回。所以,如果行为人在新刑法实施前犯罪,追诉时效未过,并持续到新刑法实施之后,这时行为人的犯罪行为就要受到新刑法中追诉时效规定的评价,当然,定罪量刑上仍然要作出有利于犯罪行为人的选择,坚持从旧兼从轻原则。

具体到本案,因行为人于 1997 年 7 月 11 日实施了犯罪行为,本案于同年 7 月 12 日立案,但并未对犯罪嫌疑人樊某采取强制措施,因此,此案仍需计算追诉时效的终止时间,并不适用于 1979 年《刑法》第 77 条的规定。按照当时刑法的规定,樊某犯抢劫罪(致人死亡),法定最高刑为死刑,追诉时效为 20 年,即至 2017 年 7 月 11 日届满。但是,此案追诉时效持续到 1997 年《刑法》的实施,并未超过追诉时效,因此应当依据新刑法关于追诉时效的规定进行评价。同时,因 1997 年《刑法》将立案作为追诉时效终止计算的时间点,因此,即使当时公安机关并未对犯罪嫌疑人樊某采取强制措施,但只要已经对该案立案,就符合 1997 年《刑法》第 88 条的规定,因此,本案不受追诉时限的限制。即使犯罪嫌疑人樊某于 2018 年 2 月 14 日被抓获归案,但并未超过追诉时效,依然可以对其启动追诉程序。

(徐宏)

后　记

刑法学是一门理论性和实践性都很强的学科，学习和研究刑法学的方法也很多，案例研习法则是众多方法中实用性较强的方法。本教材旨在通过分析一定数量的疑难案例，解释一般本科生教材中的难点问题以及对司法实践具有重要意义但是一般教材没有展开说明或者没有说明的理论问题。

《刑法案例教程（总论）》是华东政法大学和法律出版社联合推出的"新法科·法律实务和案例教学系列教材"中的一本，由我担任主编，参加本书编写的是华东政法大学长期从事刑事法学教学和研究的优秀中青年学者以及部分刑法学博士研究生，他们分别是：何萍（华东政法大学刑事法学院教授、博士生导师）、张勇（华东政法大学刑事法学院教授、博士生导师）、焦艳鹏（华东政法大学刑事法学院教授、博士生导师）、侯艳芳（华东政法大学刑事法学院教授、博士生导师）、王恩海（华东政法大学刑事法学院教授、博士生导师）、马寅翔（华东政法大学刑事法学院副教授、硕士生导师）、徐宏（华东政法大学刑事法学院副教授、硕士生导师）、龙敏（华东政法大学刑事法学院助理研究员、硕士生导师）、杨海强（华东政法大学科研智库助理研究员、刑法学博士）、戎静（华东政法大学科研智库助理研究员、刑法学博士）、程凡卿（华东政法大学科研智库助理研究员、刑法学博士）、杨继文（华东政法大学刑事法学院讲师、刑法学博士）、周辉（华东政法大学刑法学博士研究生）、王丽柯（华东政法大学刑法学博士研究生）、刘杰（华东政法大学刑法学博士研究生）、郑梦蝶（华东政法大学刑法学博士研究生）。

本书的设想和定位在于提供刑法案例研习的方法，引导在校本科生或者研究生学习使用，同时考虑作为实务部门同志办案之参考。书中案例均选自司法实践中的真实案例，并在文中以注释的形式注明了案例来源。考虑到全书的字数限制，在案例描述上我们尽量简洁但力争完整表述案情，案例突出问题导向并在副标题中予以标明。案例写作分为三部分，分别为"案情介绍"

"争议问题""法理分析"。尽管书中案例涉及罪名看似松散,实际上连接这些案例的仍然是刑法基础理论。我们按照刑法总论的理论体系编写,向阅读者呈现体系化的知识。近年来的刑法理论,在犯罪论的问题上一直存有争议,但是,无论是"三阶层"还是"四要件",甚至"两要件"都无可争议地不能回避各具体犯罪的构成要件要素,我们遵循从客观到主观的分析思路,围绕具体的犯罪构成要件要素,尽可能向读者展示研究中国刑法问题的视角,无论是借鉴哪一个国家或者法系的刑法理论体系,最终都不可避免地要解决中国刑法问题,任何刑事法律或者刑法理论都不可能脱离中国的司法实际和独特的法律运行背景和环境。之所以用中国刑法理论以中国视角关注中国刑事司法实践问题,就是为了避免象牙塔里的闭门造车。强调中国刑法问题意识,并不排斥境外刑法理论,因此,在案例分析过程中,也仍然关注了近年来国外刑法理论和实践的新发展、新趋势。

尽管所有参著者都以极其负责的态度尽心尽力写作,努力呈现一本有质量的作品给阅读者,但是,由于编著者的水平有限以及时间上的仓促,书中错误之处或许仍然在所难免,希望阅读者批评指正,我们一定及时修改。感谢法律出版社编辑陆帅文先生为本书出版所付出的辛勤劳动。

李翔于华东政法大学明镜楼

2022 年 8 月 28 日星期日